北京师范大学全球化与文化发展战略研究院 主持
薛晓源 主编

KURZE GESCHICHTE
DES ZWEITEN
WELTKRIEGS

| 启明简史系列 |

第二次世界大战简史

希 特 勒 的 欧 洲 战 场

Ralf Georg Reuth

〔德〕拉尔夫·格奥尔格·罗伊特 著

王尔东 译

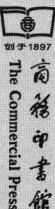

Kurze Geschichte des Zweiten Weltkriegs

Copyright © 2018 by Rowohlt · Berlin Verlag GmbH, Berlin

Chinese language edition arranged through HERCULES Business & Culture GmbH, Germany.

中译本根据 Rowohlt · Berlin Verlag GmbH 出版社 2018 年版译出

译者序

19世纪后半叶，德国在俾斯麦治下实现统一、逐渐壮大，成为欧洲大陆第一强国。务实清醒的俾斯麦满足于现状，既不冒犯俄罗斯，又不同英国争霸海洋，维持了欧洲力量总体均势。然而，到了威廉二世时期，这位君主脾气乖张、自尊虚荣，凭中等之才却左右开弓，四处伸手，妄图建立全球性帝国。从此德国走上了一条命中注定的玩火之路。

1914年6月28日，一战导火索在巴尔干点燃。威廉二世逞匹夫之勇，给奥匈帝国开具"空白支票"。接下来的"七月危机"，英德、德俄之间呈现出修昔底德式互动，彼此相互叠加，交错联动。这些带头大哥如同梦游者一般滑向战争深渊。中国人讲，"一个巴掌拍不响"。威廉二世之德国固然应承担主要责任，但英、法、俄亦难脱干系。面对战争，列强似乎都陷入了莫名的亢奋状态，都以为本国胜利唾手可得。四年后，尘埃落定，3000万人死于战火；奥匈帝国、奥斯曼帝国瓦解；参战的四个王朝中，德国的霍亨索伦、奥地利的哈布斯堡、俄罗斯的罗曼诺夫均被推翻，只有英国王室还保留着。

一战前的德国处于难得的"黄金年代"，工业迅速发展，科学技术发达，文化哲学繁荣，唯独在外交上信心炸裂，一心欲夺得霸权地位。事后，很多人提出问题，既然德国拥有了强大国势和各方面领先的条件，为何不能专注于发展、整理内政？为何不愿意再等一等呢？为什么非要和英国进行一番你死我活的存亡之斗呢？诚如本书作者所言，一战的停火就是二战的开端。如若没有一战，是否还会有二战？当然，历史不能如同电影倒带，随意再来剪辑，弄出新的结局。

德国历史上不乏天赋出众的统治者，也有或蠢或疯的君主。上帝给了德国政治奇才——俾斯麦之后，又给了一个政治蠢材——威廉二世。威廉二世战后流亡荷兰，德国的土壤又"造就"了一个疯狂的种族主义者——希特勒。人们感到不解：培育了贝多芬、康德的民族，为何能滋养出威廉二世、希特勒；大文豪歌德携女友在魏玛郊区经常散步的森林花园，为何会同20世纪人间地狱——布痕瓦尔德集中营毗邻；犹太人排队步入奥斯维辛集中营毒气室时，为何会有小乐队伴奏以轻松欢快的曲调？残酷的结论是，康德、歌德、贝多芬的理性和高雅无法抗衡一百多年后的法西斯统治、种族灭绝的毒气室。文明对野蛮不仅没有天然的免疫力，还有可能滋生野蛮和暴力，两者有时候只有咫尺之遥。

重大历史事件有其偶然性和必然性。德国的民族主义一开始就带有浓重的非理性情绪，后来逐渐走上一条极端化和种族化的道路。不少学者从1807年哲学家费希特著名的《对德意志民族的演讲》等作品中找到纳粹的思想理论根源。但是，我们恐怕不能认为纳粹浩劫是德国历史的必然结果；德意志历史也并非只能通向纳粹。纳粹羽翼渐丰以及希特勒坐大，既有历史必然性，也有多方因素共同促成的偶然性。一是凡尔赛体系的"功能缺失"。德国遭到实质性削弱，关键问题遗留未解，德国复仇修正主义与法国安全两者无法兼融；苏俄未纳入相关体系安排。二是欧洲大气候、德国小气候的相互作用。一战后的欧洲依旧强权政治至上，"人不为己，天诛地灭"，谈不上任何共赢。德国内充斥着怨恨、仇恨，暴力气氛浓厚，举国上下渴望一种精神的蜕变和民族精神的振兴。三是希特勒对民众的成功欺骗和愚弄。此人确有常人难以比拟的优势和强项：天才煽动家，擅长搬弄是非，有杰出的演说天赋和组织能力。他无派无流，非左非右，亦左亦右，欺骗性之强甚至蒙住了包括瓦尔特·李普曼在内的智者①。即便政治眼光独到、较早认识到纳粹政权危害的丘吉尔，也曾经赞许希特勒"温和而简单的举止、冷静的作风、超然的风度"。

发动对苏联战争②、灭绝犹太人是希特勒1933年上台后孜孜以求的两大主要使命。希特勒的战争和"事业"无疑是非正义、邪恶的，代表着历史的倒退，注定要失败。但是，如果我们假设希特勒在进驻莱茵地区、占领捷克、合并奥地利、拿下法国达到其人生巅峰之后，这个"疯子"能够就此罢手，不再征伐苏联，不对他所认为的劣等民族赶尽杀绝，后人又会对其做何评价呢？毕竟，在希特勒的无数暴行尚未公之于世的1938年之前，纳粹在重建德国方面的成就是客观存在的。无论我们当代人多么厌恶或痛恨希特勒，但仅就社会政策而言，他领导的纳粹政权为德国民众做了一些益事，经济上最大的建树，当数很好地解决了当时德国国内失业问题，为德国扫除了经济大萧条的负面后果。

罗伊特教授在掌握大量史实的基础上，为读者观察二战提供了新的视角和论据。在他的笔下，扩张侵略是纳粹德国的基本特征；希

---

① 李普曼（Walter Lippmann，1889—1974），美国著名专栏作家、政治评论员。1933年"焚书"事件一周后，希特勒发表讲话，颇有对外修好意味。他宣布德国不会用武力强求自己的权力。5月19日，李普曼紧接在大西洋对岸发表专栏评论，称这篇讲话"真正文明的民族之声"，"真正具有政治家风度的演说"，它表现出一种"明显的诚意"。
② 本书作者有时用俄罗斯代指苏联，今根据原文译出，不做修改，请读者识之。——译者

特勒一手掌控的德国根本不讲道理，政策目标欲壑难填，与之妥协谈判，无异于与虎谋皮。对本书主角、二战的核心人物——希特勒，作者尽可能从客观、不带预先好恶的立场去描述，有更多关于希特勒的生动的心理描写。

具体至个人，希特勒强悍专横的外表下隐藏着许多弱点。

他不了解对手。到最后一刻，他都没能正确地了解敌方的实情，沉溺于自己的幻想世界。除了意大利，他从未外访过，只会说德语，始终无法明确了解英、法、美、俄等国人民的真实想法和精神意志。在他看来，罗斯福总统疾病缠身，不屑予以搭理；丘吉尔只是个嗜酒的无能政客；他倒是钦佩斯大林的坚毅，却对苏联背后的强大国力、战略纵深知之甚少。

他高估了自己。他自视天生英才，所有的目标必须在有生之年完成。他身上总摆脱不掉孤注一掷的赌徒心态，从来等不及让成功水到渠成。自己犯错误总爱怪罪到别人头上，责备周围幕僚的不忠。在众人吹捧下，他真以为自己是军事奇才，即使坐在位于福斯大街的新总理府内硕大、气派的办公室里，也比身处遥远一线的军官们更能洞察战场形势。

他迷信唯意志论。他以为意志可战胜一切、可阻挡敌人的千军万马，盲目固守"寸土不让"的原则，不懂必要时撤退的战略意义。但悖论的是，强调意志的他并无毅力和耐心。处理国务，他全凭直觉，而非理性分析。决策过程往往是一时高兴，心血来潮。伦德施泰特元帅最反感的就是希特勒总以某种形式对其集团军群的指挥进行干预。愚蠢的朝令夕改，让手下白白付出巨大努力。

他没有强大的党政军顾问团队。迷恋与大英帝国结好、对苏联开启"十字军"东征，是他的两大战略败招，但身边的亲信没有一个敢于提出异议。最高统帅部沦为一个军事秘书处，凯特尔身为元帅没有发挥战略顾问的功能。布劳希奇、雷德尔等听天由命，伦德施泰特、古德里安等随波逐流。戈林、汉斯·弗朗克等人的存在加速了纳粹的灭亡。

类似希特勒这类政治人物，今后历史是否还会出现呢？如今的德国仍属于欧洲大国、强国，但因安全上依赖美西方国家，军事上受历史包袱所累，很难在世界上发挥"领导作用"。回顾二战历史，德国战败的悲剧正是苏联与美国的喜剧。如果没有希特勒主动联苏、掀翻法英的豪赌，苏联如何顺势崛起？如果没有希特勒主动伐苏、乾坤一掷的第二次豪赌，美国又如何成为全球霸主？二战后，苏联得大于失，美国稳赚不赔，可悲希特勒自诩天命英才，纵横欧洲十二年，机关算尽，赔上德国上千万条生命，换来的却只是冷战和美苏争霸。

是为序。

王尔东
2022 年 8 月 4 日

目 录

序 1
第一章 魏玛、希特勒和第二次世界大战 7
第二章 通往欧洲战争的道路 32
第三章 对波兰和法国的闪电战 64
第四章 英格兰之战 93
第五章 对苏联的歼灭战 118
第六章 扩大为世界战争 139
第七章 轴心国转入防御 173
第八章 欧洲第二战线 208
第九章 帝国终局之战与希特勒之死 234
第十章 铁幕与日本投降 257
注 释 274
参考书籍（日记、回忆录）...................................... 283
参考文献 286
地名索引 290
人名索引 297

序

> 我们这一时代的历史学家沉迷于决定论以及对历史的社会性认知,往往忽视了某些特定人物的作用。
>
> —— 弗朗索瓦·傅勒[①]1

关于第二次世界大战的书籍已是汗牛充栋,关于它的全景式描述、编年、传记和学术论文也难计其数。这不足为奇,因为这场为期五年[②]的世界战争规模令人震惊,影响十分深远。它导致5500万人丧生,种族屠杀和家园毁坏之程度前所未有。广岛和长崎开启了一个新的核武时代。人类进入由美国、苏联两个超级强国主导的两极世界。殖民强国分崩离析。欧洲不再是全球权力中心,之后的五十年,它被一道"铁幕"割裂。

旧大陆[③]的自毁是一个始于1914年夏的长期过程,各国如同"梦游者"一般卷入其中。历史学家们将第一次世界大战视为20世纪的"原始灾难"。英国外交大臣爱德华·葛雷(Edward Grey)[④]在战争初期悲观地预测:全欧洲的灯光都要熄灭了,"我们这一辈子是看不到

[①] FRANÇOIS FURET,1927—1997,法国思想家。——译者
[②] 原文如此,似有误,应为六年(1939—1945)。——译者
[③] 指哥伦布发现新大陆之前,欧洲认识的世界,包括欧洲、亚洲和非洲。与此相对应,新大陆主要指美洲大陆。——译者
[④] 英国政治家(1862—1933),1905—1916年任外交大臣。常就1914年大战将至发表一些忧国忧民的感叹。——译者

它再亮起来了"。² 葛雷的预判得到了证实。第一次世界大战是人类历史上首次工业化战争，它的毁灭性远超那一时代人的想象，在各民族之间播撒下极度仇恨的种子。正是这种仇恨使交战方无法重归于好，即便各方休战，也没有达成具有承压力的和平体制。

第一次世界大战也引发了完全不同的后果。它释放出各种政治力量，进而导致那个时代致力于寻求政治、经济危机解决方案的各种社会运动取得突破性进展。1917年俄国爆发十月革命，波及整个欧洲，尤其是德国，这是第一次世界大战的重大转折。很快，对立冲突的主体不再仅仅是各民族和各帝国，还有意识形态体系。有人称那个时期为"极端的年代"[①]，不管怎样，之后形势发展的顶峰便是第二次世界大战。基于技术的发展、道德的无底线，第二次世界大战的毁灭性超出一战之数倍。

上述事件以及本书的核心人物就是主要责任者——阿道夫·希特勒。作为"原始灾难"，第一次世界大战引发了时代变革，其最终的后果正是希特勒登上历史舞台，而这一点却被当代主流的历史学术观点所否认。这些观点认为，希特勒是一条德国特殊道路[②]的结局和终点，这条特殊道路源于一个由普鲁士领导、自认为吃亏的国家，它具有以下国家特征：永不知足的扩张欲望、强烈的军国主义以及狂热

[①] 源自《极端的年代（1914—1991）》，英国著名史学家霍布斯鲍姆（Eric Hobsbaum，1917—2012）所著"年代四部曲"之一。——译者

[②] 所谓特殊道路，是指德国历史上曾走上一条脱离西方民主道路，偏离了"自由市场经济、法治国家和多元民主"的西方范式，而选择了尚武、军国主义的民族主义道路。至于德国到底从何时开始走上这条"特殊道路"的，德国学者们有分歧：有的认为始于路德时代，或1848年，或1871年，或1918年。共识是，1945年二战结束后，联邦德国加入西方阵营。1990年统一后的德国扎根于西方阵营，这是德国漫长的加入西方征途的终点站。——译者

的种族民族主义。也就是说，希特勒的霸权欲望、第二次世界大战就是威廉帝国主义和第一次世界大战的延续。纳粹的种族主义、灭绝政策，从根本上说，亦仅仅是1914年以前反犹主义的结果而已。

纯粹从传统的社会力量抗衡角度分析，我们难以令人信服地阐释希特勒及纳粹的崛起原因。假如认为他的得势仅仅是历史规律性在发生作用，这等同于将其崛起与彼时重大的历史事件相割裂。新近的研究已经证明，希特勒种族主义的政治化正是形成于革命和严重不确定时期。尽管希特勒的个人成长，尤其是他的种族理论，融合了19世纪的部分思想，但在德国和欧洲近现代史上，他就是一个深刻断层。

希特勒在某种程度上脱节于时代，他并非人们传统上所理解的反犹主义者。他对犹太人的憎恨标志着一个新的层面。一战前线的经历让他成为一名纯粹的社会达尔文主义的支持者，一战后他又将犹太人视为万恶之源，认为十月革命和《凡尔赛和约》的背后都是犹太人在搞鬼。在希特勒的想象世界中，同"国际犹太人集团"的斗争是事关国家存亡的重大问题。受宗教狂热和被迫害妄想症的驱使，他毕生都致力于将德国以及西方文明从"犹太人的世界阴谋"中解救出来。是这种荒诞的种族主义使命感，而不是要领导德国成为世界强权，才是希特勒的关键动因，尽管德国和他自己都走向了同一个最终结局。

希特勒的这场个人战争始于1919—1920年。区别于其意识形态对手——斯大林，希特勒拥有一个独有的标识。两人都无视传统资产阶级和自由主义所奉行的现实政治的游戏规则。斯大林是一名推行实利主义的苏维埃领袖，主张以共产主义思想解救全人类，但他终究是一名现实主义者，而那位德国元首始终被非理性因素所牵引。从理性的现代角度看，人们很难理解这一点，反而倾向于认为，希特勒针对所有犹太人、金融股票交易和布尔什维克的独白式仇恨，只不过是毫无关联的反犹宣传而已。然而，这些东西在希特勒脑子里确实形成了一套完整的、辅之以生存空间理论的种族主义世界观。以此为出发点，希特勒又推导出一系列关于德国政治和发动战争的纲领性基本准则。作为慕尼黑的宣传干事、兰茨贝格监狱①在押犯或纳粹党党魁，希特勒所鼓噪的这一切，都在其担任德国元首以及最高战争指挥官以后得以不折不扣、持之以恒地实施。而他的核心任务正是消灭"犹太-布尔什维克主义"的老巢——苏联，同时他又把完成该任务视为与大英帝国缔结伙伴关系的前提条件。

理解希特勒现象的关键一点是，如果他的真正目的不被人明察（而事实并非如此），那么他的坐大，正如大家口口相传，是各种社会潮流妥协的结果②。他的早期演讲以及《我的奋斗》一书中关于种族主义的长篇大论，离日常的政治辩论相去甚远。此外，二十年代末期希特勒登上德国政治舞台，他那套从种族主义世界观中拼凑出来的对外政策，又被深得当时德国民心的极端复仇主义所掩饰。希特勒之所以能在德国夺取权力，是因为人们未能认识其真正面目，紧接着在20世纪30年代，希特勒的外交成就接二连三，举国为之雀跃。永远正确、伟大的领袖形象得以树立和持续。德国进占莱茵区、吞并奥地利以及此后的苏台德危机，西方和英国对德政策都遭到马后炮式的指责。如果人们能认清、哪怕预感到希特勒的真正目的，断然不至于如此长时间地被绥靖想法所主导。伦敦奉行绥靖政策正是基于对手希特

---

① 该监狱位于巴伐利亚州，距慕尼黑约80公里，成立于1908年，至今仍在运行。1923年11月，希特勒因在慕尼黑发动啤酒馆政变被捕入狱。原被判处五年徒刑，但仅关了一年便被释放。——译者
② 此处意指希特勒出任政府总理既是各方推举，也是经由兴登堡总统合法任命。——译者

勒是个理性的人。

本书旨在刻画和对比站在理性政治、理性战争对立面的希特勒。唯有如此，方能正确理解这个德国独裁者在二战前夕和期间如何以其独有、完全另类的标准推行一场战争中的战争①。他的这种另类也部分导致对手犯下灾难性的战略失误，比如1941年6月的斯大林。斯大林视希特勒为精于算计的强权政客，他始终坚定地认为，尽管德军出现了大规模调动，但是只要对英国战事未告结束，希特勒就不会进攻苏联。

希特勒这场战争中的战争亦影响了他与盟友的关系，即三国同盟的意大利和日本。希特勒作战方式的变化让人无法理解，加大了三方合作的难度。德国高层内部的抵制更为突出。外交部制定的结盟方案与希特勒的初衷并不一致。海军司令部继续坚守蒂尔皮茨②的传统理念，认为英国才是德国必须战而胜之的对手，希特勒则一直把英国当作德国要争取的战略伙伴。就连武装部队最高统帅部、陆军总司令部——希特勒的亲近幕僚们——也不能领会希特勒的旨意，只会机械照搬式地执行。典型的例子是，入侵苏联前，希特勒身边的一名高层军事参谋在其日记中无助地记载："作战意图不明……"一国军队的高级将领对他们最高统帅的真正意图及战略方向不甚了了，在历史上极其罕见，当然，这并不能因此而免除这些将领对罪恶战争以及种族屠杀的共同罪责。

----

① 指纳粹德国对外同苏联、英国、美国等进行热战的同时，又推行以驱逐和屠杀犹太人等民族为主要特征的种族主义战争。——译者

② 德意志第二帝国海军元帅（1849—1930），提出"风险理论"：德国舰队须足够强大到威胁英国，最终迫使英国承认德国的全球地位。——译者

希特勒战争的整体特征源于其荒诞的反理性。在实际战争中，一再被印证的并非德国外交的某项传统，而是希特勒的种族冲突理论，比如对苏联的歼灭战、针对欧洲犹太人的屠杀。按照希特勒的反常逻辑，从某个时间段开始，上述行为不但不可避免，而且还是合法的。换句话说，他认为其所承担的任务具有伟大性，完成任务是合理的义务所在，足以废弃传统的文明准则。第二次世界大战末期，反希特勒联盟通过协商取得一致，曾给予德国唯一出路：无条件投降，但是希特勒的种族理论注定了德国作为国家难逃崩溃之命运。在《我的奋斗》第二册中，他写道："德国要么成为世界强国，要么什么也不是。"[3]

希特勒的预言落空，国家崩溃，他的生命也就此终结。在政治遗嘱中，希特勒仍不忘要求后代继续其种族理论，他的死亡标志着那套残忍的意识形态的终结。尽管发生了可怕的种族屠杀，但"传统"的反犹主义依然存在于当今世界。战争期间斯大林曾经说过，希特勒这样的人有来，也有走。斯大林错了。这个德国独裁者是一个独特个体。他自授某种使命，脱节于时代，成为20世纪历史上最具实权的人物之一，进而将第二次世界大战演变为前所未有的灾难。

第一章 魏玛、希特勒和第二次世界大战
（1918年11月至1933年1月）

> 如果我们的民族和国家沦为犹太人血腥和贪婪统治的牺牲品，那么整个地球也将被恶肉所缠绕……
>
> —— 阿道夫·希特勒《我的奋斗》，1926

认为第二次世界大战是第一次世界大战的延续，这是错误的；不过，二战的开端却是一战的停火和1918年十一月革命。两次世界大战互为影响。伴随着德国境内敌对行动的结束，局面混乱不清，革命因此发生。大家刚还在谈论胜利后的和平，突然就有人说，战争已经输了，当时德国陆军还在法国和比利时境内的纵深地带，几个月前，还与苏俄签订了耻辱的《布列斯特-立托夫斯克和约》①。这些又同西线崩溃的事实（帝国境内少有人了解）形成明显矛盾。连拥有实权的第三陆军统帅部高层——鲁登道夫②和兴登堡也不知所措。两位将军选择逃避责任，反而要求没有什么实权的帝国政府出面寻求政治解决，在24小时内达成停火协议③。然而，在无法满足开具的停火条件

---

① 一战期间苏俄政府与同盟国于1918年2月在布列斯特-立托夫斯克签订的条约。一般认为，这是苏俄以空间换时间的成功外交，使新生的苏俄政府有了巩固政权的时间。——译者
② 鲁登道夫（Erich Von Ludendorf，1865—1937），德国陆军上将。一战期间曾任德军第8、第9集团军参谋长、东线德军参谋长。——译者
③ 1914年7月，一战尚未爆发前，在保守势力和重工业界等支持下，德国军方影响力强大，最为"主战"。帝国文官政府出于对未来的恐惧，处于巨大压力之下，最终不得不早日进行这场躲不过去的大战，而不愿拖到将来。此处作者之意是，军方眼见乱局无法收拾，欲甩锅给文官政府。——译者

的情况下，德军又绝望地命令那些自斯卡格拉克海战①以来在港湾坐等生锈的德国舰队集中出海，同优势明显的英国舰队来一场最后的决斗。11月初，基尔水兵暴动。很快，这场发端于沿海的地区性哗变蔓延至全国，革命爆发了。

德国十一月革命与俄国十月革命之间的确存在某些外部关联性，但两者有区别，前者更多是一场和平革命，而非社会性质的革命。德国革命导致君主制终结。无论在前线，还是在国内，厌战的德国人将国家的境遇归咎于君主制度。1918年11月9日，多数派社民党（MSPD）人菲利普·谢德曼（Philipp Scheidemann）在帝国议会大厦的阳台上发表宣言："陈旧、腐朽的君主政体崩坍了……崭新的德意志共和国万岁！"[1]多数派社民党从此承担起国家的责任，将革命引向温和可控的轨道。

结束战争成为最优先的任务。百姓因战争长年遭受饥饿困苦。协约国仍在实施海上封锁，改善供应又无法实现。军方高层既不表态，也不露面，德国中央党政治家马蒂亚斯·埃尔茨贝格尔（Matthias Erzberger）作为帝国政府全权代表、德国谈判代表团团长，于1918年11月11日在法国贡比涅森林签署停战投降协议。此后就形成了错误的假象，即政治家要为第一次世界大战的不光彩结局负主要责任。

德国革命是分裂的革命。以谢德曼和弗里德里希·艾伯特（Friedrich Ebert）为首的多数派社民党（MSPD）主张议会民主。以罗莎·卢森堡（Rosa Luxemburg）和卡尔·李卜克内西（Karl Liebknecht）

---

① 又称日德兰海战。1916年5月31日至6月1日，英德双方在丹麦日德兰半岛附近北海海域爆发的一场大海战，以英军取胜结束。——译者

为代表的极左派领袖，在谢德曼之后几个小时宣布成立了"自由的社会主义共和国"。他们与苏俄布尔什维克结盟，并与一部分独立社会民主党（USPD）人一起主张以苏俄模式建国。温和派和极端派原本已达成共识，即组建多数派社民党领导的临时政府（人民代表委员会），但现在鸿沟不断加深，于 1918 年 12 月最终分裂。USPD 宣布中止与多数派社民党（MSPD）的合作，进而离开人民代表委员会，反对尽快选举国民议会。1918 年至 1919 年之交，部分 USPD 和另一些左翼人士组建了德国共产党，完全拒绝参加选举。此前，1917 年列宁在俄罗斯认为布尔什维克无法通过民主途径掌权，遂发动革命。德国共产党效仿列宁，也走上了议会外反对派的革命路线。结果是德国深陷准内战局面。柏林的斯巴达克人①拉开了起义的序幕。

此时多数派社民党（MSPD）牵头的议会民主制逐渐站稳脚跟，MSPD 与陆军新领袖威廉·格勒纳（Wilhelm Groener）达成相互支持协议。当部分海军官兵与极端主义者站在一起的时候，MSPD 还能做出什么别的选择吗？他们只能去招揽那些从战场回来的数百万无家可归者，获得其支持。人民代表委员主席、后来又成为帝国首任总统的艾伯特（两个儿子都在一战中丧命）一直向从战场回来的将士们传达一种情感：并非所有付出都是白费的。违背自己的良心，他疾呼：将士们在战场中并没有被打败。②他还感谢将士们为祖国做出的贡献，声称国家的建设和自强需要他们。

....
① 又称共产党人，称呼源自古罗马奴隶起义领袖斯巴达克斯。——译者
② 艾伯特试图借肯定德军对战争的贡献，赢得政治支持。但随之而来的问题是，既然在战场上没有输，德国为什么却输掉了战争？此前德国的宣传机器一直在鼓吹，"胜利近在咫尺，敌国的士兵休想踏上德国的土地"。——译者

1919年1月19日国民议会的选举是德国多数派社民党（MSPD）做出的历史性贡献。由于斯巴达克人在帝国首都柏林起义闹事，首届国民制宪会议不得不移至偏远的魏玛①小城召开。这次选举是德国民主的历史性时刻，是首次自由、平等和无记名投票，妇女也参与投票。魏玛联合政府由MSPD、中央党以及德国民主党（DDP）组成，三党得票率共计76.2%，其中MSPD得票37.9%。应该说，反动势力在选举中遭到毁灭性打击。德国国家人民党（DNVP）、德国人民党（DVP）得票率分别为10.3%和4.4%，独立社会民主党（USPD）得票率7.6%。上述情况可以证明多数德国人赞成民主共和，主张建设和平之国家。然而，这份德国民主诞生之初的成绩单在当代几乎被人遗忘，它至少证明1919年初没有迹象显示德国会走向希特勒，走向又一次世界大战。

所谓左翼阵营的分裂、MSPD与军队和自由军团相互勾结，从而为纳粹上台铺平道路，这并不符合史实。如果左翼势力得以联合，这意味着反动势力的坐大。在苏俄无产阶级世界革命者眼里，部分USPD加入德国共产党之后形成的这股极端的革命力量也就成了一支尖兵部队。1918年11月初，革命力量还得到俄国驻柏林使馆的支持，之后帝国政府与莫斯科中断了外交关系。1919年初的柏林，已一片革命暴乱；莱茵地区已组建"红军"，充斥着恐怖气氛。整个德国境内大约有20个城市宣布成立"苏维埃政权"，这些都是布尔什维克在全世界发动革命的组成部分。俄国布尔什维克对此予以认同，并提供了建言和行动支持。左翼革命势力在慕尼黑掌权后，共产国际领导人

---

① 位于图林根州，系历史文化古城。——译者

格雷戈里·斯·季诺维也夫（Grigori J. Sinowjew）激动地宣称，如今"已诞生了三个苏维埃政权：俄罗斯、匈牙利和巴伐利亚"。他还说，一年后欧洲将共产主义化[2]。甚至列宁本人也向巴伐利亚致以问候，希望了解后者"会采取什么措施对付资产阶级刽子手谢德曼及其同伙"[3]。

当时的德国上下弥漫着恐惧，一种对由于内战而导致暴力和残忍的"俄罗斯道路"的恐惧。而此前，德国内部本就潜藏着对这一陌生又巨大东邻的古老、含糊不清的悚惧。这些恐惧又汇聚于希特勒对布尔什维克的憎恨。政府军强硬派及其同盟——实施无节制残杀的"自由军团"（镇压斯巴达克人起义，制造卢森堡和李卜克内西[①]的死亡）的所作所为正是这种恐惧和憎恨的反映。德国共产党中央机关报《红旗报》大肆鼓吹布尔什维克的影响力，后来的历史学家倾向认为，这一影响力实际并不强大。不过，同时代的托马斯·曼（Thomas Mann）、哈利·凯斯勒伯爵（Harry Graf Kessler）、恩斯特·特罗尔奇（Ernst Troeltsch）都觉得"布尔什维克大章鱼"的触爪已伸向欧洲的心脏地带。他们几位以及多数德国人都以为自身文明受到威胁，要不惜一切手段予以抵御。

1919 年 1 月在巴黎郊区举行的和谈也受到明显影响。德国因为是战败者长期被排除在和谈外。国内一度盛行不切实际的幻想，一些 MSPD 的前政要通过演讲又使这些幻想具体化。他们注意到，美国总

[①] 两人均为德国社会民主党和第二国际左派领袖，德国共产党创始人。均出生于 1871 年，早年投身工人运动，反对帝国主义战争。1918 年 12 月发起成立革命左派组织"斯巴达克联盟"，并在此基础上成立了德国共产党。1919 年 1 月 15 日，两人一同被忠于德皇的极右反动组织"自由军团"逮捕，之后被残忍杀害。——译者

统伍德罗·威尔逊①主张要把今后的德国作为平等伙伴纳入西方民主阵营。1918年1月一战期间，威尔逊就已提出关于欧洲新体制的"十四点计划"，这一计划基于民主原则和各民族的自决权。在德国，君主体制的终结以及议会民主的实施都与威尔逊的设想和主张相吻合。

再者，德国还接受了贡比涅停火协议规定的各种苛刻条件：归还之前占领的领土、军队撤出莱茵区并赔偿大量的实物。从社民党主政的帝国政府角度看，上述行为有助于营造凡尔赛和谈的互信，达成某种公允的和平似乎已没有什么阻力。他们向协约国呼吁：以威尔逊主张、以公平的利益均衡为基础达成欧洲和平。德国带着某种自信复出，有意识地把战争责任人逐出政治舞台，准备洗心革面、支持民主。政府代表亦真心誓言绝不让一战再次发生。帝国总理谢德曼在其政府声明中表示："缔结和平是本届政府之重任，这一和平不再是先前历史上某个永处战争状态之民族所设想的那种休养蓄势、再度交战的和平，而是以体现各民族平等权利之世界宪法为根基，与所有文明民族和谐共存。"[4] 如果上述愿望成为现实，欧洲历史又会如何推进？

残酷战争造成的创伤太过深刻，新仇旧恨又助长了清算的火焰。1919年5月初在凡尔赛宫、圣日耳曼宫，强令德国战败者接受的安排与德国政府关于未来欧洲和平体制的设想，两者风马牛不相及。有关安排与威尔逊原则也毫无相关。英国首相劳合·乔治②奉行势力均衡主义，主张保留德国为欧洲大陆一支还算过得去的经济和政治力

---

① 伍德罗·威尔逊（Woodrow Wilson，1856—1924），美国第28任总统，民主党，1913—1921在任。——译者
② 劳合·乔治（David Lloyd George，1863—1945），英国首相，自由党政治家。1916—1922年间领导战时内阁。——译者

量，但他的设想亦仅得到极为有限的落实。威尔逊、乔治最终都屈服于法国总理乔治·克雷蒙梭①，后者认为法国与德国再度交战无法避免，其主要关切在于通过和谈竭尽全力，达到持续性削弱宿敌——德国实力的目的。

威尔逊总统看重的民族原则和自决权都不再适用于战败方。德国和奥地利通过民主选举产生了社民党占多数的议会，两地议会均多数赞成德国与奥地利联合，却遭到禁止。不仅如此，两家战败方几乎归还所有德语区领土。乔治首相对这一做法提出警告，"未来战端重启"，他"想不出比这更强有力的理由了"[5]。于是，南蒂罗尔归属意大利，苏台德区归属新成立的捷克斯洛伐克，克莱佩达区划归立陶宛，但泽作为自由城归国际联盟管辖。那些不完全由德裔居民居住的领土，波森、西普鲁士以及一部分上西里西亚并入新成立的波兰，奥伊彭-马尔梅迪割让给比利时，北石勒苏益格割让给丹麦。萨尔州在举行公民投票后才留在德国领土内。最后，第二帝国丧失了七分之一的领土、相应的重要工业部门（损失50%铁矿和25%硬煤）以及650万人口。

还不止于此。和约规定，德国必须交出所有海外殖民地，军事上要成为一个无名小卒。曾引以为傲的陆军缩减至10万人规模，海军减至1.5万。海军舰队是威廉二世的宠儿，被迫上交大多数舰只。1919年6月，共74艘德国战舰自沉于斯卡帕湾，作为回应，协约国要求德国交出几乎所有的商用船只。《凡尔赛和约》还要求莱茵河左

---

① 乔治·克雷蒙梭（Georges Clemenceau，1841—1929），曾两次出任法国总理，人称"法兰西之虎"。——译者

岸非军事化，右岸 50 公里区域内炸平所有堡垒、解散所有军营。

总共 440 条款的和约还强迫德国交出巨量的实物赔偿。协约国代表还觉得不够：只允许德国谈判代表团通过偏门进入凡尔赛宫，还要进行赔款。至于具体数额，战胜国未能达成一致。[①] 这已无关紧要，因为战败国必须要预先接受任何一个赔偿数目。和约第 231 条有悖于所有历史事实，它规定："德国及其盟友作为唯一的战争策源地，必须为协约国在战争中遭受的所有损失和损害承担责任。"[6][②] 和约的序言还规定，1926 年以前禁止德国加入由文明国家参加的国际联盟。

确定一国对一场战争负有罪责，同时又在全世界对该国予以唾弃，这在历史上前所未有。[③] 协约国还要求引渡作为战争最高总司令的威廉二世皇帝及其 800 名随从，交付法庭审判。对 800 名随从，帝国政府采取了消极抵抗、坐等期限结束的对策。而对流亡于多伦庄

----

① 美国在会上主张赔款数额应依据德国付款能力而定，但其他战胜国，尤其法国坚持德方须全数负担；相持之下，最后签订的条约中，没有确定额度。——译者

② 通称的战争罪（War Guilt）条款。指德国需为引发一战全责。和约中大部分的惩罚措施，包括政治、经济及军事，完全根据德国是罪魁祸首的前提而来。之后，有识之士提出疑问，战争爆发的责任归属极其复杂，德国固然必须承担大部分责任，但仅仅处罚德国是否公平？1920 年始，英国执行和约中惩处德国的条款的意愿渐渐动摇。——译者

③ 本书作者该观点不成立。1900 年德皇威廉二世以德驻华公使克林德被杀、保护东交民巷使馆区为由，派出瓦德西帅八国联军，侵略和抢劫中国，杀害中国人无数。从国际外交惯例而言，克林德之死、使馆区遭受攻击，清政府负有外交责任，但从另一角度，克林德在北京下令德国驻华公使馆士兵枪杀无辜中国百姓，又该论何罪？问题是，为庚子事变负有最终罪责、被包括德国在内的八个"文明国家"唾弃嘲讽，1901 年耻辱性地签署《辛丑条约》并向德国支付 9000 万两白银、进而派遣载沣赴柏林"赎罪"的，都是清政府。因此，"确定一国对一场战争负有罪责，同时又在全世界对该国予以唾弃"，历史上曾经发生过，也许只是作者并不了解德国那一段对华殖民和侵略史。——译者

园①的威廉二世，一战中严守中立的荷兰顽强拒绝了协约国不断提出的引渡申请②。针对凡尔赛"强制"，也有不少反对的声音。英国谈判代表团成员、经济学家凯恩斯③认为，这是"奴役德国整整一代人的政策，是对数百万幸存百姓的屈辱、对一个民族的抢劫"[7]。南非总理扬·克里斯蒂安·史末资（Jan C. Smuts）作为英国代表团成员参加会议，他致信威尔逊总统："这一和平……也许会给世界带来比一战本身更严重的祸害。"[8] 然而，此时的威尔逊无力贯彻其主张，受到盟友排挤，沦为牺牲品。④

《凡尔赛和约》安排了战胜国的领土划分，形成一条自北向南由中小国家串联而成，始于芬兰、途经波罗的海国家和波兰直至罗马尼亚，排斥苏俄的"防疫封锁线"。这种做法也沉重打击了德国，击中其骨髓。人们原本以为停火协议后，会有一个没有饥饿、美好和平的未来，这一憧憬转变为彻底的绝望。摆脱战争的德国及其军队（国家自我认识的重要组成部分⑤）受尽侮辱，这尤其糟糕。

---

① 位于荷兰境内。1918 年 10 月德国十月革命后，德皇与妻子逃亡荷兰。——译者
② 荷兰是一战中立国，威廉明娜女王当时坚决拒绝引渡要求，给予威廉二世政治避难，同时也要求后者以私人身份在荷兰停留，且未经允许不得离开避难所。另外，德、荷两国王室有紧密合作的历史。威廉明娜女王是威廉二世的远房亲戚。威廉二世的妻子奥古斯塔·维多利亚，还是荷兰皇室的公主。——译者
③ 凯恩斯（1883—1946），英国杰出经济学家、现代经济学理论的创新者。当时作为英国财政部代表与会。其创导的"凯恩斯经济学"主张适度的政府干预是必要的，可以延缓经济过热和经济萧条之间的交替频繁。——译者
④ 威尔逊关于欧洲和平的"十四点计划"在战败国阵营燃起希望，但对不愿放弃既得好处、可图利益的英、法战胜国并非好消息。——译者
⑤ 自普鲁士时代始，德国统治阶层孜孜追求建立一支强大的军队。18 世纪末流行一句至今被反复引用的名言："别的国家都拥有一支军队，而在普鲁士却是一支军队拥有一个国家。"军队在德国历史上曾凌驾于一切组织之上，成为国中之国。——译者

此时，战败的德国加强了团结意识，誓言绝不能、绝不会接受和约。1919年5月12日，帝国议会在柏林弗里德里希-威廉大学举行会议。会议纪要记录了帝国总理谢德曼的发言实景："我问诸位，有谁能作为一名正直的守约人士接受这类条件？有哪一只手在给我们戴上脚链和手铐后不会干枯？这个和约对帝国政府是不可接受的。会议大厅和看台上响起了长达几分钟的暴风雨般掌声。全体议员起立。"[9] 5月12日是魏玛共和国议会民主共识的最后一次强烈发声。顺便提一下，5月初，巴伐利亚苏维埃共和国在慕尼黑被血腥镇压。

面对凡尔赛施加的强制，德国上下精诚团结，然而事件的进展亦令德国猝不及防。1919年6月16日，战胜国向帝国政府下达最后通牒，声称德国若不在5日内接受和约条件，将重启战端。德国进退两难。若无视通牒期限，德国已接受贡比涅停战条件，军民厌战，德国几无能力防御帝国领土，国家将陷入彻底无序。法国一定会支持德国国内莱茵、巴伐利亚两个地区的分裂势力，这又会导致国家分裂，还可能再度引发革命。若接受协约国条件，就是对一战德国战士们的背叛，是对国家的"大不敬"，而且持这类看法的不仅仅是右翼派别。未走出世界大战创伤阴影的帝国政府决定向最后通牒屈服，这是相对轻的祸害。谢德曼总理及其所属政党、中央党的部分议员投票支持接受和约，同时又出于对和约的抗议，也意识到会走错棋，谢德曼及其内阁宣布辞职。余下的所有议员——中央党的其他议员，德国民主党（DDP）、德国国家人民党（DNVP）、德国人民党（DVP）和独立社会民主党（USPD）——都投票反对。

议会党派的分裂导致魏玛联合政府从此丧失多数。这种分裂相对应地也体现于德国民众之中。布尔什维克继续支持德国内极左势力，试图助其革命取得突破，仇恨和复仇欲望日益发酵。多数派社民党（MSPD）不再被视为前线士兵们的政党。在陆军特别是自由军团和军事协会内部弥漫着对前景的悲观失望，人们指责社民党人严重背叛国家。其中，埃哈德海军旅（Marinebrigade Ehrhard）在大反动分子——沃尔夫冈·卡普（Wolfgang Kapp）的率领下发动兵变，四天后落得失败的下场。散布所谓大后方对前线"背后捅刀"说[①]的，正是那些要对战争灾难承担责任的人，传统上他们把实力趋强的国家人民党（DNVP）视为自己的政党。《锡安长老会纪要》[②]、亨利·福特的畅销书《国际化的犹太人》助力所谓犹太人控制世界的阴谋论在全球广泛传播，阴谋论又激励种族性质的宗教派别和组织，一时间它们拥趸者甚众、门庭若市。

正是此时，希特勒开始了他的意识形态化和极端化进程。这个离乡背井的奥地利下士在西线参战四年，从前线归来后脑子里充斥着原始的社会达尔文思想。在他看来，所有生物的自然规律都是竞争。家园面貌不再如以往，这位一级铁十字勋章获得者在寻找他的下一步人生方向。1919 年 2 月，在为被谋杀的巴伐利亚总理库尔特·埃斯纳（Kurt Eisner，独立社会民主党人、犹太人）举办的追悼会上，有人看到过希特勒。1919 年 4 月，巴伐利亚苏维埃统治时期，他以士兵委员会成员的身份出现，准确地说，是巴伐利亚第二步兵团（当时加

[①] 1919 年 11 月，兴登堡宣称战场上的德军不是被敌人打败的，而是被大后方那些懦弱的人给予了"背后一击"，即为"背后捅刀"说。其矛头指向议会、国内民众、社会党人和工人以及犹太人。这一论调导致的直接后果是德国普罗大众不接受"失败"，也拒不承担战争罪责。——译者
[②] 1903 年在沙俄首度出版的一本反犹太主题的书，描述了犹太人通过加入共济会来"征服世界"的具体计划。——译者

入"红军")复员营第二连的替代营委员会成员。一个茫然不知方向的希特勒，一个一无所知的小干部，竟然成了布尔什维克革命大齿轮的一部分；同样是希特勒，在巴伐利亚苏维埃共和国灭亡后，很快将"犹太-布尔什维克"视为其死敌！这段史实显然给目前流行的观点打上问号，这些观点认为希特勒的反犹思想有一条人人皆知的脉络，即战前始于维也纳，一战后进而发展为仇犹。希特勒思想的真正变化始于巴伐利亚苏维埃共和国灭亡、《凡尔赛和约》内容公开后的那些个日子，他被分配到一支部队，该部队的任务正是调查布尔什维克以及"金融资本主义"的野蛮思想。在时人眼里，"金融资本主义"如同布尔什维克都是由犹太人一手掌控。

以宣传员和密探的身份，希特勒同组建于一战后的德国工人党（DAP）建立了联系。成员寥寥的 DAP 就是纳粹党（NSDAP）的前身，建党的目标是要把社会主义和民族主义两者归于和好。这是一群聚集于体育记者卡尔·哈勒尔（Karl Harrer）和劳工积极分子安东·德雷克斯勒（Anton Drexler）周围的小人物，后来工程师戈特弗里德·费德尔（Gottfried Feder）也加入其中。这帮人认为德国之所以在一战中失败，原因在于民族主义和社会主义两股思潮的对立。经过对经济体制的一番思考，费德尔写了一份《宣言》，主张打破"利息奴役"的统治。金钱不应通过金钱挣得，而完全应通过劳动的方式。费德尔的观点在纳粹党内供人讨论。

因此，所谓的民族社会主义，一个是指种族思想，1919 年下半年开始在希特勒的脑子里逐步形成；另一个则是本原的。为这位半高学历的奥地利下士打开眼前世界的是一个名为迪特里希·埃卡特（Dietrich Eckart）的失败作家。埃卡特是希特勒的世界观导师，他属于某种族宗派、慕尼黑图勒协会①成员。这个协会视"寄生的犹太人"为每个民族群体的破坏者，认为世界发展史是一部宏大的种族斗争史，而犹太人与雅利安人两者间的对决将决定历史的命运。图勒协会的成员们坚信，这是一场你死我活的冷酷斗争，是"有精神灵魂"的北欧人种同它的反面——"物质利益至上的犹太人"之间的对决。他们相信这是历史的本质所在。

发生在德国的事件让希特勒对犹太阴谋渐渐地信以为真。这些阴谋已不再是纯理论的世界观，而是他亲身经历和感知的现实。犹太势力通过系统性的"颠覆活动"导致德国输掉战争，俄罗斯的布尔什维克以及西方的金融投机式资本主义，则是犹太势力使用的两招肮脏手段，他们在德国建立巴伐利亚苏维埃共和国，以《凡尔赛和约》逼迫德国。对上述怪论，希特勒深信不疑。他曾说："《凡尔赛和约》和布尔什维克是一头怪物的两个脑袋，我们都要把它们砍掉。"[10]

希特勒深信他属于能够真正洞察世界发展脉络的少数几人，他毕生的政治行为都服务其信仰。在他身上产生了一种带有伪宗教元素的政治。他的种族理论成为某种"政治宗教"，其核心就是对"犹太人"发动"一场圣战"。这种"政治宗教"引领希特勒，要么走向胜利、拯救世界，要么走向失败、世界灭亡。不久之后，希特勒在《我的奋斗》中写道："德国要么成为世界强国，要么什么也不是。"[11]

希特勒的狂热斗争始于1919年末，矛头首先指向凡尔赛的"强制和平"，同时也指向革命。他强烈抨击与莫斯科结盟的德国共产

---

① 图勒（Thule）是一座岛屿的名字。协会成立于1918年8月，是反犹的政治秘密组织，1925年解散。——译者

党，指责其试图把德国归入"犹太教"的统治。自从社民党接受"从事金融交易的犹太人"强加给德国人的和谈条件之后，希特勒就把社民党诬称为"犹太操纵集团"的驯服工具。早在 1919 年 9 月，希特勒意识形态形成的初期，他从自己关于敌人的半真半假的知识库中推导出一个惊人的结论："最终目的必须是驱除犹太人，这是不可动摇的。"[12] 此时，希特勒所思所想虽还不能坐实都是为了推行种族屠杀，但犹太人必须消失确是其所愿。

关于凡尔赛的评论，以慕尼黑苏维埃共和国为表现形式的布尔什维克革命，共和国的主要人物又有不少是犹太人，这些都有力地推动希特勒的荒诞理论于 1919 年下半年渐渐成熟。他的这套所谓"真理"的东西最多只能在慕尼黑的反犹圈子里得到共鸣。至于其主要、具体的政治目标，体现于 1920 年 2 月的二十五点纲要，与当时共和国所有党派的主张大同小异。从极左至极右，所有政治力量都要求取消《凡尔赛和约》和《圣日耳曼和约》。

1920 年 6 月，德国的赔款数额被确定为天文数字般的 2690 亿金马克。帝国政府通过外交渠道竭力争取免除赔款，也在努力解除严重损伤德国声誉的军备限制，期待德国有朝一日能重新获得丢掉的强国地位。威廉二世时期的英、法、俄三国结盟此时已不复存在，这对德国外交是个机遇。东邻苏维埃俄国处于被孤立状态，愿意与德国结成伙伴，自由和保守派右翼阵营对此乐见其成。与社民党不同，意识形态分歧对右翼阵营而言并不重要或处于次要位置。

国防军高层甚至在推演各种战争的情形，包括与苏俄联手对付波兰夺回丢失的东部领土，紧接着在苏俄的幕后支援下对法国展开军事行动。战争推演局限于研究范畴，这在欧洲强国的总参谋部属于普遍现象。1914—1918 年的第一次世界大战固然极其可怕，但是战争依旧是欧洲各国政治的合法延续，关键是要对形势及自身军力有理性评估。在 20 世纪 20 年代初期，对凡尔赛安排做出大幅修订无疑是一个遥不可及的选项，毕竟 10 万规模的陆军是无法打仗的。

中央党政治家约瑟夫·维尔特（Joseph Wirth）领导的帝国政府抓住了苏俄敞开怀抱的机遇。1922 年 4 月，在越飞[①]（1918 年 11 月作为苏俄驻德大使被驱逐出境）的见证下，瓦尔特·拉特瑙[②]（DDP）外长与苏维埃外交事务人民委员格奥尔基·契切林（Georgi Tschitscherin）签署《拉巴洛条约》[③]。此举在欧洲引发轩然大波。希特勒将这一切都看在眼里：这个条约是遭人憎恨的犹太裔建制派政客同克里姆林宫犹太-布尔什维克联合操控下的产物，他那个关于世界大阴谋的有远见理论又一次得到印证。一个是一战战败者，另一个是无产者，准备打破政治和经济孤立，提升自己在西方强国面前的地位。条约商定两国重新建立外交和经济关系，德国更看重经济，因为其商品被西欧各国所抵制。条约的劲爆点在于两个截然不同的国家竟然要展开秘密军事合作。国防军的士兵在苏俄接受坦克和飞机培训，而《凡

[①] 越飞（Adolf Joffe, 1883—1927），犹太人，苏联革命家、政治家、外交家。曾任苏联特使与国民党领袖孙中山会谈，并发表《孙文越飞联合宣言》。1927 年 11 月在莫斯科自杀。——译者
[②] 瓦尔特·拉特瑙（Walther Rathenau, 1867—1922），德国政治家，犹太人，因主导德国共和政府与布尔什维克主义的苏俄签约建交，引起国内激进右派的不满。1922 年 6 月被右翼分子射杀。——译者
[③] 德、俄均遭到西方不同程度的排斥和抵制，双方同病相怜，走到了一起。拉巴洛系意大利一小城。条约主要内容：双方互相放弃赔偿要求；建立外交关系；给予在贸易及经济方面最惠国待遇。条约从谈判到签字不到 24 个小时，在外交史上堪称空前。"拉巴洛"已成为越顶外交的代名词，意指共产主义俄国和反共的德国，在某种情况下，可以联合起来对付西方，而且此种联合可以在一夜之间成为事实。——译者

尔赛和约》禁止德国人触碰这些现代化武器。

莫斯科的外交政策仍是维持世界范围的革命。克里姆林宫期待借助《拉巴洛条约》，在德国国内推进由追随者——共产党发动的阶级斗争。条约将加剧德国与一战战胜国的冲突，又影响德国国内稳定，这是苏俄的算盘。若要革命，先要有危机。西方列强果然开始插手，巴黎尤其担心欧洲力量对比以及凡尔赛战后体制发生变化。法国总理雷蒙·普恩加莱公开谈及军事干预。

1923年1月，法国和比利时军队开进德国重工业心脏——鲁尔区。占领者走出这一步，相关考量早在《拉巴洛条约》之前就已酝酿，理由是德国未能及时支付赔款。法国在鲁尔区实施紧急状态和粗暴统治。古诺总理（DVP）为首的德意志帝国政府——1919年1月以来第五届内阁——予以消极抵抗。德国生产陷于停顿，经济彻底瘫痪，失业人口超过400万，通货膨胀日益严重。1923年11月，1美金兑换42000亿马克。① 眼看德国陷入不可收拾的地步。

克里姆林宫试图利用机会在德国发动"第二波世界革命"（也是为了克服自身内政困难）。他们向已经在图林根和萨克森地区掌权的人民阵线政府提供支持，帮助他们取得突破。以圣彼得堡红色近卫军为榜样，组建了"革命百人队"，由秘密潜入、身经百战的俄国革命者率领。同时，在汉堡发动起义作为策应。还不止于此。根据苏共中央委员会军事委员会与德国共产党领袖在莫斯科曾共同商定的一份计划，苏联将派出最多达230万红军士兵穿越波兰，以"在军事上紧急

---

① 恶性通货膨胀沉重打击了那些靠微薄积蓄过活的普通德国人。柏林一位老人储蓄了10万马克，换个时代，依靠这笔钱兴许能过上惬意的退休生活，但是通货膨胀使他的存款变得一文不值，只够买一张地铁票。——译者

支援德国无产阶级"。1922年担任苏联共产党中央委员会总书记的斯大林在德国共产党中央机关报——《红旗报》上写道：取得胜利后，"世界革命的中心将由莫斯科转移至柏林"。[13] 斯大林深信，只有在德国革命取得突破，世界革命才会有强大的推进动力。

由于未能充分调动工人阶级，共产党人大肆宣传的"德国十月"革命以失败而收场。而在此以前，那个自封为世界拯救者的希特勒已经展开实际行动，目标取向是狂热和非理性的。为阻止德国沦落为"犹太–布尔什维克"①"犹太资本家"以及他们在帝国议会帮手的猎物，希特勒打算在巴伐利亚州夺取权力，进而由慕尼黑向柏林进军。11月8日至9日，希特勒主导的暴动在慕尼黑统帅堂被巴伐利亚州警察镇压，这场暴动是一个闹剧，流血的闹剧：16名纳粹分子被枪杀，事后被追授为"烈士"。一个暴动者逃跑，欲自杀，但又没有结果自己。在一场审判中，希特勒被判处五年监禁，但只关了一年就被释放。法官不想因此而否定这个一战下士、一等铁十字勋章获得者的爱国情怀。

按常情判断，希特勒及他于1920年接手的纳粹党应该就此失败了。希特勒的宣传鼓动并没有在大众中引起反响。那又该怎么着呢？1924年5月帝国议会选举中，纳粹党与德国民族自由党结盟仅获得6.6%的得票率。同年12月紧接着的又一次选举，只获得3%，趋势看跌，说明德国政局趋于稳定。希特勒在兰茨贝格监狱舒服的小单间里写就了一本著作。在著作中，希特勒阐述了他的纲领性世界观，详细论述"犹

---

① 由于"国际工运"和"国际共运"的许多领导人具有犹太血统，所以有理论宣称"1917年俄国革命"的思想主张源自犹太人，布尔什维克背后的最大金主也是犹太人。"犹太人支配国际共运"的阴谋论被纳粹党及其支持者广泛运用。摧毁"犹太–布尔什维克"于是成为纳粹的使命。——译者

太世界阴谋",此书后来命名为"我的奋斗",但这也未能扭转他走下坡路的局面。所有情形都预示着,这个具有内向型特征的反犹太宗派分子渐渐被人遗忘,他在巴伐利亚历史上仅仅是一个边注而已。

自第一次世界大战结束至 1925 年 1 月,德国共有 12 届内阁,每届内阁都蹒跚起步,但年轻的德国民主仍站稳了脚跟,革命的风险消除。这主要得益于美国贷款,使共和国经济逐渐穿越低谷,无产阶级发动革命的条件不再具备。实施的地产抵押马克是一个稳定的结算货币工具,很快又被帝国马克替代。1924 年 8 月,道威尔计划对德国赔款进行重新安排:考虑到德国的支付能力,1928 年以前赔偿 54 亿金马克。按年摊付的款项,平均每年 20 亿帝国马克,相当于此前年付额(以金马克计算)的一小部分。对帝国银行和帝国铁路的控制等德国主权限制措施被解除。修正《凡尔赛和约》迈出了第一步。

1925 年 10 月,77 岁的兴登堡当选帝国总统。同年 10 月,此前被人唾弃的德国在洛迦诺重归国际社会。洛迦诺会议在瑞士举行,意大利、法国、英国、比利时、捷克斯洛伐克、波兰等国领导人悉数参加,德国代表是帝国总理汉斯·路德(Hans Luther)和外长古斯塔夫·施特雷泽曼(Gustav Stresemannv,均为 DVP)。这次会议是欧洲迈向和平的关键一步,施特雷泽曼把这次会议看作德国参与欧洲协调的首要前提。《洛迦诺条约》放弃对《凡尔赛和约》规定的德国西部边境线做出巨大调整,并确认莱茵地区的非军事化。此外,各方还商定德国于 1926 年 9 月正式加入国际联盟。

在莫斯科眼里,洛迦诺会议标志德国外交西向的再定位。苏联对德国继续双重政治,一方面是官方的,另一方面是非官方的。1926 年苏联外长契切林与施特雷泽曼签署两国友好条约,继拉巴洛之后再一次尝试摆脱外交孤立。就非官方而言，1923年10月起义①失败后，斯大林把德国共产党的苏维埃化确定为长期政策，视为其服务于苏联外交利益的一项有力武器。

施特雷泽曼则清楚地看到，苏联对德国政策明显含有引诱社会革命的成分，因此柏林的东方政策是一个施压工具，服务于其和平的修正政策。施特雷泽曼颇有雄心，他期待与奥地利能实现统一。但首要目标是以德国可承受的方式，一劳永逸地解决赔偿问题，并且修正德国东部边境线——重新拿回但泽和波兰走廊、上西里西亚。施特雷泽曼希望通过与法国的合作，以欧洲为基础密切两国经济交往，进而实现上述目标。与他共同获得诺贝尔和平奖的法国外长白里安（Aristide Briand）不久后便抛出了"欧洲联邦联盟"的设想。

洛迦诺会议及施特雷泽曼、白里安共同获得和平奖，曾引发诸多兴奋，但在现实面前，这一切未能持续多久。白里安推行"欧洲联邦联盟"的真实目的是巩固《凡尔赛和约》规定的领土现状，搅黄柏林的修正政策。施特雷泽曼希望归还奥伊彭-马尔梅迪，将《凡尔赛和约》规定的萨尔地区的全民公决时间（1935年）予以提前，均遭到白里安的拒绝。一直到1930年6月，占领军从莱茵区撤出后，后者才实现非军事化。在德国东部边境线问题上，法国政府在背后支持华沙，强硬拒绝做任何调整。施特雷泽曼最初受各方欢迎的带有经济自由化特点的修正政策最终失败了。

但不管如何，洛迦诺似乎让德国迈向更加美好的未来。战后时

---

① 指1923年10月由德国共产党人领导的汉堡工人武装起义。起义最终失败后，次月德国共产党被禁止活动。——译者

代、革命年代以及国家屈辱所带来的困苦愁闷，渐渐在民众的意识中退化。经济好转，生活水准提升。难怪回归常态的那些年被称为"黄金二十年代"①。除了国防军还在搞沙盘战争推演，德国公众舆论和各民主党派没有人想再打一场新的大战。

在这种情况下，希特勒仍然能登上政治舞台，这与一桩德国政治无法施加影响的大事件——世界经济危机有关。1929年10月施特雷泽曼的去世犹如一个不祥之兆。为了满足德方意愿，杨格计划将赔偿总额降至1120亿帝国马克，并出台了一份新的支付模式。此时，共和国的美好岁月猛然中止，战后初期的困苦急速回归。原因是美国股市过热，投机泡沫增多，引发纽约股市崩盘，接着国际股市崩溃。德国因从美国大量借贷，受沉重打击。美资撤出后，无数德国企业破产，大量银行倒闭。

以海因里希·布吕宁（Heinrich Brüning）总理为首的帝国政府所采取的应对方案包括持续缩减财政、实施最低工资制度和降低物价，以此实现通货紧缩。德国应该健康地瘦身，这样在国际市场才会有竞争力。此外，布吕宁认为德国经济的彻底崩盘绝不符合世界经济利益，他相信，奉行这样的经济政策足以证明要求德国再继续赔偿是多么的荒谬！业已脆弱的凡尔赛体制遭到了经济危机的撞击。当帝国政府寻求停止赔偿、军事上平等对待之时，德国军队走得更远，它意图把重整军备由秘密转为公开。德国的外交政策确实有所斩获。帕彭内阁出席了1931年6月至7月举行的洛桑会议，德国赔偿问题在本次会议事实上画上了句号。当然，帝国政府为此付出的代价却极其高昂。

---

① 指1924—1928年德经济得以迅速恢复和发展，经历了短暂繁荣期。——译者

德国的失业率从1929年夏190万，在1932年2月上升至614万。德国各大城市到处可见：劳工局门口排着无尽的队伍，只为了讨得一份能生存下去的失业救济金。随之而来的饥荒点燃了社会巨大的不满情绪，政治争斗激化。对形势承担罪责的不再是单个的党派或走马灯的政府，而是"体制"本身。许多人认为现行的体制无能，无法应对时代挑战。呼唤新的体制，怀念过去的声音增多。由希特勒领导的、差不多被人遗忘的纳粹党一举进入权力圈。1928年5月帝国议会选举得票才2.6%，1930年9月选举，得票率超过共产党（13.1%），令人惊奇地达到18.3%，仅次于社民党（24.5%），成为议会第二大党。

在共和国危机初期，纳粹党并没有获得什么资本。为什么偏偏现在发迹？到底发生了什么？希特勒从监狱释放后对纳粹党进行重建，使其更适合现代形势。他采用了诸如广播等新式宣传手段，通过广播念经般地宣讲：要以合法途径获得权力。但关键的一点是，现在的希特勒已经明白了他那套躁狂的种族理论强迫症不能用于执政国家，他明白了他那一套"统治学问"无法争取那帮迟钝麻木的大众为己所用，但是他的政党可以动员广大民众。

在1926年12月出版的《我的奋斗》第二册（第一册出版约一年半后）中，希特勒更多概述了"犹太世界阴谋"的危险。他写道："犹太教的思想历程很简单：将德国布尔什维克化。这意味着消灭德意志国家和民族的智力，继而将德国劳工阶级沦为犹太人掌控的世界财团的奴役，而上述仅仅是犹太人占领世界的趋势不可逆转之前的一个序幕。正如历史上多次出现的那样，德国（与犹太人）的伟大斗争史又处于重要转折时刻。如果我们的民族和国家沦为犹太人血腥和贪婪统治的牺牲品，那么整个地球也将被息肉所缠绕。"[14] 1928年夏天，希特勒在第二本没有公开发行的书中，阐述他今后政策和战争的具体目的，其核心观点就是消灭布尔什维克的俄罗斯，并同英国结好。

1927—1928年之后，希特勒在公开场合不再谈及"犹太世界阴谋论"及其引发的后果。攻击犹太人时，他仅仅采取侧击和影射做法。在纳粹党内，反犹宣传取决于希特勒的各个总督自己的理念。符腾堡区的威廉·穆尔（Wilhelm Murr）、汉堡的阿尔伯特·克雷卜斯（Albert Krebs）在反犹主义问题上与法兰肯区的尤利乌斯·施特莱歇（Julius Streicher）、莱茵兰区的罗伯特·莱伊（Robert Ley）立场迥异。纳粹党的北德党团以及奥托·施特拉瑟（Otto Strasser）、格雷戈·施特拉瑟（Gregor Strasser）兄弟并不认同"集体"的反犹主义，认为"犹太世界阴谋论"纯粹是一派胡言。德国公民犹太信仰中心联盟曾于1932年对褐色[①]文献做出评估，结论认为在那些与犹太人竞争明显的行业内的确存在不少反犹主义，但是并无证据表明纳粹党奉行明确的反犹路线。这是何等的历史讽刺！

希特勒政党对外所呈现的表象如此多元，以致那个时代的人几乎不可能明确定性其意识形态。[②]北德的施特拉瑟分支较左，而希特勒及其南德一派较右。柏林大区区长约瑟夫·戈培尔（Joseph Goebbel）的基本立场实际上靠左，但他对希特勒忠心耿耿，并成功笼络北德分支，确保党不分裂。作为一个整体，纳粹党的民粹式宣传鼓动几乎反对一切：反对凡尔赛带来的魏玛体制，反对"体制内党派"，反对保

---

① 纳粹的象征色。——译者
② 基辛格评价希特勒："他跟别的革命领袖不同，他是个政治独行客、冒险家，不代表任何重要的政治思想流派。……他的个人哲学有最稀疏平常的，也有稀奇古怪的，集右翼、激进与传统观念于一身，并加上动人的包装。"——译者

守派、自由派和社民党，尤其反对共产党及其幕后的莫斯科。而至于纳粹党及其领袖的目标，除了明确要求修订凡尔赛安排外，其他都模糊不清，很接近于民粹分子和抗议政党的特点。

1932年7月帝国议会选举中，希特勒的纳粹党以37.4%的得票率跃居第一大党。在德国人看来，希特勒不像是传统意义上的体制内政治家。在整个选民阶层中，他是数百万受苦劳工和底层百姓的代表，这些人盼望国家和政府能够解决世界经济危机带来的冲击，而不是为了是否要提高几个芬尼的失业金绞尽脑汁。他还是生活在因一战战败而被战胜国割让或占领的土地上的几百万德国人的代表，这些人指望希特勒重新把他们带回"帝国怀抱"。他尤其是那些习惯于生活在威廉二世的集权社会、对共和国多样性无所适从、希望秩序回归的人的代表。枪杀和出于政治动机的谋杀在德国大城市已司空见惯，德国陷入了接近内战的较早前状态，这更让德国百姓怀念过去。

听命于斯大林的德国共产党已发动了针对共和国的全面抗争。斗争矛头主要对准社民党，给它打上"社会法西斯主义"的标识。而社民党同拥有莫斯科支持的共产党颠覆势力进行抗争，被认为是"资本主义反苏统一战线的主要组织者"[15]。为了让共和国陷入混乱，德国共产党发出民族主义调子，甚至不惜同纳粹党局部结盟，正如在柏林交通行业罢工所表现的那样。斯大林的指示称，任何违背"革命化"的立场只会有利于那些主张与苏联断绝关系的人。

魏玛共和国最后一次选举中，共产党得票率为16.9%，被其他党派视为"莫斯科的第五纵队"，是外来政党，而纳粹党则是本土党。在市民阶级内部，一种面对新型布尔什维克的躁动式恐惧在苏醒，类似于一战后初期的情形。在这个背景下，纳粹党有了合作伙伴。正如社民党求助于自由军团,声称要拯救议会民主,保守派阵营的核心要员开始四处鼓吹,声称必须倚仗纳粹党的支持,进而打倒德国共产党。自从布吕宁内阁只能借助帝国总统的紧急法令勉强执政之后,上述论调就再也正确不过了。

保守派一些大佬思量着他们可以制服希特勒,这可能是世界史上后果最严重的一次错误评估。兴登堡谈及希特勒这个"波西米亚下士"时总是语带不屑。以为只要让希特勒与大人物同坐一桌,给他配以高职和特权,他那套煽动的假革命很快就会烟消云散。这些人以自己的标准评判希特勒,透露出一种自上而下的狂妄和无知。此外,他们想把希特勒纳入弗朗茨·冯·帕彭(Franz von Papen)所说的"民族精英内阁"。帕彭曾经担任过帝国总理,他一直主张应该把希特勒和纳粹党当作工具为己所用。

此后许多保守派人士相信,希特勒会更具攻击性,更加粗野,但他与怀柔相待的德国政治家有共同目标,即外交上修订凡尔赛安排,让德国重新强大。"工业巨头们"其实应该知晓希特勒的真实用意,但当时没有人把它当一回事,正如希特勒在《我的奋斗》中所说:一旦犹太人在"马克思思想认知的帮助下"取得对全世界民族的胜利,就等于"给人类戴上由殡葬花束编织而成的王冠","我们这个星球将不再有人类生存,和百万年前一样,重新游荡于太空"。[16] 当希特勒说这些时,又有谁会认真对待呢?简直太荒唐了。人们若阅读过《我的奋斗》(实际上绝大多数人根本没有读),当聊起希特勒那套荒唐的种族理论以及犹太人世界阴谋,试图利用希特勒的人都会付之温柔一笑,他们会说,希特勒是反犹主义者,对此没有人质疑,但这种反犹主义者在德国、欧洲和世界上到处都有,特别是在世界经济危机爆发以后。

年老白发的帝国总统兴登堡在对希特勒的军衔表达一通反感后，1933 年 1 月 30 日，他任命希特勒为帝国总理。这并非权力接管，而是把权力移交给一个政治巅峰已过的党魁。1932 年 11 月的帝国议会选举中，纳粹党（较上一次）丢票 200 万张。尽管如此，希特勒还是被任命为总理，其原因是来自保守小集团的最后阻力已驱除。借助希特勒，这些人以为可以按照他们的意愿管理国家。起初希特勒表现得体、有分寸，摆出勤奋积极的姿态①，就像波茨坦日② 那样，能够继承腓特烈大帝、俾斯麦以及威廉二世的传统。但这一切都是这个狂热分子主导的惊天骗局。为达其目的，他对任何手段都在所不惜，完全在准则以外行事。希特勒那套荒诞的种族理论和世界观是导致第二次世界大战灾难的根本原因，但如果说一战作为原初灾难导致了二战，并无这种历史必然性。

---

① 在兴登堡面前，希特勒举止谦卑，刻意收束自己。阿尔伯特·施佩尔在回忆录中说："这位老人（指兴登堡）执拗古板，对他很难施加影响，希特勒只能凭狡黠、机智或诡计来说动他。"——译者
② 指 1933 年 3 月 21 日，兴登堡总统、威廉王子及新当选国会议员在波茨坦卫戍教堂隆重举行新一届国会成立仪式，共庆"老派权贵"和"新生力量"的结合，标志新、旧德国的携手合作，也象征魏玛时代的结束、纳粹时代的开始，史称"波茨坦日"。当日，新任总理希特勒在卫戍教堂前与兴登堡握手致意，举止谦恭。之所以有历史含义，一是因为 1871 年 1 月 18 日在凡尔赛宫镜厅，威廉一世被宣告为德意志第二帝国皇帝，其中参与了仪式的一位军官就是当时 23 岁的兴登堡，这象征着第二至第三帝国历史的延续性；二是因为腓特烈大帝及其父亲（有普鲁士"士兵国王"之称的威廉一世）的墓室当时均安放在卫戍教堂，暗示纳粹政权的正统性。此外，1871 年 3 月 21 日，在该教堂，俾斯麦宰相主持德意志第二帝国第一次帝国议会开幕。纳粹新一届国会成立仪式刻意选择与该日子巧合，完全是希特勒与戈培尔精心安排的政治秀。——译者

第二章　通往欧洲战争的道路
（1933年1月至1939年9月）

> 这是我们这个时代的和平。
>
> ——尼维尔·张伯伦，1938年9月30日

1933年1月30日，当希特勒获得政权的时候，世界大战已是命中注定。希特勒的政敌们都在讲，新的帝国总理意味着战争，但他们指的完全是另一场战争。他们没有料到希特勒会蓄意、有目标地发动这场出于种族理论动机，针对世界犹太人及其代表人物的战争。当希特勒开始迫害共产党人时，公共舆论、希特勒的执政伙伴们都没有把这当作是希特勒实现其伟大计划的最先一小步，认为他"只不过"是在清算最强硬的政敌而已。1933年4月抵制犹太人商店、开始将犹太人开除出国家公职，则被解读为压制犹太人在德国的影响，部分民众对此还幸灾乐祸，某种庸俗的本能天性得到满足。甚至不少犹太人也认为，这只不过是新一轮反犹浪潮，迟早会过去。①

---

① 当时普遍有一种等待观望的情绪，比如哲学家卡尔·雅斯贝尔斯（1883—1969）并非犹太人，但他妻子是。这对夫妇一开始对纳粹上台的威胁不屑一顾，揣测着这些"野蛮人"显然不可能长期掌权吧？！1935年《纽伦堡法案》严重限制了这对夫妇的生活。1936年，雅斯贝尔斯丢掉了大学教职，但他们还是不愿逃离德国。后来发现，在一份原定要于1945年4月被押送至集中营人员的名单上，他们夫妇俩的名字赫然在列。幸亏当年3月，美军占领了海德堡，及时解救了他们。当时几位德国哲学家中，汉娜·阿伦特（1906—1975）逃离纳粹德国最早。1933年春，她遭到逮捕，公寓被搜查，短暂收押。被释放后，迅速逃离德国。——译者

各种政治力量对希特勒的看法大相径庭。极左翼认为他是大资本家扶持的独裁者，是民族社会主义的先锋。对于力量式微的政治中间派而言，希特勒意味着法治国家的终结，是专权、残忍和精神困境的开端。很快，"非德意志"文学被付之一炬。① 但对于其他许多人，无论其政治定位曾经位于何处，希特勒就是祖国的救星。他们全然不了解希特勒的非理性，他把那一套关于世界阴谋的妄想从革命时代带进了帝国总理府。他开始着手消灭内部的敌人，夺取全部的权力，强迫社会极端统一，扩充国家军备。他做好了战争准备，对他而言，世界就是你死我活的斗争。从上台一开始，希特勒的一切都着眼于战争。

针对犹太人，希特勒最初还算比较温和，因为"民族革新"内阁中还有保守党伙伴，尤其是帝国总统本人还在世上。② 但对共产党人，不管其是否为犹太人，希特勒在保守派执政伙伴的支持下立刻采取了措施。议会纵火案③，且不论到底是谁犯的，沉重打击了广受憎恨的德国共产党。在很短的时间内，共产党被取缔。共产党的干部要

----

① 指由宣传部长戈培尔策划发动的"焚书运动"，在全德柏林、汉堡、慕尼黑、波恩和维尔茨堡等多个城市同时进行。标志性事件是 1933 年 5 月 10 日夜晚，在柏林剧院广场焚毁约 500 吨重的书籍。"焚书"的重点是不符合纳粹精神的政治思想和犹太人的著作，作者名单包括：雷马克［著有《西线无战事》（反战小说）］、托马斯·曼（著有《魔山》）、布莱希特（左翼作家）、弗洛伊德、海明威、马克思、茨威格等。——译者

② 兴登堡是一名老牌军人，在当时的德国还享有极高威望，在世时属当时为数不多的能够压住希特勒的人。1934 年他死后，希特勒兼任国家元首、三军总司令和内阁总理，一切政权就都完全抓在他的手中。——译者

③ 事件发生于 1933 年 2 月 27 日晚间 9 时许。纳粹称是共产党纵火烧毁了国会大厦；共产党人说是纳粹自己烧毁了国会大厦，然后嫁祸于共产党。历史学界基本认为，纵火案并非纳粹自导自演的戏码，只是一名年轻的荷兰左派人士做出的惊人抗议举动，希望借此号召工人大举起事。但此案发生于对希特勒最为有利的时候，而希特勒又最大限度地利用了这个机会。——译者

么被送往新成立的达豪、奥拉尼亚堡等地的集中营①，要么转而从事地下工作。很多人流亡至法国、斯堪的纳维亚半岛或苏联。这对国际共产主义是个灾难，对斯大林则并不那么糟糕。他把希特勒和保守派置于国际格局中看待，期望德国的极端修订政策能引发与西方列强的冲突。确实，伦敦和巴黎着手准备迎接一个艰难的时代，但他们始终把希特勒当作一个修正主义者，顶多是个政坛奇葩。人们并未看透他的政策的真实目的。

这时在柏林政坛上，人们很快发现，希特勒并非是一件任人摆布的工具。1933 年 3 月《授权法》出台，帝国议会被解除权限，只有社民党人在苦苦抵抗，这让冯·帕彭回过神来，希特勒并非工具，而是他们自己被希特勒当作工具利用了。这些人眼睁睁地看着希特勒如何掌握全部的权力，根本无力阻挠。1933 年 3 月的选举中，纳粹党并没有得到多数，此时投票的德国选民在做什么呢？他们多数沉浸于告别一战后屈辱时代的民族狂喜。类似一种能消除所有分歧和矛盾的集体陶醉，逐渐遍及全国。刚刚还在参加街道巷战的人们，突然扛起铁锹、肩并肩地走向建筑工地。5 月 1 日被定为国家法定假日，一位名叫阿尔伯特·施佩尔②的年轻建筑师导演了这幕大戏。

---

① 达豪、奥拉尼亚堡集中营分别建立于 1933 年和 1936 年。集中营并非纳粹首创。19 世纪末，英军在南非布尔战争中就曾对布尔人采取同等监禁措施。因此，集中营对当时很多德国民众来说并非新事物，它只不过是恐吓共产党人的法宝，以及专门用来关押反叛人员的牢狱。此后，集中营内恐怖酷刑不断加剧，逐步发展成为"灭绝营"。——译者

② 阿尔伯特·施佩尔（Albert Speer，1905—1981），希特勒首席建筑师。1931 年加入纳粹党。希特勒出任总理后，施佩尔设计建造了不少重要建筑，包括新总理府大楼、柏林滕珀尔霍夫机场等。后又被任命为"振兴德国首都建筑总监"，打造"日耳曼尼亚"（即首都柏林）。1942 年又出任德国军备和战时生产部长，直接主管战时德国经济。二战结束后，纽伦堡军事法庭判处其 20 年徒刑，1966 年出狱。——译者

以前德国有各种党派，国家并不团结，现在这种现象不存在了，只有一个党及其所属各种组织：希特勒青年团①、纳粹妇女协会、国家社会主义司机兵团。约瑟夫·戈培尔②推行的褐色宣传③使整个社会步调一致，掌控着所有人、安排着他们的生活。连假期也由德国劳工阵线（亦称统一工会）打着"自欢喜中获得力量"④的旗号安排妥当。还有一些人幻想着生活在另一套集权体制之下，比如天主教信仰者，纳粹与教会签署协定，同意后者继续生存。这一切都服务于"人民肌体的康复"以及加强"国家的抵御能力"。正迈向灾难的人们以为凭借纳粹"卐"字符就可以拥有美好的未来。以国家建设工程为衡量标准，纳粹政府驱散那些明显的丑陋之物，关押体制的敌人，将犹太人遣散出国家公共生活。

国防军高层特别欢迎希特勒执政。收回因凡尔赛而割让的领土，将国家重新带向伟大，已是显而易见了，这好像就是希特勒行动的动力所在。当希特勒宣布要用一切手段"加强军队建设"时，包括帝国国防部长布隆贝格（Werner von Blomberg）、国防部部长办公室主任赖谢瑙（Walter von Reichenau）在内的很多高级军官都认为，这个人正是我们所需要的。希特勒曾多次向他的高级将领阐述他对提升"国

---

① 准军事组织。成立于1922年，其任务是对13至18岁的男性青年进行军事训练，为德国的对外战争做准备，为纳粹党提供后备党员。1923年团员局限于慕尼黑，成员1000多人。1936年12月，超过500万。同月，变成一个法例规定必须加入的组织。1940达到800万的高峰。——译者
② 约瑟夫·戈培尔（1897—1945），希特勒的重要助手。1926年11月担任纳粹党柏林地区领导人，1928年任纳粹党宣传负责人。纳粹党执政后，任帝国宣传部（又称大众教化和宣传部）部长。——译者
③ 褐色系纳粹党的本色。此处指由戈培尔主导的纳粹式宣传。——译者
④ 原文"Kraft durch Freude"，意指"自欢喜中获得力量"，是一专责为工人提供文娱康乐活动的工会组织。——译者

家防御能力"的设想,即秘密扩充军备。这些都为军方人士所喜闻乐见,都意味着军队地位的提高,意味着魏玛共和国的十万陆军规模限制有无限被突破的上升空间。

在一次革命之后,希特勒解除了他那一支不断叫嚣的党军①,这一行为让国防军极度满意。希特勒这么做,是因为他认识到冲锋队无法帮助他实现那些伟大的目标。于是,他策划了一场根本没有发生过的政变。冲锋队组织者罗姆及其党内同伙格雷戈尔·施特拉瑟被清除,之后保守派阵营的几个敌人也被枪决,造成一种他们都是政变参与者的假象。纳粹宣传部门还伪称前帝国总理施莱歇等人在一次火灾中牺牲,他们都是祖国的拯救者。1934年8月兴登堡去世后,希特勒集总理与总统大权于一身。②他从此开始统率国防军。整个军队听命于他,维护他——这是前所未有和令人震惊的。这个精神错乱的下士在革命和凡尔赛年代步入政治舞台,现在他手握一件工具长达13年,借此工具他一步一步地发动了针对"世界犹太人"及其他敌人的对外战争。

嘴上一直在说和平、实际在筹备战争的希特勒做事绝非毫无计划。在政治上还是无名小卒的年代,希特勒就已经勾勒了外交政策的设想。这些设想主要体现于他的第二本书(除《我的奋斗》之外),此书完成于1928年,但从未公开。书中希特勒重点盘点了种族战争。关于俄罗斯,他的判断清晰明了:在布尔什维克革命的支持下,"犹太人以非人道的折磨和残暴手段"根绝了俄罗斯民族的智慧,以"普

---

① 指1934年6月底,希特勒的党卫军发动"长刀之夜"清洗以罗姆为首的冲锋队。此前,罗姆要求冲锋队与国防军合并,遭到陆军反对。——译者
② 提名希特勒任总理的兴登堡死后备受后人诟病,被指责用人不察。——译者

遍化杂交"的手段培育"普遍低劣的人渣","最终只会导致犹太人成为不可或缺的、硕果仅存的精神力量"。他接着写道：现在"犹太人"试图将"上述状态引向别的国家"[1]，比如一战后那几年的德国。

在第二本书中，希特勒断言法国国内（与犹太人）的战争已分出输赢。在那里，"犹太人已同法国民族沙文主义者结成利益共同体……犹太炒股资本同法国刺刀已结成同盟"[2]。在英国，"犹太人的干预"遭遇"具有敏锐和活力直觉"的"古老不列颠传统"的抵抗，战争尚未分出胜负。[3]意大利形势又完全不同，自从墨索里尼和"法西斯军团"进军罗马后，意大利人民已经战胜了"犹太人"。希特勒对这位意大利独裁者充满敬意。按照《凡尔赛和约》，南蒂罗尔割让给意大利，希特勒不顾本国民众意愿，继续把这个地区交给墨索里尼。

希特勒围绕种族斗争的战略源于其种族理论。其最高目标是摧毁"犹太-布尔什维克之苏联"，在希特勒看来，苏联是"所有时代最为可怕的人类犯罪"。[4]与之不可分割的是希特勒关于种族理论的原动力，即消灭仍在那一带活动的犹太人，遏制"斯拉夫低等人种"的发展，这就是获取生存空间的理论。在《我的奋斗》一书中，希特勒阐述其"血与土政策"的目标：纳粹运动必须"不顾'传统'和成见，鼓起勇气，聚集民众和力量，迈向街道，寻找新的土地，解放我们人民的生存拥挤现状。这样，才能永久免除我们民族在地球上消失，或者像斯拉夫人那样甘心伺候他人的危险"。[5]

希特勒终止了国防军与苏联红军的合作，他完全无法理解这一合作，"德国人居然相信可以同一个国家达成谅解，而该国的最高利益正是欲消灭我们德国"。[6]同样，德国与俄罗斯一道同资本主义西方世界做斗争，这种观点他更不能理解，因为俄罗斯并非反资本主义的国家。"俄罗斯是这样一个国家，它消灭了自己的经济，却允许国际资本的绝对掌控。如果不是这样，又怎么会让德国国内资本势力与俄罗斯结盟呢？"[7] 通过扭曲眼镜观察的希特勒进一步确认了他的种族理论。

确实，斯大林在俄罗斯奉行一套新的经济政策，吸引外国投资者，旨在克服一战、内战以及战时共产主义造成的经济疲软。由于偏离了纯经济学原理，俄罗斯经济恢复的效果有限。而莫斯科的外交政策则以马克思主义为指导，旨在不惜代价地避免俄罗斯被帝国主义列强所包围。日本已经占领中国的满洲里，在东方对俄罗斯形成潜在威胁，俄罗斯认为，有必要在西方激化德国与资本主义世界的矛盾，避免产生任何旨在冲击苏联的集团。以牺牲德苏关系走近为代价，1931—1932年间苏联同波兰及其"保护国"——法国签订互不侵犯条约，这些做法实际上是1922年《拉巴洛条约》、1926年《德苏友好条约》的再度炮制。斯大林欢迎希特勒掌权，并不认为这是世界灾难。鉴于希特勒在《凡尔赛条约》等问题上奉行激进的修订政策，斯大林乐见德国同英、法发生冲突。这对苏联而言，是显而易见的有利形势，与之相比，几十万德国共产党同志的命运就不算什么了。

希特勒孜孜寻求与英国的和解，这是希特勒战略思想中继消灭苏联之后的第二个核心要点。在他看来，若欲消灭苏联，须先与英国和解。与英国达成协议，意味着德国西线无虞，可确保全力对付东线。比军事战略考量更为重要的是，希特勒认为，海洋强国——英国是大陆强国德国的天然伙伴。1928年希特勒在谈及夺取海外殖民地被大幅延期时，写道："如果德国对其基本政策做出新的调整，不再触犯英国的海洋和贸易利益，而是专注于大陆目标，那么造成德英敌对的合乎逻辑的理由就不复存在了……"[8]他认为，威廉帝国挑战英国，导致两国海军交战的政策是错误的。

与英国结伴的另一个理由在于，根据希特勒的分析，英国国内的种族战争尚未分出胜败，它还是"美利坚联盟"（希特勒以此称呼美国）的天然竞争者。然而，英国对与德国结伴并不感兴趣，其欧洲大陆政策在本质上仍坚守力量均衡的传统。英国政府依旧深信，要维持欧洲大陆力量均衡，英国就必须推行帝国政治。希特勒谋求德国成为欧洲大陆超级强国，对伦敦将是一个威胁，但对于华盛顿，并非一定会形成竞争。

除了笼络英国，希特勒的另一个外交目标是波兰，这个国家在他的纲领性文献几乎没有任何提及。但是，波兰在希特勒的计划中是必须要被消灭的国家，原因很简单，只要波兰存在，希特勒在东线的核心目标就无法实现。1933年初开始，德国与波兰关系趋于紧张，矛盾焦点是自《凡尔赛和约》以来归属国际联盟管辖的自由市但泽以及在那里生活的德国人。波兰军队1920年战胜苏联红军后曾一度自信满满，甚至动了武装干预但泽的念头。

希特勒意识到国防军实力还不够，他也憎恨波兰，但此时他的对波政策却来了一个大反转：宣布准备承认帝国的东部边界。这等同于"对德意志事业的背叛"，魏玛共和国没有一个政治家胆敢这么做。希特勒虽然与波兰达成协议，但是本就打算最终要废弃协议，因此他可以随意做出妥协。他告诉波兰人，德波敌对是凡尔赛会议的刻意安排，他别无所求，只想同波兰和解。1934年1月，在国内外无比惊讶之下，希特勒领导下的德意志帝国竟然同"低等种族"的波兰签订了互不侵犯友好条约。希特勒的冒险行径冲击了法波盟约，而法波盟约又被法俄关系走近所损坏。如同 1939 年 8 月《苏德互不侵犯条约》，德波协议也完全是策略性举措，旨在为国防军扩充军备、完成伟大目标所需要的前提而争取更多时间。

1933 年 10 月，为便于扩充军备，德国退出了国际联盟及其领导下的日内瓦裁军会议（1932 年始开会）。希特勒走出这一步的理由是，在相应的过渡期结束之后，法、英才会计划将战败国作为平等权利的国家对待。他还强调，德国是唯一一个爱好和平且业已裁军的国家。当然，他是错的：实际上英国、法国和德国都在扩充军备。1933 年德国就已经为（纳粹党）国防军分部和国防军征兵机构建构了组织基础。1934 年秋，帝国陆军规模达到 25 万。1935 年 3 月开始实施义务兵役制，国防军将达到 58 万的总规模。法国延长兵役义务以及法比两国签署军事协议，希特勒以上述为理由宣布《凡尔赛和约》规定的对德军备限制无效。

1935 年 4 月，英、法、意三国政府首脑聚集马焦雷湖附近的斯特雷萨，通过决议重申了希特勒拒绝延长的《洛迦诺公约》。三方措辞严厉的声明对德国毫无约束力。同年 6 月，英国外交大臣塞缪尔·霍尔（Samuel Hoare）与德国裁军问题特别代表约阿希姆·里宾特洛甫（Joachim von Ribbentrop）签署英德海军协定，英方对此深为满意。该协定规定德国海军舰艇总吨位不超过英联邦国家海军舰艇总吨位的 35%，表明德国承认英国对世界海洋的主导地位。对德国海军部而言，这已是相当可观的海军军备扩充，也受到了欢迎，但相关扩充非常缓慢和拖拉。

伦敦政府愿意开启与德国进一步的裁军协议谈判，这让希特勒窃喜，认为这是迈向德英结盟、共同瓜分利益范围的第一步。英国本身确有迫切需要，即保持岁月颇久的英联邦帝国团结、不愿卷入欧洲大陆中部的冲突。在未看透希特勒真正目的的情况下，英国不顾违反《凡尔赛和约》和法国抗议，仍然同德国签署海军协定。这表明，只要德国的修正政策，从自决权的角度分析能站得住脚，并且不危及欧洲大陆力量均衡的基本准则，伦敦甚至已经做好妥协的准备。

英国首相斯坦利·鲍德温（Stanley Baldwin）奉行的绥靖政策，一是基于自身能力的局限而做出清醒的自我评估，二是基于希特勒是一名理性政治家的假设，这一政策给希特勒实现自身企图提供了有利的条件。不光如此，世界经济危机爆发后，富兰克林·罗斯福总统在美国推行新政，处理完"旧大陆"事务后又重回孤立主义。内政混乱的法国自顾不暇，而仇敌德国造成的安全需求尚可通过法、波和捷克三国军事同盟以及不可逾越的马奇诺防线得到保障。

1935年10月，希特勒心仪的第二个伙伴——意大利对埃塞俄比亚发起了进攻，在欧洲东南边缘地带引发了危机。英国在该地区的基本利益受到侵犯，这又给希特勒提供了额外的活动空间。德国陆军和空军力量顺利地得以扩充，萨尔地区通过全民公投回归帝国，希特勒地位进一步提升。1936年3月，希特勒违背《凡尔赛和约》和《洛加诺公约》，进驻莱茵非军事区。别忘了，《洛加诺公约》的担保国正是英国和意大利。

作为帝国总理，希特勒政绩可观。德国内外鲜有人关心是什么换来了这些政绩，希特勒的政策到底会向哪个方向走。1936年夏天，德国举办奥运会，全世界为之瞩目。那个时候的欧洲，有不少是极权制或威权制国家，没有人抵制奥运会。很多到访者对德国作出积极评价。英国前首相乔治于1936年9月访德归来后表示："我刚从德国访问回来……我见到了赫赫有名的德国元首,也看到了他带来的巨大变化。对于他的方式方法(肯定不属于议会民主国家的),不管别人怎么看,不存疑义的是,这是一个神奇、以民为本的改变,体现于民众之间的行为举止、民众的社会和经济自我认知……这是一个幸运的德国。我到处都能看到和感受到。"[9]

民族社会主义也登上了大雅之堂。它本是一股同一战后开始传播和蔓延的国际共产主义相抗衡的欧洲思想运动,现在由它衍生出了无数组织,不仅仅在希特勒的德国和墨索里尼的意大利。多数情况是对纳粹党的模仿,比如莱昂·德格勒尔(Léon Degrelle)创建的比利时反对王党、弗里茨·克劳森(Frits Clausen)创建的丹麦国家社会主义工人党,但也有基于自身根源而形成的,比如罗马尼亚的钢铁近卫军、匈牙利的箭十字党。民族社会主义思想和法西斯组织同样存在于西方民主国家内部,比如在英国,奥斯瓦尔德·莫斯利(Oswald Mosley)创建了英国法西斯联盟,成员数量达50万。在法国,雅克·多利奥特(Jacques Doriot)组建法国人民党,和其他组织一起抗衡超强的左翼势力。上述组织多多少少反对"物质利益至上的犹太人",但是他们的领导人对世界阴谋论并不热衷。这些组织可以说是一个没有希特勒的纳粹党。

1936年7月,希特勒察觉到形势明显变化。"犹太势力包围"德国,让他陷入恐慌。西班牙人民阵线与民族主义者围绕弗朗哥将军陷入内战。伊比利亚半岛上发生的事件让希特勒想起德国革命时期,犹太死敌的世界阴谋论得到了印证。西班牙被视为解放法西斯统治的欧洲的先锋,共产国际支持西班牙人民阵线,由志愿军组成的国际纵队也参与内战。1936年7月,希特勒指出:"如果真的在西班牙创建一个共产主义国家，照目前法国的发展形势，法国布尔什维克化只是一个短期内的时间问题，而下一个要'处理'的对象就是德国。东方有强大的苏维埃集团，西方有共产党化的法国-西班牙集团，我们德国夹在中间，难有作为。只要莫斯科愿意，就可以进攻德国。"[10]

希特勒担心德国被包围，并非完全没有依据。曾与苏联签署互助条约的法国总理莱昂·勃鲁姆（Léon Blum）人民阵线政府，不惜冒着与德国冲突的风险准备介入西班牙内战，援助西班牙政府。二战结束后，这位社会党人在议会委员会上承认：按照他的建议，1936年至1937年之间战争风险曾两度"十分紧急"。勃鲁姆的国防部长爱德华·达拉第（Édouard Daladier）已制定了武器援助西班牙人民阵线的具体建议，包括飞机（含人员）等。只是因为巴黎试图得到伦敦的再保证未果，巴黎才放弃计划，这让斯大林颇为恼怒，因为后者愿意看到法德交战。为助人民阵线获胜，苏联独裁者向西班牙提供飞机和坦克，派遣军队指战员和指导员。希特勒于1936年11月知悉这一情况后，他的担心转化成躁狂。

上述引发的后果是，希特勒派出秃鹰军团（Legion Condor）进入西班牙参战，同时下令加速对伟大战争①的筹备工作。国防军三军种的服兵役义务年限延长至两年。在一份1936年8月拟就的关于四年计划任务的纪要中，希特勒要求德国军队"四年内必须能够投入战场""做好战争准备"。随着经济增长效益的提升，德国推行了更多的武装计划。陆军作战部队要配备102个师，总人数达360万。陆军的扩充是可以实现的，然而，囿于钢铁产量以及造船厂生产能力，德

---

① 指对波兰发动侵略战争。——译者

国海军舰只吨位连英德海军协定规定的数额也达不到。1937 年底纳粹德国海军的所有战备：装甲战舰 3 艘、轻型巡洋舰 6 艘、驱逐舰 7 艘、鱼雷艇 12 艘。只是，如果希特勒视英国为伙伴，他需要舰队做何用呢？

新的空军部队情况有所不同，它的组建早在魏玛共和国时期已秘密进行了。1935 年 3 月，空军有 2500 架老旧飞机库存，得益于帝国航空部长戈林与希特勒的亲近关系，空军逐渐拥有了众多的现代化歼击机和轰炸机。戈林在一战期间的飞行员同行——空军技术局新任局长恩斯特·乌德特（Ernst Udet，后又被任命为德国空军兵器生产总监）认为，德国研发重型轰炸机并非首要，于是生产了容克斯、道尼尔以及亨克尔等作战飞机，作为地面部队的战术支持。按照乌德特的设想，这些飞机应该具备俯冲作战的能力，于是西班牙成为空军新的攻击战术的试验场。巴斯克城市格尔尼卡被德国"斯图卡"式飞机炸成废墟。希特勒在一份经济政策（！）纪要中指出，世界正"加速地"卷入一场新冲突，"布尔什维克是其最极端的解决方式，而这一方式的实质和目标都是世界犹太人肢解和消灭人类社会的先进阶层"。[11]

希特勒担心输掉与时间的竞赛，但另一方面，他认为西班牙内战也是德国达成与英国结盟目标的机会。一个与莫斯科结盟的红色西班牙会加强对直布罗陀海峡的控制，这必然影响到英国在地中海的利益。希特勒认为英国对西班牙事务毫无作为，影响力弱，德英达成有关安排的目标又接近了。此外，西班牙内战也促使德国向意大利走近。1936 年 5 月，墨索里尼以暴力方式将埃塞俄比亚纳入其殖民地。意大利军队之所以能成功获胜，仅仅是因为大规模使用了毒气。①

意大利也向西班牙派遣了军队，还得到了教皇庇护十一世的赐福，与德国秃鹰军团肩并肩同"不信上帝的共产党人"战斗。希特勒与意大利之间的关系，后者更多地采取了主动。墨索里尼梦想着建立一个统治地中海的新的罗曼努姆帝国②，已引发英、法及地中海东岸国家的强烈反对。他担心英国加入反意大利阵营，为避免孤立，明显努力改善对德关系。

德国和意大利围绕奥地利尚存分歧。1936年10月，意大利外长加莱阿佐·齐亚诺（Galeazzo Ciano）伯爵访问德国，在贝格霍夫别墅③认可当年7月的德奥协议标志着意德关系正常化。希特勒在该协议中承认奥地利主权，同时又附以一项额外条款，因为他事先预料到奥地利反对派今后将重归政治舞台。齐亚诺的意图如此明显，以致德方费尽心机低调处理对意大利的合作，以免影响里宾特洛甫在大西洋对岸与英国达成一致。德意双方在米兰缔结秘密友好协议后，墨索里尼开始大谈特谈德意关系进入新时代，宣称"柏林-罗马轴心"已经出台。

在这种形势下，日本对希特勒的重要性在上升。希特勒对"黄种人"存有种族歧视，但他认为日本帝国是苏联的战略平衡力量，至少在过渡期间是一个受欢迎的结盟伙伴。此时中国深陷国共内战，实力虚弱，国土狭小的日本全然无视国际联盟（日本先加入，进而又于

---

① 此处作者是在暗讽意大利军队低下的作战能力。——译者
② 罗曼努姆（Romanum）系古罗马时期广场之名，此处指古罗马帝国。——译者
③ 位于上萨尔茨堡区的贝希特斯加登。1923年始成为希特勒的度假别墅，后改建成为希特勒和纳粹高官们的官邸区，实际上成为除柏林外的第二政府驻地。——译者

1933年3月退出）将太阳旗插进中国的纵深地带，坚定地扩大影响范围，这给希特勒留下深刻印象。1931年日本占领满洲里，进而建立傀儡国——伪满洲国，1936年又侵占内蒙古的部分地区。

德国的传统精英，尤其是受威廉主义主导的外交部，认为应继续重视中国的作用，但是希特勒在1935年就要求外交部与更具活力的日本建立交往。希特勒的招揽并未得到东京的热情回应。日本人不信任希特勒，是因为他们对"白种人"存有某种怨恨[1]。一方面，日本人敬佩希特勒取得的成就，另一方面又蔑视他。作为源于众神的大和民族的子民，日本精英阶层自视为东亚精神和文明的霸主，暗指日本身处同苏联、同遭人憎恶的物质主义殖民强国斗争的前沿。日本梦想自己承担着以长剑重新整顿大东亚秩序的使命，谋求建立"大东亚共荣圈"。这一切与纳粹德国宣传的生存空间理论以及"日耳曼种族优越论"异曲同工。

西班牙内战之后，德国试图走近日本，但一直到日本与俄罗斯在中国内蒙古及东三省北部交火，共产国际指责日本为最具侵略性的法西斯强权，日本对德国才有所主动回应。1936年11月，德日签署《反共产国际协定》。然而，希特勒所关注的英国毫无动静。尽管柏林使出浑身解数，低调处理日本帝国与大英帝国在远东的利益冲突，甚至虚构出苏联对印度[2]构成威胁，如同地缘政治家豪斯霍费尔所主张的那样，鲍德温政府仍然拒绝与德结盟。为进一步向伦敦施加压

------

[1] 日本以一战战胜国身份参与巴黎和会，但会间和会后日本得出结论：它仍然处于白人权力俱乐部之外，提出的所谓种族平等的倡议遭到西方拒绝。日本自认为被西方列强歧视，仍属于二等国家。——译者
[2] 英国殖民地。——译者

力，1937年1月希特勒甚至公开提出搁置良久的殖民地要求。

英国以前是、今后也一直是希特勒的症结。1936年12月，里宾特洛甫履职德国驻英国大使，谋求推进德英结盟计划，也毫无起色。希特勒深感时间日益迫近，此时萌生了没有英国参与（不反对英国）的目标计划。希特勒认为，1937年11月加入反共产国际协定的意大利、日本分别威胁了英国在地中海和远东的利益。这自然会进一步限制英国在欧洲的行动能力，减少德国对东扩张的后顾之忧，这是希特勒的内心算盘。

1937年11月5日，希特勒同国防部长布隆贝格、三大军种总司令维尔纳·冯·弗里奇（Werner von Fritsch，陆军）、埃里希·雷德尔（Erich Raeder，海军）、赫尔曼·戈林（Hermann Göring，空军）以及帝国外交部长康斯坦丁·纽赖特（Konstantin von Neurath）交谈时谈及，"德意志的空间问题"最迟必须在1943年至1945年得以解决——而至于更为重要的种族理论，他只字未提。谈话时，希特勒对生存空间于德国的重要性略而不谈，对打倒苏联的真正目标未置一词，他赤裸裸地宣布，"解决德国问题……只能通过武力手段"，这是一个风险。[12]

根据现场负责记录的霍斯巴赫上校回忆，希特勒重点谈到军事镇压捷克斯洛伐克以及军事占领奥地利。这两项企图是希特勒蓄谋已久的试验，当年8月他就已经同戈培尔讨论过。希特勒相信能够与英国达成利益范围的平衡，同时又不让法国卷入战争。正是就这一点，与会的各位要员产生分歧，布隆贝格和弗里奇提出了异议。"讨论一度极其刺耳"[13]。外长纽赖特也表达了疑虑，认为德国不具备发动一场新战争的资源。

希特勒渐渐明白了：和这帮手下合作不可能一帆风顺地完成他的目标。1938 年 2 月，布隆贝格和弗里奇成为一桩肮脏阴谋的牺牲品。① 于是，戈林谋求捞到帝国国防部长一职，希特勒自身的角色也有待厘清。利用布隆贝格-弗里奇丑闻，希特勒趁机对国防军高层进行人事和机构改组，进而祛除了军队仅存的独立性。最后，帝国国防部长和国防军总司令均由希特勒自己兼任。国防军办公厅改为国防军最高统帅部，被打造成希特勒个人的参谋部，其长官则是威廉·凯特尔（Wilhelm Keitel），他因擅长对希特勒溜须拍马又被称为"Lakeitel"②。阿尔弗雷德·约德尔（Alfred Jodl）出任最高统帅部作战局局长。这些人都是一些没有独到主张的"应声虫"。陆军总司令则由瓦尔特·冯·布劳希奇（Walter von Brauchitsch）担任，他一度资金严重拮据，由于希特勒出手解救，两者形成依赖关系③。出身"老派"的外交部长纽赖特则被处世圆滑的英国问题专家——里宾特洛甫取代。

这帮新人的第一场考验不是战争，而是一个军事和政治的大行动。经过一系列筹备，1938 年 3 月希特勒以国防军总司令身份开进

---

① 布隆贝格，1933 年至 1935 年任帝国国防部长；1935 年至 1938 年任帝国战争部长和国防军总司令；1938 年陷入丑闻而被迫辞职，有流言称他的新婚妻子系一名有盗窃嫌疑、拍摄过色情照片的年轻女性。弗里奇，曾任陆军总司令。希特勒让人将名字只有一个字母之差的鸡奸犯弗里施（Frisch）的罪名扣在弗里奇（Fritsch）头上。被希特勒革职后，弗里奇被贬为炮兵团参谋长，参加德国入侵波兰的战争，在华沙战死，系第一位在二战中阵亡的德军高级将领。——译者
② 德文词 Lakai 意为"走卒，奴才"。Lakeitel 一词系专门为凯特尔新造，系由 Lakai 前半部分、Keitel（凯特尔之姓）后半部分组成。普遍认为，希特勒将统帅部仅仅当作一个军事秘书处看待，而凯特尔也没有能力成为希特勒战略问题的军事顾问。——译者
③ 布劳希奇家庭破裂，是希特勒说服其前太太答应与布劳希奇离婚。布劳希奇还接受过希特勒的数十万帝国马克的大笔赠款。——译者

奥地利。这不是占领，更多是凯旋。当他穿越德奥边境，路过其出生的城市——因河畔布劳瑙①，借道林茨，向维也纳进发，数十万民众围聚在街道两旁欢呼。希特勒对政治形势的判断是正确的：伦敦和巴黎递交了几个抗议照会后就不吱声了。

英国本来觉得，当年社民党政府主政德国和奥地利时，两国均曾要求合并，却被《凡尔赛和约》的胜利方所禁止，现在希特勒这么做，明显与当年有因果关系。所以英国认为，1938年3月14日希特勒在维也纳英雄广场，面对"历史"和一百万狂热民众，充满激情地宣布他的祖国回归德意志家庭，这具有某种历史的正当性。

希特勒始终未放弃他的雄伟目标。3月13日，在家乡林茨演讲时的末尾，他讲了很多关于"天意"的话："我不知道，你们会在哪一天得到召唤。我希望会在不远的将来。届时，你们需要信守自己的信仰。相信我能在全体德意志人民面前自豪地引荐我的家乡。"[14] 台下的普通大众一定不会知晓，希特勒没有提及他那场针对"犹太-布尔什维克"的战争，他们也不会懂得事物之间的联系。东方疆区（奥地利成为德意志帝国的一部分后更为此名）境内民众欢呼雀跃的同时，发生了针对犹太人的暴力和骚乱，超过6万犹太人被杀害。

"吞并"奥地利未遇任何阻力，还得到了两国民众的最热烈拥护。② 受此激励，如1938年11月宣布的那样，希特勒下一个目标对准了遭人愤恨的捷克斯洛伐克，它被称为"红色苏维埃政权在欧洲中部的最危险堡垒"。[15] 生活在苏台德地区的德裔居民受尽压迫，期望

---

① 1889年4月20日希特勒出生于此。其父亲是布劳瑙边境小镇的海关官员。——译者
② 1938年4月10日，奥地利和德国举行公民投票，结果99.7%的选票赞成德奥合并。——译者

希特勒解救，这成为瓜分捷克斯洛伐克的理由。奥地利并入德国后，苏台德区德裔在柏林的支持下"回归帝国"的呼声日涨。这些人认为自己是凡尔赛战后安排的牺牲品，波希米亚和摩拉维亚本属于多瑙君主帝国边缘地区，却被划给新建立的捷克斯洛伐克。

希特勒盘算着可以搞一把一次性大赌注：借助快速军事行动，给伦敦和巴黎造成既成事实。在德国吞并奥地利后，捷克斯洛伐克在三个方向已被德国包围，这是德国拥有的极佳战略条件。让苏联红军拥有穿越波兰、罗马尼亚或匈牙利的过境权，是不可想象的。苏联国内正发生令人发指的大规模清洗，史称"大恐怖"。斯大林对托派阴谋者和资产阶级间谍的狂热恐惧使百万人丧生，其中不乏知名的第一批革命家，如布哈林、季诺维也夫和加米涅夫。丧生者中有不少是犹太人，这让希特勒百思不得其解。红军内部的清洗又导致几乎整个军队领导层灭亡，几无可投入使用的武装力量（根据国外的评估），这些情况又让希特勒不安。

军方判断希特勒在捷克斯洛伐克问题上孤注一掷，可能引发与英、法的战争。高层中有一些人，如卸任的陆军总参谋长路德维希·贝克（Ludwig Beck）以及埃尔温·冯·维茨莱本[①]（Erwin von Witzleben，曾要求调查 1934 年施莱歇被暗杀事件）、反谍报官员汉斯·奥斯特（Hans Oster）等开始组成反希特勒力量，与西方国家建立联系，密谋政变。不过，由于一系列事件，所谓的"九月谋反"失去了实施的条件。德国对捷克斯洛伐克的进攻定于 1938 年 9 月 28 日。

....

[①] 埃尔温·冯·维茨莱本（1881—1944），陆军元帅。"7·20 刺杀希特勒"事件的组织者和领导者之一。——译者

冥冥之中在最后一刻，这场战争却被英国新任首相尼维尔·张伯伦（Neville Chamberlain）一次不寻常的干预所化解。他两次来拜见希特勒。不顾捷克斯洛伐克总理[①]爱德华·贝奈斯（Edvard Beneš）的立场，这位英国人明确表明：在某种前提下，愿意将苏台德地区归还给德国。希特勒除了假意谈判外，别无其他选择。于是就有了慕尼黑会议，算上张伯伦，法国总理达拉第和墨索里尼（自荐为斡旋者）亦参会。将捷克斯洛伐克弃在一旁，四国领导人达成一致：苏台德地区归属德意志帝国。

1939年9月30日，张伯伦从慕尼黑返回英国，在机场宣布："我们这一时代的和平"得到了保障。[16] 他被视为英雄，但他并不知道，在伦敦赫斯顿机场的停机坪上所骄傲展示那张有希特勒签字的纸一文不值。他还能做什么呢？在传统政治的情形下，通过签署《慕尼黑条约》，张伯伦制止了欧洲战争的爆发。由于该条约，张伯伦背上软弱骂名，其奉行的绥靖政策也被批判。但这些都是马后炮式的廉价评论。1938年夏天，除了唐宁街10号所采取的政策之外，英国没有任何其他的选择。[②]

张伯伦认为他的那个德国对手是个修正主义者，尽管这个对手表现好战且装腔作势，但本质上仍是传统的权力政治那一套。如果希特勒真如张伯伦所认知的那样，那么《慕尼黑条约》对张伯伦而言是

---

① 原文有误，应为总统。——译者
② 不少史学家认为，绥靖是从英国利益出发的理智分析。若没有那些吞下"慕尼黑苦果"的"绥靖派"，忍辱负重充实国力，恐怕就没有之后顽强的"不列颠战役"。慕尼黑协定给英国赢得了宝贵时间，尤其是扩充了空军。1940年丘吉尔接任时，英军战斗机的战斗力比1938年增强了十倍，并完成了雷达网的设置。——译者

一个彻底的成功。然而，希特勒不走寻常路。1938年10月1日，德国国防军在民众的欢呼声中进驻苏台德区。对希特勒来说，领土和权力的合并是其推行向东扩张的必要条件，所以《慕尼黑条约》只不过是扩张计划的一次危险的延期。让希特勒感到恼火的是，慕尼黑谈判已表明：德国进一步向东扩张欲获得英国的默认，将是难上加难。然而，希特勒继续坚定不移地走自己的道路。深陷于他那套意识形态纲领，他不顾一切地把希望寄托于英国这一理想伙伴。尽管有诸多烦恼和痛苦，在他看来，似乎事先就已注定：在这场伟大的战争中，英国会站在德国的一边。

对慕尼黑遭遇的挫折[①]，希特勒以恶化犹太人政策作为回应，这毕竟是同犹太世界阴谋斗争的一部分。75万德国犹太人在希特勒眼里就是"第五纵队"。按照他的世界观，只有"种族纯粹"的民族才能成功度过眼前的困难和挑战。1935年9月《德意志帝国公民法》和《德意志血统和荣誉保护法》生效。西班牙内战爆发后，同德国犹太人的斗争进一步升级。

负责此项任务的是希特勒在慕尼黑时代的老战友——海因里希·希姆莱[②]。希姆莱出身于巴伐利亚一个受良好教育的市民家庭，20世纪20年代初受种族理论熏陶。他属于能够理解希特勒世界观的少数纳粹高层官僚。他也认为雅利安人同犹太人的种族斗争是永恒的，日耳曼人必须对东方的"亚洲劣等人种"进行伟大的远征，这充

---

① 指希特勒不得不推迟对捷克斯洛伐克的军事占领。据说，希特勒从慕尼黑回到柏林后恨恨地说："那个家伙（指张伯伦）毁了我进军布拉格的机会。"——译者
② 海因里希·希姆莱（Heinrich Himmler，1900—1945），纳粹帝国秘密警察头子。——译者

分体现于希姆莱本人对中世纪德国国王亨利一世[①]的敬重。按照那个时代的历史观,亨利一世被视为日耳曼人向东方开垦的首倡者。出于上述原因,希特勒将原本隶属于冲锋队的"帝国党卫队"独立建章,并配备以警察职责。1937年6月,这个党的机构与帝国内政部新近成立的全德警察总监在人事和机构上形成一体。希特勒自此拥有一个强大工具,用于在国内进行全面掌控和实施强权。由秩序警察、秘密警察局(盖世太保)、刑事警察局和帝国保安部组成的整个警察和镇压机器统归希姆莱掌管。

1937年春,党卫队曾动过向海外输送犹太人的念头,初期选中的国家包括哥伦比亚、厄瓜多尔和委内瑞拉。1938年,法属殖民地马达加斯加成为党卫队的关注对象。在同一时刻,波兰也在考虑把国内犹太人迁移至马达加斯加等地。1937年,波兰政府一个委员会征得法国的事先同意,实地考察了这座印度洋岛屿。翌年,波兰外长又和法国同行谈判租借该岛部分领土,计划每年移民3万个犹太家庭,移民总数预计达50万。

除了"外交解决犹太人问题"以外,德国也在推进"犹太移居国外"项目。该项目1938年始由位于维也纳的帝国保安部"总务处"负责,其主管是阿道夫·艾希曼[②]。正是从这个时候开始,犹太人在真正意义上被驱逐出德国。一次,德国把1.7万名犹太人以集中

[①] 德国萨克森王朝的创建者,标志着德意志国家的形成。其功绩在于建立了一支强大军队,依靠骑士、家臣,通过反对匈牙利人入侵以及向易北河以东斯拉夫人地区的扩张,先后占领了洛林公国、易北河以东的勃兰登堡地区。——译者
[②] 阿道夫·艾希曼(Adolf Eichmann,1906—1962),1939年任帝国保安总局犹太人处处长、犹太人"最终解决方案"的主要负责人。二战后逃亡至阿根廷。1960年被以色列情报机构摩萨德抓获,1961年被起诉审判,1962年被处以绞刑。——译者

运输的方式驱逐至德波边境，直接置于一片无人地带[①]，其中就包括赫舍·格林斯潘（Herszel Grynszpan）的父母。几天后，格林斯潘在巴黎射杀了德国驻巴黎外交官恩斯特·冯·拉特（Ernst vom Rath）。希特勒借机大肆渲染。1938 年 11 月 9 日犹太教堂被焚烧（民间称为"帝国水晶之夜"），紧接着以法律形式剥夺犹太人财产，使之雅利安化。希特勒进一步接近了他的"消除犹太人之德国"的目标，并向国外发出信息：如果不修改针对德国犹太人的限制性接纳政策，元首和帝国总理绝不会因此退缩。

非犹太籍德国人中，有一部分认同希特勒的种族政策，另一部分则刻意不予理会。实际上，西方国家向德国犹太人提供保护的意愿很低微，种族屠杀发生前，这种现象见怪不怪。帝国保安部犹太人处试图向巴勒斯坦移民，遭到阿拉伯人的抵制，其保护国英国收紧了接纳数额。其他国家也降低了份额。1938 年 7 月，美国政府召集在日内瓦湖畔的埃维昂举行难民问题国际会议。会议收效甚微。美国自己也没有放宽苛刻的移民规定。以色列总理果尔达·梅厄夫人（Golda Meir）当时作为一家犹太复国主义机构的成员参加此次国际会议，她在回忆录中写道："这是一段可怕的经历……我看到，代表们接二连三站起身，然后解释说，他们很乐意接纳相当数量的难民，但很遗憾，办不到。谁要是全程经历了这次会议，就能理解我在埃维昂的心情——忧伤、愤怒、失望和恐惧的集合。"[17] 当然，现在我们回顾业已知晓和已经发生的事情，以及人们当时的视角，这是两码事。希特勒的荒谬种族理论能推进到什么样的地步，一定超越了当时与会者的

[①] 波兰政府亦拒绝接纳这批犹太人。——译者

想象力。当时全球范围内到处有种族主义,尤其在那个倡议举办会议的国家。

除了犹太人组织,几乎没有人关心德国犹太人的命运。1939年1月希特勒上台六周年,他在讲话中提及解决犹太人问题的新选项。以不寻常的坦率,他说道:"如果欧洲内外的国际犹太人财团让各民族卷入世界大战的阴谋得逞,那么其后果不再是地球的布尔什维克化、犹太民族的胜利,而是犹太种族的灭绝。"[18] 换句话说,希特勒宣布,要通过有限战争实现德国权力范围的逐步合并,这一计划是德国向东扩张的先行条件。如果计划失败,他采取的方案就是对欧洲犹太人实施种族屠杀。然而,即便希特勒做了这番讲话,德国犹太人的命运并未有本质改变。

希特勒更加认为自己就是那个被选中完成"天命"的人物。1939年2月10日,他对军团司令讲话,(我)"已走上了人类从未走过的最陡峭、最让人眩晕的道路。我还相信,20年前的1919年,有一个我,以当时的状况和条件开始从事政治工作,20年后终于有一个结果,这在世界史上是绝无仅有的"。[19] 希特勒把这些自封的最高级用词同样给予了德国人民。1939年3月11日,他在军事院校毕业大会上又说,由于"种族价值",德国人民"不仅是全欧洲,而且是世界上最强大的人民",他们有能力"完成地球上一个决定性的使命"[20]。

对国防军青年军官发表完演讲之后,希特勒迈出了完成其使命的关键一步。1938年他已做出决定要占领所谓的"捷克的其余部分"(非德国人居住区)。从外部看,自打苏台德区回归德国后,这个因《凡尔赛和约》而创建的"布拉格马赛克国家"实际已处于散架状态,希特勒的进军也谈不上属于修正主义了,这让希特勒心情轻松。波兰和匈牙利也对他们同族在捷克斯洛伐克境内居住的领地提出领土要求。斯洛伐克谋求独立，3月14日希特勒助其实现。3月15日希特勒下令军队开进"捷克的其余部分"。那个可悲的捷克斯洛伐克总理[1]贝奈斯的继任者——埃米尔·哈查（Emil Hacha）屈服于"不容更改的决定"，他的国家如同人的身体部件一个也没剩下。由他名义上执掌的国家更名为"帝国波希米亚和摩拉维亚保护国"。

来自莫斯科和西方国家首都的抗议照会雪片般送至柏林。希特勒被清算的压力一度上升。捷克斯洛伐克国家垮台后，张伯伦在著名的伯明翰讲话中撤回了英国对捷克斯洛伐克的担保声明，并对德国独裁者提出警告。尽管措辞严厉，但张伯伦依旧认为要防止一场危及英国生存的欧洲战争，坚守绥靖政策是唯一途径。他以为，以目前还可以的均衡为基础，仍有可能在欧洲各大国之间达成某种利益均衡。很多人看不透以妥协退让无法约束希特勒，张伯伦也是其中一个。对希特勒的真正动机和目标都毫无所知，张伯伦又怎么能看透呢？！

纳粹崛起的战斗年代[2]，纳粹党及其元首的表象常常自相矛盾，这导致它们在政治频谱上的归类极度不一致。希特勒延续威廉帝国时代的外交传统，掩盖了他的真正意图。从外部看，德国领导层内部既有以大陆为导向的政策，也有传统的威廉主义政治，两者既有并列存在，也会混杂在一起，这种特点体现于德国外交部、海军总部以及明显有对外殖民野心的经济界。这让英国人做出错误的评估，以为通过殖民或其他局部的补偿可以制止希特勒。而当希特勒自己大声提出海

---

[1] 此处应为总统。——译者
[2] 指1919年至1933年。——译者

外要求的时候，更加强化了英国的想法。实际上，希特勒只是把海外殖民当作一项高压手段，迫使伦敦同意他放手推进其东方目标。

1936年英国开始加强军备。自从"捷克的其余部分"被德国占领后，英国考虑给希特勒设置底线。英国人还比较自信，认为自己有合适的工具和伙伴。希特勒下令"拿下布拉格"后的两个星期，伦敦对波兰的独立做出担保（之后这一担保也适用于罗马尼亚和希腊）。张伯伦以为，有这样的安排再加上与法国的结盟，欧洲力量均衡可以维持。在他看来，那一阶段东欧最强大的军事力量是波兰，而不是苏联。他还注意到，在罗斯福总统治下，美国于1937年开始已告别"光荣孤立"政策。

日本对中国的侵略深深影响了罗斯福。1937年10月，他在芝加哥发表著名的"隔离演说"，表达对亚洲和欧洲极权独裁政权的反感。国民党政府拒绝沦为东京的附庸，1937年底上海和南京（当时国民政府的首都）陷落。日军对中国的轰炸和针对百姓的屠杀，举世震惊。罗斯福对军国主义、独裁统治、强烈反犹的德国并无好感，对元首——希特勒就更不用说了。历史学家发现，这位腰缠万贯、坐在轮椅上的总统对德国知之甚少，他是一个易受到影响的人，他做出的一些决定并非源于自身。

罗斯福总统与英国政治建制派之间的关系较前大为不同。从各方面看，双方使用同一种语言，两个盎格鲁-撒克逊国家紧密团结在一起。在经济领域，罗斯福新政并未能完全消除结构性的世界经济危机对美国造成的影响。1938年美英签署互惠贸易协定。虽然那时候大多数美国人还不愿意把他们的男性成年公民送到欧洲战场流血牺牲，但世界形势早已明了：英国若卷入战争，大西洋彼岸的兄弟不会弃之不管。不过，很多知名美国人并不赞同这一立场，他们反而公开同情希特勒，比如汽车制造业的先驱亨利·福特（Henry Ford）、首个驾驶飞机跨越大西洋的飞行员查尔斯·林德伯格① 以及美驻英大使约瑟夫·肯尼迪（Joseph Kennedy，其子约翰·肯尼迪后任美国总统）。后者甚至认为罗斯福才是战争推动者。

希特勒的反应好像是被逼入了绝境。1939 年 4 月 3 日，英国为波兰做出担保声明的三天后，希特勒以格言"现在要给他们点颜色瞧瞧！"为指引，下令启动针对波兰的战争筹备，代号"白色计划"。由于"占领布拉格"以及围绕但泽的争吵，德波关系本已处于低谷。对这一极度自信的东方邻国，外长里宾特洛甫曾试图将其强制收编为反苏联的小伙伴，但徒劳无获。1939 年 4 月底，希特勒宣布《德波互不侵犯条约》及《英德海军协定》失效，摆出威胁姿态，进而在全世界面前公开其发动战争的坚定决心。针对此前罗斯福总统发出的和平倡议，希特勒予以回绝，称德国人民曾经因为信任另一位美国总统② 的承诺而放下过武器，却在接着举行的和平会议上被敌人百般羞辱，比苏族印第安人在美国所受对待更加不堪。

鉴于不断恶化的欧洲局势，1939 年 8 月罗斯福全然不顾意识形态矛盾，着手与苏联建立联系，试图将其编入反希特勒阵线。在英国内部，工党及以温斯顿·丘吉尔为核心的部分保守党倾向团结苏联共产党，竭力反对张伯伦的绥靖政策。张伯伦一心专注于波兰，认为英苏结伴只能起辅助作用。因为这些原因，英苏的相关会谈屡被推迟，

---

① 查尔斯·林德伯格（Charles Lindbergh），美国传奇飞行员。与纳粹亲近，极力反对美国参加二战、支持孤立主义，被戈林授予荣誉勋章。——译者
② 指出席巴黎和会的威尔逊总统。——译者

8月中旬会谈终于开启，双方却都没有诚意。

　　斯大林的克制源于对英国人的极度不信任，但他又认为绥靖政策可以转移希特勒向东方的扩张。他的战略核心是防止苏联被包围，避免开辟第二战线。在克里姆林宫看来，形势绝非一片美好：在远东，1939年5月始，日军在满洲里—蒙古边界与苏联远东军猛烈交战；在西线，反共产国际协定的日本盟友——德国正谋求说服波兰对付苏联。德国、波兰和日本组成的阵线，对斯大林来说是一个梦魇。同时，苏联并没有成功激化西方列强同纳粹德国的冲突。莫斯科感到必须有所行动了。1938年9月莫斯科向法国施压，希望法国能公开支持毫无希望但仍在抗争的"红色西班牙"，相关努力没有成功。同时斯大林又规劝西方在苏台德问题上坚守立场。在上述所有因素的作用下，斯大林完成了苏联外交政策史上惊心动魄的一百八十度大转弯：1939年4月始，他寻求与其公开死敌希特勒结盟，事情还做成了，举世为之惊骇。

　　8月23日，在斯大林的见证下，帝国外长里宾特洛甫与苏联外交事务人民委员维亚切斯拉夫·莫洛托夫（Wjatscheslaw Molotow）共同签署了互不侵犯条约，双方相互保证，一方若卷入战争冲突，另一方不参与。此外还有一项秘密议定书（二战后数十年克里姆林宫矢口否认其存在），划定双方在东欧的各自势力范围。立陶宛、爱沙尼亚和芬兰、罗马尼亚以及比萨拉比亚的一部分归入苏联。波兰被清算瓜分，皮萨河—纳雷夫河—维斯瓦河—桑河以东归苏联，基本以"寇松线"为界。"寇松线"是基于《凡尔赛和约》确定的波兰东部界线，1920年波俄战争后又向东推进约200公里。

　　《苏德互不侵犯条约》得到德国将领、外交部等热烈欢迎。希特勒从此也摆脱了战略僵局。他现在又希望与英国能达成某种调解。在希特勒看来，对俄协定仅是一项战术行动，最终目的还是要消灭苏联。同时，如果伦敦坚拒德方诱拉，协定对德方则是一个新的选项。1939年8月，希特勒曾对但泽自由市国际联盟高级专员卡尔·雅各布·布尔克哈特（Carl Jacob Burckhardt）说："我所筹划的一切都是针对俄罗斯的。如果西方够愚蠢、够盲目，以致看不懂我的意图，我将被迫同俄罗斯人达成谅解，进而打击西方，在击溃西方之后，我将积蓄力量对付苏联。"[21]

对于斯大林，与希特勒达成的协定是丰厚的战利品。斯大林借此将苏联的领土向西推进一大片。不仅如此，协定引发了纳粹德国与西方的战争，如斯大林所期待的那样。在此基础上，苏联又获得进一步向中欧扩张的机会。斯大林当然十分清楚，当西部腹背局势尘埃落定后，纳粹德国一定会转身进攻苏联。但具体到"何时转身"，两个独裁者显示出区别。希特勒被狂妄的理论驱使，担心时日无多，于是孤注一掷，进攻苏联。斯大林则是一名谨慎的权力政客，工于算计。协定的赢家只能有一个。

苏德之间的协定在全球引发轰动，令伦敦和巴黎目瞪口呆，也让希特勒在其支持者中陷入严重的信任危机。自一战后的慕尼黑混乱时代，自他从政以来，希特勒绝大部分宣传鼓动的矛头都指向"犹太-布尔什维克"。不久前他还倡议缔结反共产国际条约。日本奉行寄望于德意志帝国的外交政策，协定的签署意味着日本外交政策的挫败。不知所措的首相平沼骐一郎宣布辞职时称，欧洲的世界"太复杂奇异了"。阿部信行首相、野村吉三郎外相组成的继任内阁从此对欧洲发生的事件严守中立，同时寻求与英法改善关系、与美国达成谅解。

反共产国际条约的缔结方——意大利，于 1939 年 3 月同德国签订《钢铁条约》①。对德苏签署互不侵犯条约，墨索里尼也吃惊不小。针对苏联多年的鼓动宣传之后，希特勒改变对苏政策，给出的理由是"布尔什维克原则正在向俄罗斯民族主义的生活方式转变"[22]。墨索里尼很快就指责德国人叛变了反布尔什维克的初心。希特勒-斯大林协议让墨索里尼颇为头痛，他知道德国将要进攻波兰，担心意大利卷入一场大规模的欧洲战争。出于上述考虑，墨索里尼以英国的立场作为其政策制定的参考。他写信给希特勒说，如果"冲突仅限于局部区域，意大利将向德国提供任何形式的政治和经济援助，按德国需求予以提供"[23]，否则，意大利将置身事外，不准备参战。

希特勒从不尽情享受同西方政治斗争获胜而带来的喜悦。像被某种东西驱使着，他决定立即打击波兰。1939 年 8 月 22 日，他对国防军高层将领以及参加战斗的指挥员发表讲话，阐释了他发动波兰战争的原因，散发着极端利己的自大："从根本上说，一切都决定于我，决定于我的存在，原因就在于我的政治才能……我的存在是一个伟大的价值因素。但我有可能在任一个时刻被某个罪犯或某个笨蛋干掉。"在其演说中，不止一次地出现一种强迫性的理念，即德国在这个充斥敌人的世界中只能够再坚持几年。"现在西方做出不干预的可能性还是极大的。我们必须抱着冷酷的坚定敢于冒险。我们面对艰难的抉择：要么进攻，要么迟早被人消灭。"会有人"借机宣传并指责是我们发动了战争。会有人相信吗？这根本无所谓。事后没有人关心

---

① 又称《军事同盟条约》，象征德意同盟，两国在国际威胁或战争中，互相提供军事支援，并加强军事与战时生产。——译者

战胜者到底有没有说真话"。[24]

鉴于希特勒-斯大林协定以及围绕但泽问题不断紧张的冲突，欧洲各国元首都意识到德国对波兰很快就会发动进攻。此时的波兰民族主义情绪高涨，完全不惧于德国和苏联的拥抱，也拒不接受希特勒干涉波兰境内德裔事务的威胁，相信只要一交战，波兰军队将可以立刻进军柏林。对来自英国的担保以及英法的军事援助，波兰政府深信不疑。实际上，英、法并不愿意为但泽做出牺牲，达拉第总理对柏林和华沙施加影响，态度谨慎克制。同张伯伦和墨索里尼一样，他倡议召集一次和平会议，寄望于希特勒还尚存一丝理性。头脑冷静的英国政府这一次态度强硬，但也不放弃维持和平的努力。

这时，德国独裁者提出，如果英国不阻挠解决"波兰问题"，他愿意向伦敦做出进一步妥协（所谓"解决波兰问题"实质就是消灭波兰，为希特勒开辟进攻犹太-布尔什维克苏联的行军区域）。希特勒向英国驻德大使内维尔·汉德逊（Nevile Henderson）承诺，在这种情况下，德英政府达成协定，德国确保大英帝国的延续，甚至愿为后者提供支持。此外，希特勒表示，会对德国军备予以"理性限制"并且永久承认德国西部边界。

然而，拥有罗斯福背后支持的英国政府拒绝了德方建议。希特勒一度认为，英国先后已默认了德国军备扩充、占领莱茵区、吞并奥地利以及占领布拉格，他不相信英国政府此次拒绝德国会是严肃和认真的。绥靖政策已使伦敦力量均衡的外交原则伤痕累累，接二连三的同一性质的侵犯也许真的会成为英国参战的实际理由……对这些情况希特勒从不愿正视。希特勒将日益崛起的美国视为英国的天然敌人，他深信，在利益均衡的基础上，唯有德国与"有种族血缘关系"

的英国联合，才能确保欧洲的自主独立。希特勒竟然以为这是历史性规律。他进而相信，未等英、法对德宣战，他这次就可以搞定一切。戈林认为风险太大，试图劝阻希特勒，他回应："我的一生都在下各种赌注。"[25] 从根本上说，受其世界斗争理论指引以及迫于时间压力，希特勒现在别无选择。

第三章 对波兰和法国的闪电战
（1939年9月至1940年6月）

> 如同古罗马人征服某个民族，被征服的波兰人和犹太人要完成他们的奴役服务……
>
> —— 哥特哈德·亨利希，1941年初

1939年9月1日，德国"石勒苏益格-荷尔斯泰因"号战列舰向但泽附近西盘半岛上的一座波兰军营开火，第二次世界大战爆发。与此同时，德国国防军从七个地方跨越德波边境。当天上午，希特勒在柏林克罗尔歌剧院①对德国人民发表讲话宣布，德国于凌晨5时45分开始"还击"。希特勒所说的"还击"，指的是由党卫队策划的假冒波兰人进入德国境内搞恐怖行动，"袭击"目标是德国边境的格莱维茨电台。希特勒接着宣称，他将把战争进行到底，"直至帝国的安全和权利得到保障"。[1]

对德国国内，希特勒宣称这场对波兰战争是对"犹太-布尔什维克"战争的前期筹备，以凝聚国内各派，树立德国自强形象。对于德国军队以及威廉帝国的老派精英，对波战争则是德国称霸欧洲乃至世界的第一步。普鲁士-威廉时代的陆军元帅奥古斯特·冯·马肯

---

① 1933年2月国会纵火案后，国会大厦临近的柏林克罗尔歌剧院成为希特勒傀儡议会的集会场所。——译者

森[1]认为，一战结束后的21年只不过是一个"停火时刻"而已，他还给陆军总司令布劳希奇发电报称："世界大战继续进行……愿上帝与你和我们的人民同在！"[2]德国民众臣服并完全信赖他们的元首，同时内部也弥漫了忐忑不安的气氛。他们希望西方列强不要参战，德对波战争不要持续太久，也不要扩大。

接下来几个小时所发生的事件浇灭了上述希望，也让希特勒于20世纪20年代思考并坚决实施的战略构想、全部的战争计划遭到可悲的挫败。经过一番折磨神经的反复，1939年9月2日上午，英国驻德大使汉德逊递交了英国政府的最后通牒，称假如德国不是立即从波兰撤军，英国即与德国处于交战状态。[2]希特勒"一言不发，一动不动"地坐在那儿，过了一段时间，他才想起问里宾特洛甫："我们该怎么办？"[3]希特勒惊愕的反应，一是因为英国（之后还有法国）的最后通牒，二是他觉得，是"天命"选择他完成伟大的任务，但在关键时刻自己却被"天命"所抛弃。

希特勒并没有如希望的那样，身处一场与波兰的局部战争。这是一场完全颠倒的大战，希特勒心仪的结盟伙伴——英国及其随从国澳大利亚、新西兰、印度等英联邦国家——反而成了交战对手。德国与法国也处于交战状态。希特勒所谓从不犯错、能够如精确钟表一般控制每一个风险的名声遭受沉重打击。历史上欲竭力避免的东西双线作战竟然成了现实。

----

[1] 奥古斯特·冯·马肯森（August von Mackensen），德国元帅。1869年入伍，曾参加普法战争。一战时任东线第9集团军司令。拥护纳粹政权。——译者
[2] 英、法并无意愿与德国殊死一战，而是希特勒占领捷克斯洛伐克等东进政策，彻底改变了英国国内舆论和民意，使得姑息派退无可退。英国政府改变政策，法国只有立即跟进。——译者

有趣的是，对这么一种局面，德国几乎没有预案。陆军司令部和最高统帅部都相当有把握确信，西方列强会默认波兰战争，德国几乎所有的武装力量都被调往了东线战场。西线防务处于空虚状态，总共有23个装备差、作战能力低的师团部署在荷兰边境及巴塞尔一带，他们面对的是大约110个英、法联军师团。但是，无论在对波兰作战期间，还是之后，英、法都没有对德发起进攻。战后凯特尔在纽伦堡接受审判时曾说，一次法军进攻了德国某个"军事遮掩物"，"也不是什么防御体"。[4] 德军高层没有人预料到波兰战局会如何发展，尤其没有料到战争会持续多长时间。

由61个德国师和3个斯洛伐克师组成的德国战车推进速度超出所有人的预料，这替希特勒解除了困境。在俯冲式轰炸机支持下，德国坦克师和机械化步兵师彻底碾压了波兰武装力量，后者居然还投入了骑兵团。9月5日，波军总司令斯密格莱·利兹（Edward Rydz-Smigly）元帅下令所有部队撤至维斯瓦河以东。三天后，德军坦克先头部队已逼近华沙近郊，同时德军在维斯瓦河、凯尔采、克拉考和桑多梅日会合。几天内，波兰所有作战陆军在布格河西线被包围。

此时，波兰首都华沙陷入绝境。守军拒绝投降，德国加强了空中轰炸，目标是一直炸到轻松占领。戈林的飞行大队执行近2000次任务，对市内军事和基础设施目标、居民区投下近千吨爆破弹和燃烧弹。波兰政府和军队统帅部未得到英法支援，逃离首都，退却至南方。最后，他们逃往了盟国罗马尼亚。罗马尼亚先是宣称保持中立，后又迫于德方压力拘押了以瓦迪斯瓦夫·西科尔斯基（Wladyslaw Sikorski）为首的流亡政府。9月27日，华沙城陷落。10月6日，最后几支波兰军队在科克和卢布林投降。波兰战役中，波军阵亡逾6万，德军投入兵力160万，阵亡1.6万，远低于国防军高层预期。

莫斯科高层起初乐见欧洲整体局势的发展。9月7日克里姆林宫举行小范围会议，共产国际执委会总书记季米特洛夫记录了"伟大领袖"斯大林的评论：有两个帝国主义国家集团，"每一个都盯着殖民地和原材料"，"他们相互打击，削弱对方，我们不反对。德国撼动最富裕的资本主义国家（主要是英国）局势，这很好……我们可以调动一个对付另一个，让他们掐得更起劲"。[5]斯大林确实有办法可以让德国对苏联形成严重依赖。对希特勒在西线的战争，斯大林不但可给予其腹背支持的战略保障，而且还能提供其所需的丰富原材料。1939年秋，德国逾四分之一的矿物油从苏联进口。德国从亚洲进口约四分之三的橡胶因英国海上封锁不得不假道俄罗斯陆路入境。

1939年9月17日，斯大林下令两个陆军军团总计45万红军，在约3800辆坦克、2000架飞机的掩护下开进波兰东部，他要把同希特勒所达成协议的属于苏联的那一大部分据为己有。波兰正规军全部部署于西线迎战德军，在东线只有一些边防军，稍作抵抗后防线一触即溃。此前，斯大林刚刚向华沙保证《苏波互不侵犯条约》依然有效，波兰根本未料到苏联会发动进攻。进攻当天，莫斯科宣布该双边条约作废，理由是波兰政府已经不存在了。

斯大林与希特勒之间有共同谋划，比如德国空军对波兰的轰炸得到了苏联明斯克发射台的导航支持。但是，斯大林命人草拟了一份苏军开进波兰的公告，读起来似乎只有德国才是唯一的侵略者，这种做法很符合斯大林的政策性格。公告声称，苏联必须去援助那些受威胁的乌克兰人和白俄罗斯人。在德国驻苏联大使弗里德里希·冯·德·舒伦堡伯爵（Friedrich Werner Graf von der Schulenburg）的抗议下，两个独裁者最终达成一段不能更厚颜无耻的措辞：苏联军队开进波兰，是因为波兰的状况已无法持续。苏军必须去帮助当地人民，这样才会有一种印象：波兰作为一个国家仍继续存在。

西方强国做了些什么？他们在各自首都召见了苏联大使，正式抗议苏联侵略波兰。斯大林不为所动。他的算计十分冷酷：既然英、法都没有干预德国入侵波兰，他们为什么要干预苏联呢？更何况他们根本就没有这个义务！1939年8月25日，英国与波兰签署军事互助条约，该条约只有在德国入侵的情况下才有效，苏联的情报人员对此早已探听清楚。

五天后，苏联红军抵达希特勒–斯大林协议商定的分界线（即寇松线），对波兰的军事行动结束。消灭波兰的两家在布列斯特·立托夫斯克——1918年列宁的代表在此宣布与威廉帝国的战争结束——共同举行阅兵仪式，德方由海因茨·古德里安①出席。正是古德里安，两年后他的坦克大军挥师东进，剑指莫斯科。1939年9月28日，德国、苏联签署《边境和友好条约》，将分界线往东推进至布格河。作为交换，立陶宛的大部分归入苏联领土。

新的占领区归辖于乌克兰和白俄罗斯苏维埃共和国，斯大林开始实施苏维埃化。红军一开进波兰，大规模清洗就拉开了序幕。在加利

---

① 海因茨·古德里安（Heinz Guderian，1888—1954），德国装甲兵之父，陆军大将。人称"飞毛腿海因茨"。参加过入侵波兰、入侵法国、入侵苏联、攻占斯摩棱斯克、进攻基辅、进攻莫斯科等重要战役行动。1943年2月任装甲兵总监。1944年7月任德国陆军总参谋长。1945年3月28日被解职，后被美军俘获。释放后，曾担任美国防部高级顾问，笔耕不辍，其创造的装甲兵作战理论和战例被西方军界奉为经典。——译者

西亚及伦贝格①周围一带（斯大林派遣尼基塔·赫鲁晓夫②担任区委员），数千名波兰上层、军方以及教士被秘密警察清除、关押或遣送至苏联。仅仅在离斯摩棱斯克不远的偏僻的卡廷森林，苏军遵循斯大林的命令，枪决了4000多名波兰军官。在1919—1920波俄战争中，斯大林曾担任政治委员。

不设防的波罗的海各国被莫斯科当作海军、空军和陆军基地。他们也一步一步苏维埃化，并入红色帝国。苏联还对邻国芬兰下手，要求对卡累利阿地峡做出边界调整。芬兰人拒绝接受，1939年11月底，斯大林下令红军在芬兰整条东部边界与芬兰人开战。德国对斯堪的纳维亚国家抱有同情，但考虑到希特勒-斯大林协议必须奉行中立。

在分界线的西边，德国在《凡尔赛和约》中失去的领土，如西普鲁士、波森和上西里西亚连同波兰所有西部省份（后称瓦尔斯省）一并归属大德意志帝国。来自波罗的海国家、比萨拉比亚、布科维纳等东欧和东南欧的德裔被安排迁移至上述地区。在此次极具"种族特色"的合并过程中，逾75万波兰人被驱赶至位于帝国新边境线和寇松线之间的波兰总督区，或者在总督区内被强迫迁移。

德军进入波兰以后，占领者就已经开始血腥的种族谋杀。谋杀行动由党卫军的安全警察和秩序警察执行，陆军高层对此顺从默认甚至提供支持。这场谋杀首先针对"种族低劣"的波兰国家高层，按照希特勒的意志，这批人应予肃清。剩余的波兰人都是奴役。

··

① 即利沃夫，乌克兰西部城市。——译者
② 尼基塔·赫鲁晓夫（Nikita Chruschtschow, 1894—1971），1955年成为苏联党和国家领导人，1964年下台。——译者

波兰总督府的国防军将领哥特哈德·亨利希（Gotthard Henrici）说："波兰人和犹太人要完成他们的奴役服务。在这里，对他们不能有任何体谅。""这儿的情形就如同古代的罗马人征服某个民族一样。"[6]

那些不属于波兰高层、暂时得以幸存的波兰犹太人，他们当中已有 300 万丧失了生命，苦难才刚刚开始。1939 年秋天，这些人集中居住在城市内的犹太人区，主要是华沙、卢布林、克拉考、拉多姆和罗兹。希特勒试图管控这些危险的"种族敌人"，这样做可以确保犹太人的相对集中，并视情况可以作为某种抵押品。希特勒曾下令实施尼斯科计划，在卢布林南部划出一大片"农业保留地"，安置了数十万犹太人。但最终该计划被叫停，理由是占领区"首先要成为利于德国军队前进的军事前沿地带"[7]，言下之意就是，纳粹德军打击犹太-布尔什维克的行军路线不能穿越"犹太人区"。这一例子表明，希特勒把犹太人看得何其危险。

波兰确实视德国为对敌，但尽管如此，纳粹的犹太人政策在波兰国内也得到了声援。反犹主义在波兰和中东欧一些国家普遍存在，天主教会内部也有。红衣主教奥古斯特·贺龙德（August Hlond）在一份主教通告中指责犹太人是"不敬神运动、布尔什维克政府和革命颠覆活动的先驱"。[8]波兰政治中也有反犹太教的成分。

当数百万人按照种族标准被遣送至中东欧的时候，当纳粹党卫军和苏联国家政治保安部持续不断地杀人放火的时候，应为此承担主要责任者却在大呼尽快重建和平。10 月底，莫洛托夫指责英、法为侵略者。苏联一手将自己塑造成和平力量，另一手又支持希特勒对付英、法。英、法在波兰问题上的军事克制又让希特勒继续期待他们的妥协。凯特尔在纽伦堡供述，"我们对英、法下一步可能采取的立场有了更为坚定的估计"。[9]

10月6日，希特勒在帝国议会发表讲话，总结对波兰的军事行动，并向伦敦打出和平方案，大谈今后与欧洲各民族和平合作的必要性。他向英国人喊话，"将两个民族从理智和情感上进一步拉近"，就是他"一生的重大目标"。"德国有曾提出过威胁大英帝国或危及其生存的要求吗？"他讲话的结论：没有理由再继续进行战争。[10] 但是伦敦和巴黎都严词拒绝了希特勒的和平方案，英、法两国甚至不再排除与德国、苏联交战的可能性。1939年12月国际联盟开除了苏联这一侵略者。

未等对英和平方案搁浅，希特勒又深感时间紧迫。受波兰闪电胜利的激励，他决定继续任由他指挥的军队操控帝国之命运。他完全不信任布尔什维克死敌，依旧以为美国会长期置于欧洲战局之外，于是他有了于1939年就制伏德国在西方的世仇——法国的念头。与英国和好的目标，希特勒还是没有放弃。阿尔弗雷德·罗森堡①于1939年11月1日在日记中所记很能说明希特勒对这一点的坚守是多么死板教条。这位纳粹党的思想领袖写道："元首多次讲，他依然认为德英谅解是正确的，特别是着眼于未来……我们已经仁至义尽，但那边是一个犹太人领导的不理智的少数派政府，张伯伦是个缺乏主见的老人。看来只有在真正地挨过一顿怼之后，他们才不会缩手旁观。张伯伦不知道其政府到底想要什么。就算英国取得胜利，真正获利的将是

----

① 阿尔弗雷德·罗森堡（Alfred Rosenberg, 1893—1946），哲学家、理论家，被称为纳粹党内思想领袖。主张种族清洗，相信地缘政治，要求拓展生存空间。战后被纽伦堡国际法庭判处绞刑。——译者

美国、日本和俄罗斯，英国自己则会被战争撕裂。"[11]

希特勒决定于 1939 年发动西线战争，时间定于 11 月 12 日，但遭到陆军高层的最坚决反对。甚至那些狂热的纳粹分子，如冯·赖歇瑙将军也强烈反对元首的方案，主要理由是作战兵力不足。实际上，第一次世界大战的经历给将军们造成了沉重负担。当时主要由青年官兵组成的帝国军队进入法国数周后在马恩河受阻，之后是长达四年、损失惨重的阵地战。此次对法开战的日期总共推迟了 29 次，原因既在于天气加大了后勤补给的难度，更在于一战对法作战给德军带来持续性创伤，这让军队主管总是迟疑不决。

二战期间的炮火停歇，在法国被称为"假战争"①，也是展开和谈活动的时期。希特勒仓促的西线作战计划在将领内部引发焦虑不安，一小群活跃在政治和外交界的希特勒对手，与陆军参谋总长弗兰茨·哈尔德（Franz Halder）进行接触，他们的触角进而伸展至英国和美国。他们主要想摸清西方国家结束对德战争的条件，进而为在国内扳倒希特勒打下基础。亚当·冯·特罗特·祖·索尔茨（Adam von Trott zu Solz）曾于 1939—1940 年在白宫介绍德国国内抵抗运动的情况，被罗斯福总统粗暴否定。伦敦的反应也极其审慎，这令希特勒的反对者颇为失望。在英国看来，这些伸出和平之手的人同那些大德意志扩张主义的代表没有区别。英国没有提供支持，哈尔德等德军高层将领的优柔寡断导致谋反任务功亏一篑。比利时国王列奥波德三世、荷兰女王威廉明娜担心自己的国家沦为战场，都进行了和平斡旋，但也都失败了。

----

① 指二战爆发初期英法在西线对德国"宣而不战"的状态。——译者

欧洲北部边缘地带成为新战场。在海军上将温斯顿·丘吉尔（Winston Churchill）的敦促下，英法盟军最高理事会于1939年12月向斯堪的纳维亚半岛派遣一支远征军，计划在挪威北部登陆进而夺取瑞典的铁矿石产区。铁矿石是德国的重要战争物资，如果登陆成功，既可以导致德国的铁矿石枯竭，又可以作为盟军冬季战争的物资后勤基地，支持芬兰在曼纳海姆元帅领导下抗击苏联。然而，斯德哥尔摩和奥斯洛政府都拒绝盟军登陆其国土，因此盟军也无法支持芬兰对苏作战。此时赫尔辛基被迫同意接受莫斯科的和谈方案。从芬兰手中获得包括卡累利阿地峡在内部分领土后，斯大林知足而止，原因之一在于芬兰军队的死命抵抗，还在于某种不确定性，斯大林担心盟军在斯堪的纳维亚半岛做一些不利于苏联的事情。

此时，保罗·雷诺（Paul Renaud）取代达拉第担任法国总理。英、法没有放弃斯堪的纳维亚计划，转而寻求实现一个小规模的方案，重点转向挪威北部的纳尔维克港、卑尔根港。在英国控制下，可以轻松封锁北海至大西洋的通道，也使得阻绝中立的瑞典向德国供给铁矿石（对德国的战争经济至关重要）成为可能。在寒冷的冬季，瑞典北部水域冰冻，铁矿石须先通过铁路运输至纳尔维克港，之后再用船只沿挪威和丹麦海岸线运至德国港口。

1939年10月和12月，希特勒的注意力两次转向挪威，海军总司令雷德尔提醒他，英国将要占领挪威海岸。对于雷德尔以及那些深受威廉帝国蒂尔皮茨传统影响的海军官兵来说，英国才是德国的主要敌人。世界大战就是德国海军在前线展示身手的好机会。他们牢记曾在凡尔赛蒙羞的历史，海军成为1918年11月革命的爆发源头，更是一种耻辱。对希特勒越是无条件的服从，海军在国防军谋求发挥的作用就越强烈。20世纪30年代海军制定的计划强调，下一场战争将是海战。海军高层的信条是，海洋将决定未来战争的成败，大国须重视海上运输线的安全。他们以为希特勒亦持同样的观点。当强大的德国陆军和空军在欧洲大陆攻城拔寨之后，海军深信元首会利用帝国的所有统治手段加强海军力量。但是海军高层的判断完全错误，毫不符合实际。他们显然不懂得希特勒东方政策的目标。

二战的爆发时间比海军领导层预想得要早，始于1938年的舰艇建造计划不得不做出调整。根据所谓的"Z计划"，德国将于20世纪40年代中期建设完成一支强大的海军舰队，由10艘战列舰、12艘装甲舰、4艘航空母舰、5艘重型巡洋舰和249艘潜水艇组成。按照海军部防御经济司的估算，Z舰队运行至少需要600吨燃料油和200万吨柴油，这已超出当时德国原油总额（615万吨）。战争一开始，实际上就宣布了Z计划的死刑。只有已经开工的"蒂尔皮茨"号、"俾斯麦"号战列舰以及"欧根亲王"号重型巡洋舰陆续得以竣工。新建成的舰只主要是海岸快艇和潜水艇。

当二战战幕拉开时，海上霸主的地位仍旧是英国。从一开始，德国海军的目标和能力与英国就存在严重差距。1939年9月末，雷德尔表示："对英国军事和经济战争的目标应是彻底阻断其所有贸易通道。"然而，德国海军的实力不足以对英国全面封锁，只能做到在北海"对英国海上通道进行肆意滋扰"。[12]此外，突破大西洋北大门的舰队也受到限制。海军高层曾承诺，战争开始后，德国水面舰艇部队就能挺进大西洋南部打击西方盟军的贸易线，对海上战局发挥牵制作用。

"施佩伯爵海军上将"号装甲舰的命运充分说明了德国海军计划

和现实之间的巨大差距。1939 年 12 月中旬，该装甲舰遭到拥有巨大优势的英国巡洋舰群追击，受损后泊于蒙得维的亚港口。英军巡洋舰就守候在拉普拉塔河入口处，中立的乌拉圭政府向德国所提供的停留期限太短，不足以让德国人修复战舰，汉斯·朗斯多夫（Hans Langsdorff）司令于是下令自沉该舰。"施佩伯爵海军上将"号悲剧已经证明，面对英国海军的优势，雷德尔推崇的水面舰队大海战没有胜机。唯独卡尔·邓尼茨（Karl Dönitz）率领的潜艇部队尚存希望。邓尼茨长期致力于发展潜艇，战争初期德国海军拥有 57 艘潜艇。1939 年 10 月，海军上尉君特·普里恩（Günther Prien）指挥 U-47 号潜艇在斯卡帕湾击沉英国"皇家橡树"号战列舰，此事被高调宣传，实际上，它的事发地——斯卡帕湾同时又是威廉帝国海军遭遇最黑暗经历之处①。

且不论以何种作战手段对付"死敌"英国，或是否与其进行正面海战，海军高层认为在挪威可以施展一下身手。更重要的是，希特勒对挪威的兴趣被激发了，于是海军高层错误地以为他们的总司令——希特勒终于理解了海战的基本要义。德国这些海军战略家们没有看到，元首关心的完全是确保欧洲北翼以及攸关德国生存的原材料供应的安全。欧洲大陆东线的目标才是希特勒的万事之首要，海军高层对此完全视而不见，遑论希特勒那套离奇的种族谬论。

1939 年 11 月 9 日，施瓦本木匠格奥尔格·埃尔泽（Georg Elser）在慕尼黑贝格勃劳凯勒啤酒馆对希特勒实施炸弹袭击，希特勒奇迹

---

① 指 1919 年 6 月，威廉二世的海军舰队中共 74 艘战舰自沉于斯卡帕湾。——译者

般地躲过，更让他坚信"是天命让我继续完成我的目标"[13]。①12月，在雷德尔的影响下，希特勒下令制定占领挪威的研究报告。这是一项首次没有陆军总司令部参与的大规模军事行动，据说这是希特勒与陆军总司令布劳希奇、参谋总长哈尔德之间关系受影响所致。关于挪威行动所涉政治层面，希特勒寄望于挪威新法西斯政党国民联盟。维德孔·吉斯林（Vidkun Quisling）曾于1939年12月中在柏林同希特勒会晤，打出了合作方案：吉斯林先发出"求救"讯息，然后德国派兵军事干预斯堪的纳维亚，使行动合法化。

然而，恰恰又是海军高层于1940年2月提出了疑虑。雷德尔认为，如果没有制海权，挪威行动违背了海战的所有基本原则。与较前立场不同，海军转而认为更好的解决方案是维持挪威的中立，并得到不少将领的赞成。不过，希特勒坚持己见，最高统帅部作战局局长约德尔予以呼应。1940年3月1日，希特勒签发占领挪威和丹麦的命令，代号"威瑟堡行动"。命令指出，奇袭行动要体现和平占领、保持斯堪的纳维亚半岛国家的中立特性。丹麦人和挪威人都是"雅利安人"②，希特勒不希望与他们发生交火，但命令也强调，若遇军事抵抗，则须动用一切军事手段击溃之。

"威瑟堡行动"于1940年4月9日开始实施，比英、法远征军在挪威海岸登陆仅仅早数小时。丹麦国王克里斯蒂安十世不顾国内

....

① 希特勒出席在啤酒馆暴动16周年纪念活动。9日晚慕尼黑大雾，已赶不上飞机的希特勒不得不提前离开啤酒馆，乘火车返回柏林。这场大雾救了希特勒，就在他离开贝格勃劳凯勒啤酒馆13分钟后，埃尔泽的炸弹引爆了。——译者
② 根据纳粹的种族观，居住于斯堪的纳维亚地区的高个长颅、金发白肤的"北欧民族"（Nordic）是典型的雅利安人。——译者

反对，下令放弃一切军事抵抗，挪威国王哈康七世拒绝承认在奥斯陆组建的吉斯林政府，下令武装部队奋起抗击德国侵略军。德国与西方盟军在北海的海战、空战以及同时进行的陆战几乎使德国在北欧的努力前功尽弃。德国海军舰队在驶进奥斯陆峡湾时就损失了一艘巡洋舰。在克里斯蒂安松、纳尔维克和卑尔根，雷德尔的海军在空军支持下，与占有优势的英国海军猛烈交火，德军损失惨重。爱德华·迪特尔（Eduard Dietl）将军指挥的德国山地步兵师同英、法、波三国军队在纳尔维克迎头碰撞，双方陷入胶着。神经质的希特勒总是如无头苍蝇一般，不断给最高统帅部的负责将领下达前后矛盾的命令。经过数周的战争，4月底挪威形势总算大局已定，除了在纳尔维克还有零星战斗。

希特勒获得了两条经验：一是德国海军的惨重损失以及后勤支持存在诸多问题，让他深刻明白海上行动风险巨大；二是海军在1918年11月革命中的表现，已经让希特勒在内心里与海军保持疏远，此次挪威行动更让他相信，海军的作战能力并不强大。至少在可预见的时间内，他用不上这支海军。欧洲北翼已得到控制，英国没有下手的机会。德国强迫瑞典公开奉行友好中立，还强迫它与挪威合作，确保向德国输送重要原材料。吉斯林政府倒台后，德国派专员统治挪威总督区。

此时，代号为"黄色方案"的西欧作战计划于5月初确定下来。希特勒对外刻意展示对胜利的充分信心，但这一战争计划还是给他造成了心理负担。据他的身边人士讲，他比以往任何时候都显得紧张。希特勒把"击溃法国"视为"历史的正义行为"[14]，其一言一行似乎对法战争还没有开始，就已成功结束了。军队内部对西线作战计划也陷入争吵。希特勒周围的人有种不安情绪。大多数将领主张采取改进版史利芬计划①，即把北部地段作为主攻方向。但是希特勒多多少少凭自己的直觉，听从了大胆冒险、被很多人视为无法实施的曼施坦因②方案——"镰刀闪击"③。根据该方案，以快速和机动化军团、装甲军团为先头的主力部队跨越阿登山脉的复杂地势，突击至英吉利海峡，将敌人军事力量一分为二，最终歼灭之。

意大利再次逃避了对法战争，这让希特勒失望。墨索里尼可能意识到了西线战争的历史意义，但他的军事将领、最高统帅部反对出兵曾经是一战战友的法国。给予德方的理由是意大利战争准备尚不充分，希特勒认为这是托词。但不管怎样，从军事角度讲，轴心国伙伴不参战反而大大减缓了西部、南部的作战形势。围绕意大利是否、何时支援德国，介入战争，这一不确定性一直困扰着驻扎在地中海的法英军团。造成这一状况的首要原因是法英联军极大地高估了意大利法

①　史利芬计划，指德军在一战的作战计划，即在西线采取先发制人的手段，集中优势兵力，采用"闪电战"，在四至六星期内经比利时袭击法军后方，迅速打败法国，切断英国与欧洲大陆的联系，然后回过头来，向东对付俄国，在三个月最迟四个月内赢得战争。改进版的史利芬计划总体保留原内容，战略意图仍是绕过法德边界的马奇诺防线，破坏比利时的中立，从那里进军直捣法国北部。希特勒认为是毫无新意。——译者

②　曼施坦因（Erich von Manstein，1887—1973），陆军元帅。出身于军事世家，身世显赫。祖父（作为一名军长参加过普法战争）和父亲均为普鲁士将军。1939年8月，调任南方集团军总部参谋长，制定入侵波兰的"白色计划"。先后担任第38和56集团军司令。1941年9月接任第11集团军司令。1944年3月，因在作战指导上与希特勒产生分歧被撤职。1945年5月被英军俘虏，1949年12月被纽伦堡法庭判处18年徒刑，1953年因病获释。战后，被阿纳政府聘为顾问，参与组建联邦国防军。1973年6月病逝。著有回忆录《失去的胜利》。——译者

③　曼施坦因强烈反对按照改进版的史利芬计划进攻法国，认为"方案简直就是我们这辈军人的耻辱"，该计划最大的毛病是："企图完全重演上次大战一面平摊的战法，争取全面、彻底歼敌的思想是根本无法达成的。"镰刀闪击"的实质是从中路主攻，切断法军和法国各个港口之间的联系，直插南下，一举将法国切成两半。希特勒采纳了曼施坦因的作战方案。——译者

西斯军队的作战能力。

1940年5月10日，在耻辱性的贡比涅停战协定签约22年之后，由141个师团约150万士兵（其中包括5万新组建的武装党卫军）、2500辆坦克、近4000架飞机组成的德军在西线发动进攻。德军突击队攻占桥梁、铁路枢纽、交通中心，进而于次日一早以奇袭方式拿下被视为不可攻克的比利时战略要塞——埃本·埃马尔（Eben Emael）。戈培尔通过广播向比利时、荷兰和卢森堡宣读备忘录，完全颠倒黑白地指责三国"公然侵犯最基本的中立准则"。德国宣传发挥了多大作用，暂且不论。广大德国民众对战争未来虽存担忧，但可以确定的是，他们一致认为，希特勒对法国的战争是正义之战，是对凡尔赛的大复仇。

对希特勒而言，法国战争具有非凡意义，这是他实现东方伟大目标的关键一步。他自己相当确信，战胜法国最终也会导致英国对德国的让步。战争期间，他就打算向伦敦发出和谈信息：大英帝国及其海上强国的地位不应触动。按照他的设想，军事上战败后的法国应作为中立的国家继续存在。美国名义上保持中立，背地里日益支持英国。希特勒对美国今后的影响力充满期待。在欧洲形成新的政治体制后，希特勒希望看到，"美利坚联盟"内部主张推进门罗主义[①]的势力能够进一步强大，这股力量重点关注北美、南美两大陆而不是欧洲大陆。

希特勒彻底实现了他关于法国战争的战略考量。法军总司令莫里斯·居斯塔夫·甘末林（Maurice Gustave Gamelin）的一整套防御战

[①] 1823年12月2日，美国总统门罗（1758—1831）向国会提交《门罗宣言》（Monroe-Doktrin），提出"美洲是美洲人的美洲"。门罗主义的含义是美国可以在美洲尽情扩张，欧洲人不得介入。——译者

略都是为新版的史利芬计划而量身定制的，防御重点置于英国远征军可及时施援的比利时境内。而较远的南方则是马奇诺防线及不可逾越的地带。法国坦克部队一名为夏尔·戴高乐（Charles de Gaulle）的青年军官批评这种"马奇诺防线思维"。彼时，法国的装甲军团在欧洲称得上最现代化，戴高乐主张可移动的坦克群不应仅仅部署在北部，但这位上校的想法并未得到采纳。

战争态势发展对法国是灾难性的。1940年5月12日，对比利时发动战争两天后，德军在色当取得关键突破。紧接着，马斯河对岸的法军前沿部队被击溃。5月19日，伦德施泰特元帅[①]指挥A集团军群抵达索姆河河口的运河，冲在最头阵的正是埃尔文·隆美尔[②]师长。接着德军挥师北进。完全如德军作战计划，"镰刀闪击"路线以北的所有比利时、法国和英国军队总计逾40万人，被德国A、B集团军群挤在中间——B集团军群由费多尔·冯·博克（Fedor von Bock）元帅领衔，从北部经比利时挺进法国境内。

没过几天，只剩下敦刻尔克港附近的海岸地段可供包括全部英国远征军在内的盟军撤退。敦刻尔克这个城市几乎完全暴露于德国坦克

[①] 伦德施泰特（Karl Rudolf Gerd von Rundstedt, 1875—1953），普鲁士军官、纳粹德国陆军元帅。出身军人世袭家庭，据说家族军人生涯长达850年。在纳粹将领中资格最老，威望最高。担任南方集团军群司令攻打波兰。反对入侵苏联，但战争爆发后，仍受命担任南方集团军群司令。盟军诺曼底登陆后，与希特勒发生分歧被免职。1944年7月，暗杀希特勒未遂事件后，他站在了希特勒一边，负责审查叛乱案件，并再一次担任西线德军总司令。1945年3月，因莱茵河雷马根大桥失守再次被撤职。战后，被美军俘获并引渡至英国。1949年在汉堡审判时，英国人释放了他。在策勒附近一所养老院安度余年。1953年死于心脏病。——译者

[②] 埃尔文·隆美尔（Erwin Rommel, 1891—1944），德军中少数平民出身、未受参谋学校教育的陆军元帅。出生于施瓦本。在北非战场上功绩显赫，被称为"沙漠之狐"。1942年6月北非阿拉曼战役中败于蒙哥马利之手。后据称卷入"7·20刺杀希特勒"事件，被迫选择体面自杀。——译者

先头部队的直接攻击范围之内，哈尔德声称要用坦克部队"围宰"这个"大牲畜栏"。被围困的人离死亡和被俘只有 18 公里。1940 年 5 月 24 日，星期一，希特勒却突然下令先头部队停止追击。个中原因和解释出现多个版本：部队的迅速推进让希特勒感到可疑。他总是非常关切坦克先头部队的两翼安全以及所承担的不小损失，担心军团的快速推进会导致没有足够的强劲余力用于西线战争的第二阶段。然而，开启第二阶段必须先成功结束第一阶段。于是，空军也成了希特勒暂停战争的理由。戈林的空军表示，仅凭他们就足以让被围困的英国人投降。但是，当时每个人都明白，由于糟糕天气和经常出现的皇家空军，戈林的空军完不成这项任务。换句话说，坦克部队在敦刻尔克被叫停，并非出于军事原因。

对希特勒的"明确要求"，参与西线作战的德军将领无一表示理解。负责作战的哈尔德"异常愤怒"，"无论事前，还是事后，我都没遇见他①"。对于这个决定，德军参谋总部不承担罪责，这是哈尔德的原话"。[15]最高统帅部作战局副局长瓦尔特·瓦尔利蒙特（Walter Warlimont）在其回忆录中写道，在最高统帅部，除了约德尔这个元首的追随者，其他所有人都对决定"大吃一惊"。[16]不在第一时间予以追击一支战败撤退的敌军，确实不合乎任何一项作战原则。在陆军总司令部甚至流行一个观点，即正是由于希特勒下令坦克群暂停两天，之后又只让少量军团前进，迟缓应对英军的抵抗，拖延占领敦刻尔克，这一切都"破坏"了西线的胜利。

这表明，德国军方完全局限于自身的战场视野，对希特勒的世

---

① 此处系援引，这个"他"指哈尔德本人。——译者

界多么无知。他们不了解，希特勒从不放过任何一个将英国拉到自己一侧的机会。这种不了解首先是因为希特勒在他的将军们面前有意克制其政治设想。这导致在敦刻尔克出现一幕怪诞场面：希特勒发出的中止令——不同于惯例，以明语发出，有意给收到讯息的英国人机会，让他们的远征军经英吉利海峡撤离，与此同时，希特勒的海军和空军仍在竭尽全力阻止挫败英军的逃跑。英国和法国实施"迪纳摩计划"①，向英吉利海峡派遣了所有能使用的舰船，以完成撤退行动。德国海军的行动能力十分受限。当 800 多艘舰船参与的撤退营救行动临近结束，海峡上空形势明朗，空战战场逐渐拉开。在空战中，盟军损失 9 艘驱逐舰和大量小型船只，但总共有 338228 人得到营救，其中 85% 是英国远征军，12.3 万是法国人。

可能是为了平息将军们的恼火情绪，希特勒不久后即视察 A 集团军群总司令部，解释了他的动机。伦德施泰特（当时不情愿地执行了希特勒的命令）曾于 1949 年初致信瓦尔利蒙特谈及此事，说希特勒是这么解释的，"让英国军队溜走，他原本希望能更快与英国达成一致"。[17] 之后，在一个极小范围内，希特勒又说："军队是英格兰和帝国的支柱。我们如果击溃了入侵力量，帝国就崩溃了。可是我们既无意愿，也无能力继承其遗产，我们还是要给英国机会。我的将军们根本不懂！"[18] 恰恰是希特勒让英国继续保留了国防力量的核心。四年后盟军攻入法国②，英军卷土重来。

1940 年 5 月 10 日，英国组成各党精英参加的联合政府，丘吉尔

---

① 即敦刻尔克大撤退。——译者
② 指 1944 年 6 月盟军在法国诺曼底登陆。——译者

出任新首相。敦刻尔克奇迹给英伦半岛带来强大的心理影响。丘吉尔认为撤退并不等于战争获胜，但营救本身是成功的，被广泛视为胜利，增强了英国的意志和忍耐力。丘吉尔——这位唐宁街 10 号的新主人挑起英国重担具备良好开端，他在下议院首次以首相身份讲话称，他没有别的，只有把"热血、辛劳、汗水和眼泪"献给大家。[19]从此英国内政吹来一股新风。根据一部特别法，5 月 23 日莫斯利以及英国法西斯和民族社会主义者联盟的成员被监禁，之后联盟被取缔。

5 月 28 日，比利时向德国投降。6 月 5 日对法国的真正战争才开始，拉昂至大西洋的宽广地带成为进攻区域。4 天后，德军跨越塞纳河。6 月 11 日，德国跨越一战的"命运之河"——马恩河之后，挥师瑞士边境，剑指已被包围于马奇诺防线的法军。对贡比涅的进攻暂时陷入停顿，对香槟行省地区的进攻则顺利推进。象征法兰西巍然自主、在一战中曾奋勇厮守的凡尔登要塞于 6 月 15 日陷落。而此前一天，德军攻入巴黎。以菲利浦·贝当元帅（Philippe Pétain，1916 年凡尔登战役的法国防御传奇）为首的法国政府躲避至波尔多，请求停火。丘吉尔和罗斯福呼吁法国坚持到底，曾许诺给予丰厚物资支援，但都已成空响。法国战败，阵亡 9.2 万，被俘 180 万。

德皇威廉二世的军队曾在西线苦战四年未胜，如今国防军凭借现代化的武装只花了五周时间就拿下法国。这份"功绩"除了希特勒无人配领。希特勒为这一历史性时刻所深深感动，凯特尔称其为"所有时代的最伟大统帅"，帝国从不利的战略中间地带被解放出来，这在历史上属于首次。就连平常对元首能力持保留态度的陆军总司令部，亦开始大加赞扬元首的战略天赋。国内本土的德国人更是如此。从前线归来的希特勒在全城戒严的柏林受到如同上帝般的热烈欢迎。此次对法战争，德军牺牲 4.9 万名士兵，德国人对希特勒的拥护达到了前所未有的顶峰。

希特勒自己处于飘飘然狂喜之中。他的种族斗争理论仅仅实现了一个阶段，但他已爬到权力和荣誉的巅峰。贡比涅和凡尔赛的耻辱一笔勾销。让战败者在当年埃尔茨贝格尔签署协议的同一地点、同一节车厢签署停火协议，这个想法希特勒很早就有了。与 1918 年 11 月 11 日一样，1940 年 6 月 21 日以查尔斯·亨茨盖（Charles Huntziger）将军为首的法国代表团在签字仪式上受尽羞辱。凯特尔宣读了停火（投降）条件。之后，希特勒一言不发地站起身，步出了车厢。

按照希特勒的设想，法国作为国家以及其海外殖民地的核心领域都得以维持。法军武装力量规模缩减至 10 万，但不要求交出舰队。裁减后的法国海军不得站在英国一边，但实际上，停靠于土伦港、米尔斯克比尔港（位于阿尔及利亚的奥兰）的法国舰队大部并不在德军进攻范围之内。为构筑对英国的西欧大陆防线，整条法国海岸线直至西班牙边境均由德军占据。此外，意法停战协议签署后，德法停火才生效。德国还事实上吞并了阿尔萨斯-洛林。

法国和英国已经落败，法西斯意大利还是于 6 月 11 日向两国宣战。墨索里尼看到德军无往不胜，热情地贴靠希特勒，谋求分享战争红利。他不想认真地打仗，却想着尽快分得战利品，同时也预测英国会妥协。若要等到 9 月，一切都晚了。宣战前，意大利参谋总长彼得罗·巴多格利奥（Pietro Badoglio）曾提醒墨索里尼，意大利现有武器装备不足，墨索里尼对他说：意大利需要"牺牲千把人"，这样他才能"作为战争领袖坐在谈判桌旁边"。[20]

墨索里尼明白，意大利经济实力不足，地缘战略环境不利，都掣肘着他在地中海扩大势力范围。二战爆发时，意大利 84% 以上的进口经海路，其中直布罗陀海峡占 54%、苏伊士运河占 5%。这两个战略要地，还有"不沉的航空母舰"——马耳他都在英国人手上，地中海东部还有英国的基地。罗马对自己军力显然没有信心，担忧英国海军切断其原材料运输线，进而威胁亚平宁半岛的漫长海岸线。

1939 年 5 月，墨索里尼曾同纳粹德国缔结钢铁条约，此举改善了意大利构筑地中海帝国的基本环境。现在，法国已基本出局，英国忙于应对德国威胁，墨索里尼着手抛出他的宏伟目标倡议，并笃信他的战事很快就能结束。1939 年 2 月，他就向法西斯大委员会勾画了设想：必须砸掉"意大利牢房的门闩"——从科西嘉岛、马耳他、塞浦路斯直至突尼斯，"要么假道苏丹、利比亚和埃塞俄比亚直捣印度洋，要么穿越法属北非开进大西洋"。[21]

意大利对法国宣战与希特勒心中的计划不相符，后者担心罗马在北非向法国提出过分的领土要求，进而打乱他对今后法国的安排设想。希特勒好说歹说让墨索里尼推迟提出他的要求。造成的后果是，贝当已请求停火，意大利王储翁贝托（Umberto）仍率领两支军队挺进法国防守薄弱的阿尔卑斯前线。不过，没前进几公里，就遭到惨重损失。在战场上所得甚少，意味着所获战果也甚少，1940 年 6 月 24 日意法在罗马达成停战协议。

西线战争出人意料大胜。自德法停战协议生效后的第二天，希特勒俨然成为欧洲大陆的主宰。他派出的帝国民事专员统治着荷兰和挪威。比利时以及法国被占区由德国军政府管理。以维希为首都的法国其余部分被迫听令于柏林，包括美国和苏联在内的多数国家承认其为合法政府。弗朗哥的西班牙对德国奉行友好的中立。意大利是战友，却是很成问题的战友。① 德国很快就明白，地中海就是"轴心国"的阿喀琉斯之踵②。

关于"解决犹太人"的问题，希姆莱再度激活了一个方案，即埃维昂会议上曾讨论过的将欧洲犹太人放逐至法属马达加斯加岛。1940年5月29日，这位党卫队领袖曾向元首当面陈述，他"从内心深处坚定拒绝采取布尔什维克式方法以物理手段灭绝一个种族，这么做是非日耳曼的，也是不可行的"。[22] 希特勒同意了。奴隶般听命于元首的戈培尔同希特勒交谈后确定："晚些时候，我们就把犹太人装运至马达加斯加。他们可以在那儿建立自己的国家。"[23]

帝国保安总局联手外交部共同制定相关的计划，负责人是希姆莱的副手——赖因哈德·海德里希③，主要执行者是阿道夫·艾希曼（Adolf Eichmann）以及弗兰茨·拉德马赫（Franz Rademacher）——外交部"犹太人处"处长。根据拉德马赫于1940年7月2日提出的计划，法国（维希）政府将把马达加斯加交给德国，该岛今后将作为"犹太人居住地"，由一名德国警察局长（党卫队成员）任该岛最高长官。设想中这将是一个超大的犹太人区，能收留除波兰犹太人以外的约400万信仰犹太教的欧洲人。这份名为"和平条约中的犹太人问

---

① 意大利经济实力及军队作战能力均不及德日，是"轴心国"同盟的较弱一环。戈培尔在日记中写道："（意大利人）不适合在东部战线作战，他们不适合在北非战场，他们甚至不能胜任国内的防空作战。"希特勒实际上对墨索里尼也并不信任，但是形势使他没有选择余地，环境逼使他选择和支持墨索里尼。——译者
② 阿喀琉斯，荷马史诗中的英雄，因为脚后跟是其身体唯一一处没有浸泡到冥河水的地方，成为他唯一的弱点。后来在特洛伊战争中被毒箭射中脚踝而丧命。现引申为致命的弱点或要害。——译者
③ 赖因哈德·海德里希（Reinhard Heydrich，1904—1942），帝国保安总局局长，帝国情报战和间谍战的主要负责人。1941年9月任帝国驻波希米亚和摩拉维亚摄政。希特勒对其寄予厚望。1942年6月被捷克爱国志士伏击，不治身亡。之后，纳粹对捷克展开疯狂报复。——译者

题"文件的出发点是（正如文件内容所透露），德国在战胜法国后需先与英国达成和平谅解，之后才有落实文件的可能。

对欧洲大陆的新现实，伦敦会做何反应？1940年的那个夏天，英国和美国确实有过接受希特勒既成事实的想法，但反对声越来越强。依托议会和民众的支持，丘吉尔坚定决心要同德国抗争到最后一刻。他说，一千年后，如果大英帝国还继续存在，人们会说，这是帝国史上最伟大的时刻。丘吉尔得到了盟友的支持。1940年6月25日，戴高乐在伦敦建立"自由法国全国委员会"，担任自由法国武装部队总司令、国家防务委员会主席。8月，维希政府缺席审判戴高乐死刑，丘吉尔则向戴高乐承诺保障法国及其所有产业、领地的持续生存，还承担自由法国运动的活动费用。

同罗斯福的关系，对丘吉尔来说无比重要。不过，美国并非毫无保留支持英国的政策。随着德国不断取得胜利，美国高层要求放弃英国的声音高涨。美军参谋长联席会议主席乔治·马歇尔（George C. Marshall）曾要求总统，将美国军事力量限制于确保西半球和太平洋的安全。考虑到当时的美国并没有实施义务兵役制，全国可参战的力量仅有5个师，马歇尔的观点是可以理解的。然而，罗斯福自有主张。6月中旬，他向国会提交舰队扩充法案。美国海军应足以强大至有能力于同时在太平洋、大西洋作战。美国向英国迅速援助了50艘旧驱逐舰，同时两军总参谋部开始秘密协商，制定共同应对德国的战略。作为交换，伦敦把它在加勒比海和英属岛屿的舰队基地供美国使用。

此时华盛顿的所谓中立仅存于纸面上。丘吉尔进而宣布，自挪威北角至西班牙一带实施海上封锁，以此向美国展示英国坚定作战的决心。他还命令地中海英国舰队同意大利开战。1940年7月初，强大的英国舰队对锚地于米尔斯克比尔港的法国舰队突然实施攻击，导致1100多名法国海军官兵丧生。对英国尤为重要的是，它暴力占有了法国150多艘战舰，它们当时停泊于朴次茅斯、普利茅斯、库希、法尔茅斯和丹迪等英国港口。法国维希政府随即与英国断交。

1940年7月19日，希特勒授予戈林帝国元帅衔，擢升12名将军为陆军元帅。当天，他还发表演讲呼吁和平，更多针对其国民和国内的政治对手，而并非指向英国首相。戈培尔写道："希特勒想给英国最后一个机会。"[24] 希特勒称之为"对理智的呼吁"。希特勒说，丘吉尔也许认为，一个世界帝国将要被摧毁。"消灭一个世界帝国，哪怕仅是损坏，从来都不是我的意图。"[25] 此时此刻，他深感有义务并从良心出发再次呼吁英国。他认为，没有任何理由将这场战争强加于英国。这些话体现了希特勒最深层的所思所想。继续战争将不可避免地导致英帝国的沉没，这是德国独裁者确实不愿看到的。他的战争目标在东方。

从1940年夏天丘吉尔的视角看，结果当然完全不同。丘吉尔深信，与德国达成谅解安排就是宣告英国世界强国地位的终结。丘吉尔之所以拒绝希特勒的诱拉，后者个人因素或德国是独裁国家的原因是次要的，只是到后来，丘吉尔才对希特勒有了厌恶感。1937年秋天，丘吉尔在报纸刊登文章称："人们可以不喜欢希特勒的制度，但是可以钦佩他的爱国成就。如果英国有朝一日被打败了，我希望我们也能像德国一样成为一个无法制胜的冠军，重塑我们勇气，重归我们在世界上应有的地位。"[26] 长期促成这位英国首相与斯大林合作、坚定抗击德国的并非希特勒的种族政策，而更多是德国威胁到英国"势力均衡"的外交基本准则。英国外交大臣顾问罗伯特·范西塔特（Robert

Vansittart）描述得更为极端："……75年来，德意志帝国及其帝国理论一直是世界的诅咒。如果这次不把它消灭，以后我们就无法将其消灭，被它消灭的将是我们。我们的敌人是德意志帝国，不光光是纳粹……利用任何机会达成妥协的时代过去了，我们必须战斗至最后一刻，真正的最后一刻。"[27]

1940年7月19日，英国王室也坚定拒绝了德国的和平提议。希特勒不愿相信他同英国达成谅解的期待再一次落空。周围的人开始等待这位"所有时代最伟大的统帅"将会如何"惩罚"英国，所有人都在说决战就要来临。在帝国议会演讲的前三天，希特勒以坚定信心下达了"海狮行动"命令，即登陆英伦半岛。实际上，他实施这一行动满不情愿，在他看来，使英格兰人这个"健康"种族腐烂的其实是那些共济会成员和犹太人。此外，一般情况下，他还厌恶海战。挪威海战已让德国损失惨重，对英国海战只会雪上加霜。只要英国控制着英吉利海峡和北海的海权，德国就不具备取胜的前提。归根结底，这不是希特勒想要的战争。

此时的希特勒束手无策。他虽然成功打破了欧洲中部的藩篱，但从其世界种族斗争理论看，德国还是被以犹太人为首的敌国团团围住，改变这一局面的前景日复一日地渺茫和悲观。凭借经济实力增长，美国正在扩充军备，同时还协助英国加强军备。资源极其丰富的苏联对德国也形成了威胁。从一战的历史经验出发，斯大林原本预测资本主义世界将陷入一场持久消耗战，他对德国迅速击溃法国深感震惊。赫鲁晓夫在回忆录中写道，当得知法国投降时，斯大林差点得了躁狂症。他担心英国贵族与希特勒妥协，使希特勒再无后顾之忧，开动全套战争机器对付苏联。然而，要想战胜德国，斯大林需要时间。

苏联尚未做好战争准备。

在祝贺希特勒战胜法国之后，斯大林的应对之道是，让资本主义国家相互开火，延长他们之间的战争。以此为导向，克里姆林宫的这位格鲁吉亚人对英国人态度较之前热情了。当全世界密切关注于希特勒对法国战争之时，斯大林已下令红军占领拉脱维亚和爱沙尼亚，包括立陶宛的边境地带，而根据1939年9月德苏条约，这些地域均应为德国领土。在南方，莫斯科又吞并了比萨拉比亚位于罗马尼亚东部的领土以及布科维纳北部，从而逼近罗马尼亚普洛耶什蒂附近的油田，后者对德国推行战事具有生死存亡的意义。这一切还不够：斯大林对芬兰提出新要求，并在西部边境集结大军。

希特勒渐渐感到不安，他认为苏联进攻罗马尼亚油田甚至他的帝国，这种可能性是存在的。从6月开始，希特勒将部分陆军军团调遣至东部和东南部。7月，他开启了同匈牙利、罗马尼亚和保加利亚三国政府的谈判，试图缓解地区利益冲突，而此时，刚好碰上这三国试图邀请克里姆林宫介入本地区事务。

1940年7月，被种族理念驱使的希特勒脑子里形成了坚定想法：他那场对苏联的消灭战在时间上不宜太迟，它将是一场空前绝后的大赌注，让此前的一切都相形见绌。以前，为实现这一本真目标，他一直主张先与英国达成谅解，但现在他反过来愿意忍受开辟第二战线，先战胜苏联，接着再对付他的理想伙伴、剩下的大陆斗士——英国，最终迫使英国同德国达成渴望甚久的谅解安排。1940年7月31日，在无比惊讶的将军们面前，希特勒陈述了他的看法："英国的希望在于俄罗斯和美国。如果俄罗斯这个希望崩塌，对美国的希望也会崩塌，因为俄罗斯的崩塌会导致日本地位极大地升高……只要俄罗斯被击溃，就等于英国的最后希望破灭。德国就是欧洲和巴尔干的主人。结论是：在这场争斗中必须要解决俄罗斯。"[28]

希特勒的决定，已别无选择。他说服自己相信，俄罗斯军队实力不济。一战期间，沙皇军队被威廉二世的陆军打败，德国人缔造了坦能堡神话[①]。1919—1920 波俄战争期间，毕苏斯基的军队艰难战胜了红军。1939—1940 苏芬冬季战争，红军又输给了曼纳海姆元帅和他的战士们。也就是说，苏联连小小的斯堪的纳维亚国都赢不了。希特勒确信，在西线取得划时代的胜利之后，德国国防军将彻底捣碎"斯拉夫劣等种族"的军队以及他们的犹太-布尔什维克专员。

陶醉于对法国的历史性胜利，大多数将领和陆军元帅起初跟希特勒持同样的观点。如果此时有人敢拒绝追随希特勒，那真是一鸣惊人。陆军总司令部着手酝酿世界史上最大规模的军事行动——"奥托"计划。法国战争之后，希特勒被视为天才统帅和战略家，将军们纷纷服从于他的指示。在二战进入关键阶段之际，这位狂赌成性的世界阴谋理论家前所未有地有权有势、随心所欲。

根据希特勒的设想，东线战争欲取得成功，完全取决于时间因素，涉及两个层面：一是相关战争必须跨越宽广地域，不能延宕。帝国和国防军无论在东线，还是在西线都打不起消耗战。同波兰、法国一样，必须以闪电战方式在几个月内击溃这个"犹太-布尔什维克死敌"。二是相关战争必须尽快进行，抢在美国积极参战、支持英国之前。起初希特勒甚至准备 1940 年就发动侵略，不过鉴于此项行动的

---

① 坦能堡，现属波兰，名"斯泰巴尔克"。坦能堡一役指 1914 年 8 月，兴登堡指挥德军在此役中战胜俄罗斯军队。——译者

规模性，经与将军们协商，希特勒很快又同意进行更长时间的战争筹备。由于俄罗斯的严寒冬天，进攻时间最终确定于1941年5月。其间，又发生了许多事情。最高统帅部和陆军总司令部内部期待，在对苏联发动战争之前，能够成功结束西线战事。

第四章　英格兰之战

（1940年6月至1941年6月）

> 希腊很快就能解决，之后就有可能给我更多的援助。埃及的战争才刚刚开始。
>
> —— 埃尔文·隆美尔，1941年6月22日

从希特勒的关注重点东移，至德国发动对苏战争的这段时期，德国推行一种即兴而为的战略。所有举措首先围绕着英国而展开。希特勒一如既往固守于那套教条的纲领性理论，即与英国达成某种利益安排。只要能完成该目标，对苏联战争正式开启之前可能给德国招致的一切，希特勒均持开放态度。此时，海军部和陆军总司令部都锁定了英国这个顽固的敌人。陆军高层要求尽快从英国多佛至莱姆里杰斯的整个南部海岸线登陆英伦（筹划甚久的"海狮行动"），海军部则认为，英国海军优势强大，德国海军没有能力完成该行动，转而选择英吉利海峡最狭窄地段，在多佛港附近登陆。陆军参谋总长哈尔德勘查了实际地形后，以嘲讽的语气表示，"香肠机就能把我们的军队给绞成碎肉"。[1]

"海狮行动"的实施前提是德国对英国南部作战区域要占有制空权。戈林大吹牛皮保证没有问题。希特勒本来就无意入侵英国本土，但是他赞成对英国实施海空攻击。1940年8月1日，希特勒颁布第17号命令，要求摧毁包括地面设施、后勤体系及航空军工业等在内

的英国追踪防御网。在削弱英国制空权之后，德军可以轰炸英国港口，特别是储存食物的场所，但不得轰炸居民住宅区。命令也特别强调，保留以"恐怖攻击作为报复"英国的权利。

在法国西北部和比利时的军用机场，德国集结了三大航空舰队，共2300架飞机。1940年8月12日，德国空中进攻拉开帷幕，英国皇家空军奋力还击。8月20日，丘吉尔在下议院讲话称，"这么多的人感谢这么少的人付出这么多"，这世界战争史上还从未有过。[2]他大加赞扬空军飞行员的无畏英勇。英国空军之所以有充足的底气，完全是出于理性的考量：德国的飞机并不适合战略型空战（而此后盟军就给德国上了一课），既没有配备四部发动机的重型轰炸机，也没有可在作战区域上空发挥保护作用的远程歼击机。英国具备有效的雷达体系，其追踪防御体系还包括逾800架喷火式、飓风和无畏式战斗机。德国配备了装有一至两部发动机的轻型亨克尔和容克轰炸机，很容易就成为英国人的打击目标。德军损失惨重。尽管展示了大无畏精神，戈林的空军始终无法击溃英国的空中防御。时间绝不会等待德国空军。原本德军还占有数量优势，随着英国和英吉利海峡上空战争的不断推进，两支空军力量对比每天都发生着变化。英国空军的生产力不断提升。空战期间，从各自生产基地制造的飞机数量，英国是德国的两倍。

这场英国空战，既没有达到入侵英国的理论性前提，也没有促成英国与德国达成和平，完全适得其反。德军几颗误扔至伦敦市区的炸弹又促使丘吉尔下令对柏林进行空袭。1940年8月25日以后，皇家空军多次空袭帝国首都。希特勒起初反应克制。9月6日，他转而宣称要"抹去"英国城市。先是夜袭伦敦，之后又扩大至考文垂、谢菲尔德和南安普敦等其他城市，持续了将近十周。先是轰炸机群进攻，因损失惨重而中止，后改为小规模机群的零星攻击。

希特勒对戈林颇为失望，只得"无限期"推迟"海狮计划"。实际上，这一计划从未被认真斟酌过。丘吉尔重点推进战略轰炸机群的建设，他宣称要把德国炸成不毛之地。城市空战现在回转至德国境内。英国取得空战胜利后，认为不用再担心英国本岛被侵略，战时内阁决定在欧洲的南翼采取主动进攻态势，目标重点是意大利。1940年7月初，英国地中海舰队已同意大利海军在庞塔斯提洛首次交战。伦敦相信强大的德国国防军迟早会插手该地域战争，由此着手在地中海进行消耗战，以备今后牵制德国。这一行动充分体现了大英帝国海军的传统，它决定了丘吉尔未来几年的战略。

1940年8月底，当希特勒关注欧洲南部外围形势时，他同时还在寻找机会，通过有针对性的空中打击使其理想伙伴（英国）"恢复理智"。只要有一线机会将英国"轰炸至接受和平"，希特勒就不会考虑在地中海推行军事行动。这么做也是出于照顾墨索里尼的敏感性，以及为了确保法国维希政府在北非和西非继续奉行中立地位。希特勒的准则是"战场的分隔线是阿尔卑斯山脉"。[3] 8月30日他又申明，在直布罗陀海峡问题上，意大利计划进攻埃及，派遣两个德国坦克师前往支援是合适的，"要完全剥夺英国在地中海的强国地位"。[4]

最高统帅部作战局局长约德尔的战略考虑也强化了希特勒的想法。希特勒担心陷入双线作战，有意集中力量对付苏联，于是约德尔建议将"海狮行动"战场转移至欧洲南部外围。约德尔的基本思想是，同英帝国的战争，德国要利用那些"乐见英帝国崩溃并趁机继承其丰厚遗产的国家"。[5] 和元首的一厢情愿类似，约德尔也认为，德军在苏伊士运河布满水雷、占领直布罗陀海峡后，1941年春英国将会被迫投降。

1940年9月初，约德尔在希特勒的授意下向意大利驻德使馆武官打出合作方案：派遣一个德国军团参与意大利的北非战争。但是，墨索里尼出于宣传目的，想继续搞一场平行战争。1940年9月13日，意大利进攻埃及。意军几乎未遭遇英军任何抵抗，五天后在利比亚—埃及边境以东90公里处，进攻又停住了。墨索里尼认为已不需要再做什么了，完全寄托于希特勒的担保，也就是英国很快就会认输。只要有大英帝国的损失为基础，法西斯意大利在地中海的地位就可以安然无恙。

最高统帅部考虑向意大利提供军事支持，海军部为此制定了打击英国的计划。受完全错误的前提引导，他们于夏末出台了一套新的海军作战战略。其基本思想是在地中海和大西洋两者之间交替作战，也就是说，地中海战争应牵制强大的英国海军舰队，进而改善大西洋的作战环境。按此战略，意大利、维希法国都要加入同英国的海战。这一战略还主张，德国须占领直布罗陀海峡，维希法国应占据达喀尔和卡萨布兰卡，将加拿利群岛用于舰队基地，最终与英国决战，斩断其大西洋动脉，灭除其抵抗意愿。海军部的这一战略被确定为德国东方计划的替代方案，然而，海军高层没有看清楚，希特勒的真正目的是对苏联发动战争。

此时，希特勒有意重新靠近日本，此举受到雷德尔最热烈的拥护。希特勒-斯大林协议缔结后，日本主动疏离欧洲舞台，尤其与德国保持距离。[①] 1940年7月近卫文麿继任首相、松冈洋右担任外相

[①] 日同德签署《防共协定》，本以苏联为潜在敌人。但德苏签署互不侵犯条约，令日本极度震惊，自觉被德国耍弄。——译者

以后，这一局面得以改变。东京有兴趣与德国结盟。德国对法战争获胜，并同英国交战，日本自认为环境对其有利。日本将在"天皇之路"上继续向前迈进，将接管法属印度支那以及荷属东印度，继承英帝国的遗产。

大英帝国，准确地说是英属马来亚、婆罗洲、缅甸、澳大利亚和印度，正在沦为"黄种人"的战果，这让种族主义者希特勒深感可怕。可是，1940年9月27日德国、日本和意大利三国签署的军事同盟条约又对他具有重大意义。[①] 这个远东的君主帝国既可以在东亚压制英国，还能同美国形成抗衡。这样，希特勒和海军部一致认为，美国海军在大西洋、太平洋两洋作战，势必不堪重压。雷德尔和海军部都认为海战的条件大幅改善，希特勒则指望赢得更多时间，也就是在美国出现在欧洲战场之前，于1941年结束对苏联的战争。如果制服了英国这一"最后的大陆斗士"，德国几乎一定能与英国达成谅解，所有问题均可迎刃而解，对此希特勒深信不疑。

德日意三国同盟的援助义务是严重掺了水的，其意义更多在于鼓动宣传。对仇恨英国的里宾特洛甫而言，该同盟只是他外交布局的一部分。希特勒始终教条地固守其种族理论，里宾特洛甫在其英国之行失败后就认识到，德英利益不可能和谐一致。完全基于权力政策的考量，里宾特洛甫主张打造一个"由曾经与英国海权发生冲突的所有

[①] 又称《三国轴心协定》，主要内容：日本承认并尊重德、意在欧洲建立新秩序的领导权，德、意承认并尊重日本在"大东亚"建立新秩序的领导权；三国保证如缔约国一方受到目前未参与欧战或中日"冲突"中的一国攻击时，应以一切政治、经济和军事手段相援助；上述条款毫不影响各缔约国与苏联现存的政治地位。至1941年6月，匈牙利、罗马尼亚、斯洛伐克、保加利亚和克罗地亚等国也相继加入该条约。——译者

大陆国家组成的反英同盟"。⁶ 一个从马德里至横滨的大陆板块阵营，在世界舞台上与盎格鲁-撒克逊海洋强国形成对抗。

从1939年8月开始，里宾特洛甫一直致力于打造由德国、日本、意大利和苏联组成的四国联盟。按照他的设想，这四国就是大陆板块阵营的核心。诺门罕边境战役①之后，苏联和日本虽达成停火协议，但两国在中国的利益矛盾不可调和，苏联也始终没有加入联盟。希特勒对组建四国联盟倒是抱有兴趣，帝国外长穷尽手段欲将苏联纳入反英阵线。德意日三国同盟缔结后，斯大林再度产生苏联被包围的戒惧。里宾特洛甫尝试予以驱除，引导苏联向南面扩张，进而解除苏联和日本在远东的利益冲突。为此，里宾特洛甫毛遂自荐，愿在苏日之间展开斡旋。1940年10月2日，他又向访问柏林的莫洛托夫明确保证，德意日三国同盟不影响德苏关系。

然而，里宾特洛甫并没有认识到，希特勒有多么执着于其入侵苏联的战争计划。里宾特洛甫倾向于认为，只要创造了前提，就能将苏联长期纳入其大陆板块阵营。希特勒则仅仅视四国联盟为一个过渡性解决方案，其功能是在发动事关世界大战全局的对苏战争之前稳住苏联，并以苏联为工具向英国施压。

大陆板块阵营的西侧支柱由意大利、维希法国和西班牙组成，为确保其稳定，需要在三国间达成利益均衡。希特勒对此心知肚明，而要达到这一目的，他只能设计一个承诺满满、牺牲地中海其他沿岸国

---

① 又称诺门坎战役，于1939年在当时的伪满洲与蒙古的边界诺门罕发生，日、苏双方军队分别代表伪满洲国及蒙古交战，但日、苏双方并没有向对方正式宣战。战事以日本关东军失败结束。日、苏双方此后在二战中一直维持和平状态，直至1945年8月美军在日本广岛投下原子弹后，苏联于8月8日向日本宣战。——译者

利益的"惊天骗局"。于是，希特勒同上述三国元首举行各种会晤。1940年10月4日，希特勒与墨索里尼在布伦纳共同举行了首轮会谈。正如预期，墨索里尼重申了对法国的领土要求，这一诉求实际上阻碍了维希政府彻底倒向纳粹德国，但希特勒仍装出一副开放的态度。10月22日，希特勒在莱-卢瓦尔河畔蒙图瓦尔召见勾结德国的主要拥护者、维希政府副总理——皮埃尔·赖伐尔（Pierre Laval）时，给后者一种假象，只要法国参与作战，其殖民地现状就不作改动。

西班牙的弗朗哥同样觊觎法国的殖民地。10月23日，希特勒又同他在法国、西班牙边境小镇昂代伊会晤。除要求获得"法国-加泰罗尼亚"（鲁西永地区）之外，弗朗哥还希望得到比利牛斯山的奥朗、法属摩洛哥以及法国海外领土。希特勒假意作出让步，正如他此前会见西班牙外长塞拉诺·苏涅尔（Serrano Suner）时一样，弗朗哥政权虽然对希特勒的"宏伟方略——在欧洲-非洲地区实行某种门罗主义"持开放态度[7]，但始终拒绝就如何与"轴心国"并肩战斗进行具体化。希特勒建议西班牙加入三国同盟、钢铁条约，在占领直布罗陀海峡后积极参与对英作战，均被弗朗哥一一回避。这位独裁者一直在观望"轴心国"与英国战争的最终结局，谁获胜，他就倒向谁。

与弗朗哥谈判成功的幻想破灭，希特勒满腹怒气，转而寄望于法国贝当元帅。10月24日，希特勒同他在蒙图瓦尔会晤。希特勒给予了这位凡尔登的防御者一定的尊重。当年9月底，英国人对维希法国在达喀尔的舰队基地发动进攻，并企图帮助戴高乐的部队登陆西非，但行动遭遇失败，考虑到上述情况，希特勒错误地认为维希政府与英国的关系跌入了新的谷底。双方在蒙图瓦尔看似有望达成谅解。然而，贝当对双方合作仅表示原则支持，拒绝视为"约束性义务"。参加会见的赖伐尔副总理补充认为,还有"其他途径"可使法国与德国"进行有效合作",这些途径"最终能取得同两国具体合作一样的结果"。[8] 维希法国到底是否同"轴心国"并肩作战,贝当、赖伐尔两人立场明显不同,并未对希特勒亮明底牌。但希特勒从会谈中已得出结论,贝当元帅"原则上"表示今后愿意与德国携手对英国作战。事实上,这位元帅抢在了弗朗哥的前面,与希特勒会晤的同时,他又派人与英国政府进行谈判。

德国方面对蒙图瓦尔会晤的积极评估,实际上更多是一厢情愿,但它促使墨索里尼立即行动,因为在德国与维希法国达成一致安排后,他担心意大利会落入不利境地。未等消除墨索里尼的疑虑,希特勒得到了意大利已于1940年10月28日进攻希腊的消息。墨索里尼这么做,暴露了其隐藏的意图,即意大利没有能力把同英国这场大规模的"平行战争"进行到底,只不过为了彰显意大利法西斯领袖、未来罗马新帝国主宰的声势,他选择对小小的希腊动手,为此早在8月就开始筹备,换而言之,意大利只是卷入了一场局部的一对一战役。

对墨索里尼这一专断行为,希特勒颇为恼怒,但又不得不将意大利这场局部战役纳入更大规模的战争范畴,即一方是德国和意大利,另一方则是英国在地中海东部的势力集团。希特勒跑到佛罗伦萨同墨索里尼会面,提出方案:抢在英国人之前,德国派出空降部队先占领希腊南部的战略要地,特别是克里特岛,离该岛不远就是对德国推行战争具有重要意义的罗马尼亚油田。然而,墨索里尼希冀对希腊取得一场快速、有巨大宣传效应的胜利,并不理会希特勒提出的方案,显然他也不愿意看到德国在阿尔卑斯山以南的影响力扩大。

墨索里尼的单打战略、弗朗哥的骑墙两面派以及贝当的不堪大用，让希特勒感到在三国之间实现利益平衡实非易事。1940年11月中旬，苏联外长莫洛托夫访问柏林，又给德国平添了更多困难。苏联并不愿冒着侵犯英国利益的风险向印度次大陆扩张。莫洛托夫在柏林向里宾特洛甫、希特勒两人重点要求的是，苏联要深入中欧，扩大利益范围。斯大林不再满足于占有芬兰、罗马尼亚、保加利亚和土耳其海峡，现在他想获得匈牙利、南斯拉夫、波兰西部以及波罗的海出海口。

斯大林的谋略是让资本主义强国在长期消耗战中自我折损。此时，他也要避免向西方世界发出苏联将与纳粹德国继续合作的信号。1940年11月5日，罗斯福再次当选美国总统，斯大林寄望于美国能尽快加入战争。两个盎格鲁-撒克逊强国一致对德国作战，也加剧了德国对莫斯科的依赖。莫洛托夫在柏林的登台表现以及苏联提出对中欧的利益诉求都与此吻合。

即便如此，斯大林依旧排除了纳粹德国冒险进行双线作战的可能性，仍然认为希特勒同他一样都属于精于利益计算的政治强人。斯大林加速了红军的现代化，将大批军队集结于西线和西南边境，这都是着眼于未来与德国进行大规模作战的筹备。对这一点，斯大林的认识是清醒的，但他同时认为，苏德战争要等到德国与盎格鲁-撒克逊世界的战争分出最终胜负后才会来临。只要希特勒帝国的力量大受削弱，他的红军就可以直击欧洲心脏。德国入侵苏联无疑不会是预防性战争[①]，自20世纪20年代以来，发动对苏战争就是希特

[①] 此处指纳粹德国在未受到苏联武力攻击时，以自卫名义对苏联挑起的武装冲突或发动的战争。——译者

勒固有的种族意识理念。

莫洛托夫 11 月访问柏林前，希特勒告诉他的将军们，苏联才是"欧洲的问题所在"，因而必须竭尽全力，"做好与之大清算的准备"。[9] 莫洛托夫代表团离开柏林后，希特勒向其陆军副官格哈德·恩格尔（Gerhard Engel）透露：他原本就对莫洛托夫之行不抱任何期待。[①] 他还谈及如果允许苏联进入欧洲，意味着"中欧的灭亡"[10]。从希特勒的言语中，流露出对"犹太-布尔什维克死敌"的躁狂式恐惧，正如其早期政治生涯一样。1940 年 12 月 18 日，希特勒签署"第 21 号令"，代号为"巴巴罗萨计划"的入侵苏联方案，要求国防军在对英战争未结束之前做好"快速消灭苏俄"的一切准备。[11]

然而，陆军总司令部从未真正地将苏联视为敌人。对波兰的军事行动，陆军高层最后还是服从了元首意志。占领法国后，高层洋溢着胜利的狂喜，但关于苏联战争，大家的理性判断还是占了上风，认为德国还处于一个全局性的战略困境。军事将领们视斯拉夫人为"劣等民族"，但大多数军事参谋并不赞成开辟规模庞大的东部战线，认为这违背了军事作战的所有原则。布劳希奇认为希特勒的想法如此荒诞，以致他委托恩格尔"搞清楚，元首是否真的要对苏联采取军事运动，还是仅仅在虚张声势"。[12] 这位陆军总司令后来被告知：元首从来就没有把同苏联结盟当一回事，"双方的世界观差异如同深不见底的深渊"，元首保留着所有决定选项。[13]

陆军总司令部尝试理解希特勒对苏联行动的真正意图。总参谋

---

① 莫洛托夫访德使希特勒认识到他无法满足斯大林的高要求，进一步坚定了入侵苏联的决定。他对身边的高级军事首脑说："斯大林真是精明狡猾，他要求的东西越来越多了。他是一个冷酷无情的讹诈能手。"——译者

长哈尔德大将的记录写道："巴巴罗萨：意图不明。我们尚未击垮英国人。我们的经济基础未有实质改善。西线的风险（！）不可低估。"[14] 但是，这些异议没有任何效果，将领们万分谨慎，宁愿相信类似对法国战争的天才杰作会再度出现。他们自我贬格，沦为一个军事半吊子的帮凶。与战争结束后出现的论调相反，将领们不仅与希特勒共同谋划，而且大力推动对苏战争的大赌注，连道义上的保留也无人敢提。

欧洲南部边缘的发展形势迫使哈尔德于1940年12月向希特勒上呈建议：搁置对苏联军事行动，转移作战重点。从全局战略看，哈尔德的建议完全是理性可取的，但遭到希特勒的生硬拒绝。意大利对希腊的战争正转变成一场灾难。意大利军队在难以通行的阿尔巴尼亚、希腊边境山区遭遇一连串的失败。1939年4月始，阿尔巴尼亚与意大利王国联合组成君合国①。当阿尔巴尼亚丧失三分之一的领土后，意军在前线已无心恋战。墨索里尼眼看取胜无望，求救于希特勒。

在亚得里亚海，英国海军的舰只数量上虽处于劣势，却将意大利海军打得毫无脾气。1940年11月中旬，英军突袭了意大利塔兰托海军基地，重创意大利六艘战列舰。从此，罗马将地中海的核心区掌控权拱手献给英国人。英军占据克里特岛，控制了地中海东部。从西西里半岛到突尼斯，再到的黎波里塔尼亚，整片海域都落入英国人手中。从直布罗陀海峡至苏伊士运河的这片中间地带，成为英国打击意

---

① 指两个或以上被国际公认为主权国家，共同拥戴同一位国家元首所组成的特殊国与国关系。——译者

大利北非后勤补给的重要基地。

仰仗德国支持的墨索里尼不得不放弃所谓"单打型战争",进而服从于希特勒的战略考量。而后者的中心任务则是日益临近的入侵苏联行动。希特勒决定将德国战斗机群移往地中海东部,旨在部分减轻意大利对希腊作战的压力,在空中持续增援罗马尼亚,阻止英国人登陆特拉克海岸。希特勒一直担心普洛耶什蒂油田,曾经说:"如果没有至少 400 万至 500 万吨罗马尼亚石油做支撑,我们就没法儿打仗。"[15]

德国在地中海的有限投入包含着一定的进攻考量,它再一次将西班牙、维希法国和意大利三国达成利益平衡置于焦点位置。德国再次尝试说服西班牙参与夺取直布罗陀海峡,同时谋求以空袭堵塞苏伊士运河。希特勒告诉墨索里尼,关掉地中海两端通道后的"三至四个月内","就能葬送英国舰队"[16],而这一时间点正好赶在德国入侵苏联之前。这样,即便达不成与英国和解,至少也能持久确保欧洲南线的安定,从而为希特勒在东线发动对苏战争创造战略前提。

对希特勒的考虑,墨索里尼显示出了兴趣,弗朗哥和维希法国则都保持距离。如外界所预期,美国与英国并肩作战后,在地中海日益占据主导优势,西班牙和维希法国都认识到暂时不能指望"轴心国"取胜。1940 年 12 月初,德国防守部队得知西班牙不参战,如此一来,以西班牙和摩洛哥为行动基地夺取直布罗陀海峡的前提不再具备,更无法实现。维希法国政府在北非的代表马克西姆·魏刚(Maxime Weygand)将军凡事均以自身意图为导向,德方对他并不信任。德军司令部估摸,魏刚迟早会反水,进而给维希法国政权带来诸多影响。为避免陷入被动,希特勒于 1940 年 12 月 10 日下令德军做好能够迅速夺取法国非占领区的准备工作。三天后，主张对德合作的赖伐尔及主要人物在法国被逮捕，"蒙图瓦尔政策"宣告结束，这一切都证实了希特勒的决定。其间，贝当与英国政府签署了一份秘密协议。根据该协议，维希法国政权将在战争中保持中立；作为交换，英国保证法国继续维持其殖民地。

仅仅在几天内，希特勒在欧洲南线战略的进攻考量化为乌有。德国高层内部对此十分失望。海军部的形势判断："政治高层及海军司令部原本抱有强烈希望，以为能在这个冬季将英国人赶出整个地中海，从而迈出关键一步，尽快取得战争胜利……这种希望最终还是泡汤了。"[17] 12月底，雷德尔向希特勒汇报工作，直陈："在此关键的战争时刻"，宜搁置任何同对英战争非绝对必要之任务，确保大西洋供给线安全才是"最紧迫之必需"。

此时，意大利在北非战局陷入严重窘境。1940年12月9日，英国人进攻北非，位于西迪·巴拉尼的四个意大利师在三天后投降。不出几天，巴比迪亚沦陷。意大利丢失的黎波里塔尼亚、丧失北非基地为期不远。希特勒担心危及"轴心国"的生存，因为意大利的崩盘意味着整条欧洲南线裸露于英国人，任其处置。这必将波及希特勒1941年在东线的那场真正战争。鉴此，希特勒1月初下令向南线派遣一个战斗机大队，向的黎波里塔尼亚派出一个装甲军团，这样就诞生了"德国非洲军团"。

1941年1月18日，希特勒在贝格霍夫别墅会晤墨索里尼时，为了顾及后者的心理尊严，意大利战事表面上仍由墨索里尼独立做主。而实际上，无论是德国外交部还是海军部，都要求将整体领导地中海军事行动交付德国人。希特勒予以拒绝，理由是若按此办理，墨索里尼会甩手不干。"但凡能导致伤害意大利领袖、失去意大利这一轴心国最有价值链条或破坏两国元首互信的行为"[18]，希特勒都不会做。意大利军队在埃塞俄比亚和苏丹节节败退，令德国大失所望，但希特勒始终力挺这位与之合作二十年的老伙计。

向北非派出装甲军团成为一场与时间的竞赛。1月占领托布鲁克和班加西后，英军推进至苏尔特湾的阿尔·阿格海拉，离意大利殖民地首府的黎波里仅百公里之遥。眼看意军就要溃散。10个意大利师已经被消灭，13万多士兵，包括19名将军举手投降。德军总司令部甚至有人怀疑这是盟友的"阴谋破坏"。希特勒2月5日致函墨索里尼，要求他尽其所能保住的黎波里塔尼亚。为给他撑腰打气，希特勒宣布"派出德军拥有的最勇敢胆大的坦克将领"[19]——隆美尔。2月中旬，隆美尔率领轻装甲师作为先头部队抵达的黎波里时，英国驻中东总司令阿奇博尔德·韦弗尔（Archibald Wavell）已停止进攻，将部队转撤至希腊。

在巴尔干地区，英国人预计德国为支援意大利会展开反击。希特勒本来打算将德国反击限制在尽可能小的地域范围，相关的政治和后勤条件亦已具备。匈牙利、罗马尼亚、保加利亚和南斯拉夫被迫承诺加入轴心国同盟。上述三国还向德国提供了军队驻扎和过境权。就在此时，南斯拉夫变卦退出。1941年3月27日，南斯拉夫军队总参谋长杜桑·西莫维奇（Dušan Simovi）发动政变组成新政府，国王彼得二世取代了保罗王子的摄政。新的统治者下令动员武装力量，立即与斯拉夫兄长——莫斯科建立联系，并向伦敦寻求军事支持。

希特勒错误地以为这一切都是犹太-布尔什维克死敌在幕后搞鬼。德国驻苏联大使舒伦堡伯爵在莫斯科往见莫洛托夫外长。依据双方约定的两国协商义务，莫洛托夫主动告诉舒伦堡大使，西莫维奇政府已向苏联建议缔结两国友好及互不侵犯条约。莫洛托夫表示，条约将很快签署，还向大使说了一大堆和平友好之类的空话。对即将到来的苏联和南斯拉夫联盟，希特勒的反应不言而喻。德国本打算打击希腊以支援墨索里尼，此时希特勒毫不顾及苏联立场，转而下令进攻南斯拉夫。他决心从军事上击溃这个因《凡尔赛和约》而衍生的可恨的人造国家。

此时，丘吉尔正忙于组建一条由南斯拉夫、希腊和土耳其三国组成的共同战线。的黎波里塔尼亚沙漠的军团、尼罗河三角洲的战略储备部队，有超过5万的英军兵力集结于地中海区域。埃及亚历山大的运兵车队每三天就有一批出发。在德国的压力下，意大利海军对英国护卫队发动进攻。3月28日，在伯罗奔尼撒半岛最南端的马塔潘角海域，双方发生海战。未配备雷达系统的意大利海军舰队行动"盲目"，损失多艘巡洋舰和驱逐舰，逾2400名海员牺牲，以灾难性失败收场。之后，在很长一段时期，马塔潘角海战可以视为意大利海军的最后一次进攻行动。

英国将军队调动至欧洲大陆并未能阻止德军的作战行动。4月10日，德军借"玛丽塔行动"开进阿格拉姆（今萨格勒布），之后，斯拉夫科·库瓦特尼克（Slavko Kvaternik）将军创建"克罗地亚独立国"。三天后，贝尔格莱德沦陷。匈牙利王国摄政霍尔蒂·米克洛什（Horthy Miklós）支持并参与纳粹德国的战争。南斯拉夫军队行将解体，德军继续向希腊方向挺进。希腊防线一触即溃，因其将重兵部署在了另一方向——阿尔巴尼亚与意大利边境线一带。塞萨洛尼基4月19日失守，三天后德军又占领雅典，希腊投降。与此同时，戈林的伞兵部队极为大胆地占领了科林斯地峡的唯一桥梁，切断了英国人撤往伯罗奔尼撒的退却通道。尽管在"恶魔行动"中，皇家海军将驻留希腊本土的英军大部成功转移到克里特岛和埃及，但仍然有20多万希腊士兵、2.2万名英军士兵被俘。

在地中海的对岸，从3月22日开始，隆美尔的军队不断向前推进。他的使命实际上是防御性的，希特勒在元首大本营曾明确无误地面告他：1941年秋季前在北非勿开展大规模军事行动，也不会给他增派军队。对于即将发起的入侵苏联军事行动，希特勒对隆美尔只字未提。对"巴巴罗萨"一无所知的隆美尔因此自认为，他身处同德国的唯一仅存敌人（英国）进行战斗的重要岗位。由于相信自己定能得到充分补给，也会有增援部队，隆美尔不断向东方挺进。1941年4月初，他在写给家人的一封信中说，他的攻势"取得了显著成就"。"的黎波里、罗马，也许还有柏林，那里的参谋部会感到惊讶。我敢于违抗先前的命令和指示，因为我看到了机会。他们最终也会认可我这么做。"[20]

隆美尔的节节得胜引发了他与意军总司令部之间的冲突。意大利人并不大喜欢这位德国坦克将领，也看不上他的军队战斗力。双方之间的不和睦要追溯至第一次世界大战时期，当时隆美尔是"德国阿尔卑斯军团"的一名连长，同奥匈帝国在伊松佐前线与意大利交战。隆美尔现在的身份是"德国非洲军团"司令，其冠名亦仿照当年"军团"；名义上，隆美尔归意军总司令部管辖，而该司令部又强烈地记恨德国。基于过去数月来的经验，总司令部并不乐于见到隆美尔继续疯狂大胆的进攻，但是隆美尔又总是不断地让意大利人面对既成事实。

4月中旬，隆美尔率军兵临托布鲁克。他命令一部分兵力快速开进，攻打英军严防死守的要塞，另一部分则直取埃及边境，陷入激烈交战。英国地中海舰队和皇家空军以马耳他为基地，成功地痛击"轴心国"的护卫船队，隆美尔的补给线很快被掐断了。如此一来，部署于意大利南部和西西里岛的德国战斗机群，只要一赴东地中海行动，就十足成了送命的差事。

托布鲁克的非洲军团面临严重安全威胁。这是二战爆发以来，首次出现德国国防军的一个军团遭遇无望解救的境地。哈尔德断定，隆美尔——这位在陆军总司令部并不受待见的希特勒宠儿——已不能胜任领导任务。陆军总司令部考虑的是战争全局和整体战略，也就故意忽视了隆美尔在北非的困境。隆美尔因此转而热切指望巴尔干战局尽快结束。4月22日在致家人的信中，隆美尔写道，他相信东地中海战局走向最终会将英军消灭于苏伊士运河一带，"希腊很快就能搞定。之后，我可能会得到更多援助。埃及争夺战才刚刚开始"。[21]

5月20日，德军开始登陆克里特岛，隆美尔自认为其对战局的分析得到印证。德国伞兵部队从三个地方发起进攻，试图占取登陆桥头堡。数十架电动滑翔机向岛上运送山地部队，遭遇重大损失。经过数日血腥战斗，德军渐渐占据上风，夺取了克里特。5月27日，新西兰人伯纳德·弗赖伯格将军（Bernard Freyberg）指挥的英军在希腊军队的支援下开始撤离。英军伤亡惨重，物资消耗巨大。投入战斗的4艘战列舰中3艘受损严重，9艘军舰沉没。人员伤亡更惨烈，1.7万多名士兵阵亡、受伤或被俘。

地中海局势对英国不利，继希腊战役之后，克里特岛一役对丘吉尔又是一次打击。7月韦弗尔被调任至印度，任命克劳德·奥金莱克

（Claude Auchinleck）为中东英军总司令。尽管当时无人意识到，但事后从全局战略看，当时德军的兵力分布确实已相当分散。丘吉尔在回忆录中写道，如果德国人意识到，希特勒的战略重点应是"针对俄罗斯的大规模行动"，他们就会讲，希特勒"试图左右兼顾，十分冒险。对巴尔干这一序曲投入过多，从而影响了真正的大戏。局势真的就这样发展了，但我们当时对此也无从所知。有的人认为，我们所作所为都正确；不管怎样，我们所做的比所知道的要好"。[22]

希特勒确实输了一把。"水星计划"导致德军3800人阵亡，在发动对苏战争几周前，他再无兴趣组织一次空中行动。这样，只会加剧对苏联战争的风险。不管怎样，6月1日克里特岛战事结束，德国南线安全基本得以确保。英空军曾利用克里特岛机场轰炸罗马尼亚油田，这样的局面没有再出现。在北非，隆美尔于5月和6月的两场塞卢姆战役取胜，稳定了地区局势。着眼于即将发动的对苏联战争，这些都是希特勒所希望看到的。

海军部的干预也未能改变发动对苏战争的大局。1941年5月24日，"俾斯麦"号被英军击沉，包括全体参谋在内的2100名官兵丧身。这标志着德国战列舰的大西洋时代彻底终结。地中海东部成为德国同英国的唯一海上交战区。而根据德国海军部高层此前的设想，地中海作战与对苏战争在时间线上应该已经同时展开。

经过一年半的各种迂回和嵌入性行动，希特勒对"犹太-布尔什维克"战争已急不可待。他曾承诺要同时解决英国问题。地中海东部的过渡性安排给希特勒带来了希望。从外部看，提醒人们德国将要对英国占领的埃及发动进攻，这足以给整个阿拉伯世界带来巨大心理效应。4月14日，法鲁克国王在给希特勒的口信中表达了对元首的敬仰，期待德军取胜，尽快将埃及从"英国枷锁"中解放出来。在伊拉克，以拉希德·阿里·盖拉尼（Rashid Alial Gailani）为首的阿拉伯民族主义分子于4月夺得政权，开始动手驱逐英国势力。5月初，双方交战，巴格达向柏林寻求军事支持，希特勒随即派去24架战机。5月中，首架亨克尔轰炸机飞抵摩苏尔，以费尔米将军为首的德国军事代表团稍后抵达伊拉克。

柏林以为英国在中东的统治开始崩溃。维希法国政权重新对德国展现开放合作态度，这都被视为新的动向。贝当的副总理、法国海军上将达尔朗不仅允许投入伊拉克战局的德国战机在叙利亚中途停留，而且同意将存放在叙利亚境内的法国武器转让给盖拉尼军队使用。这一切又让希特勒顿生希望，以为英国最终会妥协。至于其他可能选项，希特勒根本不愿考虑。正如5月11日他在贝希特斯加登对到访的达尔朗所阐述的那样，如果老欧洲列强因为这场战争丧失殖民帝国地位，没有人会感到高兴，原因是"会诞生一个美利坚帝国"。[23] 一周前，希特勒在帝国议会演讲中多次强调他并不愿意同英国交战，他谴责（丘吉尔身边）的那一小撮集团，"仇恨和贪婪"[24]驱使着这批人拒绝了他的努力，拒绝两国达成共识。当然，希特勒并没有直接向伦敦抛出和谈方案，这么做他担心会被解释成是软弱。

在此背景下，发生了一件举世震惊的事件：希特勒的副手——鲁道夫·赫斯①独自驾机飞往苏格兰。赫斯的飞行计划实际上在1940年就已成熟，他利用人脉关系，试图在对苏联发动战争之前与伦敦达

---

① 鲁道夫·赫斯（Rudolf Heß），赫斯在纳粹党内的地位仅次于戈林，属第二号接班人。本职工作是作为希特勒的副手管理纳粹党。——译者

150　　成妥协。赫斯曾同希特勒一起被关在兰茨贝格监狱，了解后者的外交设想及其种族理论。赫斯出生于埃及亚历山大，内心对英国抱有好感，对神秘玄学有特殊偏好。和希特勒一样，他认为"伟大的雅利安殖民强国"——英国已被"犹太人和共济会成员"滥用，这场对英战争是一个悲剧。赫斯将他的这趟飞行奉献给他狂热崇拜的元首以及德国纳粹社会主义工人党事业。许多迹象表明，希特勒知晓其副手的行动，但即便如此，他肯定不能公开承认这一点。

　　赫斯同英国之间有一名极其重要的联系人——阿尔布雷希特·豪斯霍费尔（Albrecht Haushofer）。此人出身于情报家庭，其父亲是地缘政治学家卡尔·豪斯霍费尔①。拥有闪亮家庭光环的阿尔布雷希特与苏格兰汉密尔顿公爵（Herzog von Hamilton）结识，而后者也同赫斯相识。赫斯赴英的意图是通过汉密尔顿同那些有意愿和德国缔结和约的圈内人士取得联系。他们是丘吉尔在保守和自由主义建制派阵营内部的对手，包括：一战时期的英国首相乔治；塞缪尔·霍尔（Samuel Hoare，张伯伦内阁的掌玺大臣，丘吉尔任首相后将其调任驻葡萄牙大使）；前外交大臣爱德华·弗雷德里克·林德利·伍德，即哈利法克斯伯爵，而当时英国王室内部对希特勒也抱有不少好感②，宁愿看到

---

①　卡尔·豪斯霍费尔（Karl Haushofer），倡导地缘政治论。1921年至1939年在慕尼黑任地理政治学研究所所长。在德军颇有影响。曾以陆军武官的身份驻日本，在整个二战期间，为德日两国谋求世界霸权辩护。德日战败后，被指控有战争罪行，同他的妻子于1946年一起自杀。——译者
②　1936年1月继承英国王位的爱德华八世（亦称"温莎"公爵）非常支持纳粹，曾说："希特勒是正确而合乎逻辑的德国人，如果他被推翻，将是整个世界的悲剧。他是个非常伟大的人。"1937年10月，温莎公爵夫妇不顾反对访问德国，并去了希特勒在贝希特斯加登的私人庄园。丘吉尔上台后，与温莎公爵拉开距离，并将其调任至巴哈马群岛担任殖民地总督。——译者

哈利法克斯伯爵[①]出任英国首相。

1941年4月,德国高层对时局的判断相当乐观,但完全脱离现实,认为英国在中东的统治时代行将结束。赫斯以为良机来临。他做了三次尝试飞行,均因技术问题和糟糕天气而中断,眼看对苏战争期限临近,时间日益紧迫。5月10日,满腔热情的赫斯驾驶一架Me-110双发战斗机从奥格斯堡起飞,奔赴苏格兰。这趟飞行引发诸多揣测,赫斯的飞机在北海上空就已被英国雷达捕获,却并未被英军击落。有观点认为欲同赫斯会面的不光是汉密尔顿公爵[②],还包括那些坚定要同希特勒德国作战直至最后一刻的人,他们也在利用赫斯此行服务于自己的政策意图。

赫斯伞降至格拉斯哥西南附近邓盖夫尔山(Dungavel)之后到底发生了什么事?即便是现在,我们仍不完全清楚。原因在于英国迄未公开一些原始文档以及研究文献。这就为各种阴谋论提供作料,比如有论调称赫斯系受英国情报局诱拉至英国。约45年后,赫斯死于柏林施潘道监狱[③],也有人怀疑并散布他并非自杀,而是他杀。传说的理由是,是戈尔巴乔夫拒绝释放赫斯,否则他的英国之行"真相"就大白于天下。

不管事件真相如何,事实是,丘吉尔利用赫斯之行,巧妙制服国

[①] 哈利法克斯伯爵(Viscount Halifax),绥靖政策的主角。1938年2月至1940年12月任英国外交大臣,任内发生德奥合并、慕尼黑会议、捷克亡国、二战爆发等。下台后被外放任英驻美大使。——译者
[②] 赫斯、汉密尔顿公爵两人于1936年柏林奥运会期间结识。——译者
[③] 监狱建于1876年,位于柏林西南部。二战后,该监狱位于英国占领区,收押纳粹战争罪犯。赫斯在纽伦堡审判中被判终身监禁,1987年8月在狱内用一根电缆线自缢。关于其死因,众说纷纭。赫斯死时正是英方值勤,有人对赫斯的自杀提出质疑,认为英方这么做一箭双雕,一方面能够掩盖赫斯1941年飞赴英国的真相,另一方面又能够履行对苏联许下的绝不释放赫斯的诺言。——译者

内主张同德国和解的派系，从而实现自己的政治目的。赫斯降落英国两天后，英国人仅作了简短报道，称希特勒的副手伞降于苏格兰。德方别无选择，只得被动宣布：赫斯患有妄想症，他飞往英格兰，试图寻求两国谅解。德国的这一表态明显加了保险。可是，我们还原英国的公开声明，仅仅显示赫斯到了英国，对其使命意图却只字不提。于是，各种猜测甚嚣尘上。

华盛顿一时感到困惑。丘吉尔首相曾向罗斯福总统保证英国誓将战斗到底，同时也指出，当时英国国内还存在一个与德国停战、阻止非必要痛苦的共识基础。丘吉尔自视为盎格鲁-撒克逊阵营的基石，借助赫斯事件向罗斯福施压，进一步强化对英合作。1941 年 3 月底，英美两军总参谋部就战争结盟达成协定，双方商定两国首要共同目标是击败德国，之后再共同对付日本，稳固太平洋和东亚局势。地中海依然是英国舰队的主要作战区域，但北大西洋的海上运输通道攸关英国存亡，美国海军应尽早投入战斗，保护伙伴国的航船。

1941 年 5 月 27 日罗斯福的演讲标志着美国最终决定与英国并肩作战。演讲中罗斯福宣布，美国将穷尽所有力量，反抗德国对海洋的统治，其内容与同年 8 月公开发布的《大西洋宪章》相近。围绕该宪章，英美两国政府 3 月份开始就一直在磋商。丘吉尔达到了他的目标。德国海军部以潜艇战有效掐断了英国大西洋运输线，这样德国海军和护航的美国海军注定会发生交火，这就意味着美国参战只是一个时间问题。

苏联并没有被纳入盎格鲁-撒克逊的军事同盟。伦敦和华盛顿都已得到德国将入侵苏联的详细情报，他们甚至知晓希特勒的相应命令以及进攻时间确定为 6 月 22 日，并向苏联通报了所有信息。但斯大林认为,这只不过是美、英让苏联抵御德国的肤浅把戏。彼时在伦敦的苏联王牌间谍菲尔比①很可能已向斯大林报告赫斯使命已失败。那段时间,从斯大林的各种谈话看,德国在未结束对英战事的情况下,发起双线战争,他依然坚决排除了这种可能性。

1941年4月开始,莫斯科对柏林的政策不再如以往那么强硬,而这种强硬曾经在1940年10月莫洛托夫访德时得到充分表现。斯大林在国内的战争筹备进展良好,同时他也看到德国在巴尔干半岛的战事颇为成功,素来谨慎的斯大林得到下属忠告:不要挑衅纳粹德国。5月5日,斯大林在苏联军事科学院对毕业生讲话:"和平政策保障了我们国家的和平。和平政策是一件好事。在某个阶段时间,我们要继续奉行防御路线,红军还没有装备现代化武器。"25

苏联红军拥有278万士兵、11000多辆坦克,其数量相当于德国国防军的三倍。红军还有43000门大炮(德军约13000门),飞机10000架(德军5000架)。苏军武器技术与德国不相上下,其坦克性能甚至更优越,但其士兵训练水准及指挥员素质严重低下。他们的水平仍停留于20世纪20年代和30年代初德苏军事合作的年代。

斯大林5月5日在苏联军事科学院讲话时,内心做好了1942年爆发苏德战争的准备。他说:"现在我们要重组红军,给他们充足配备适合现代战争的武器,等我们足够强大,就可以转守为攻。"26 根据斯大林的讲话,国防部长塞米恩·季莫申科(Semjon K. Timoschenko)、总参谋长格奥尔吉·朱可夫(Georgi K. Schukow)着手制订军事方

---

① 菲尔比(1912—1988),苏联特工,世界间谍史上最著名、最成功的间谍之一。1940年打入英国秘密情报局,在该局步步高升,最终成为英国情报机关的一名高级要员。他利用职务上的便利条件,为苏联提供了大量重要情报,成绩卓著。1963年,由于身份暴露出逃苏联。——译者

案，其核心思想是挫败德国闪电战、主动对德国发动战争。

但是，斯大林坚持自己的时间计划，并尝试改善同柏林的关系。苏联同日本缔结了中立条约，这正是里宾特洛甫在其大陆板块战略中长期孜孜以求的。此外，斯大林极不情愿地继续履行 1941 年签署的第二个德苏贸易协定。最初的几个月，苏联提供谷物等原材料，履约拖沓，4 月后变得十分准时，德国则向苏联提供军火和武器装备（载有 1000 吨小麦的最后一趟列车于 6 月 21 日晚穿越苏联西部边境进入德国境内）。斯大林于 5 月 6 日正式接手苏联事务后[①]，又推出一系列举措，比如同南斯拉夫流亡政府断交，以向德国展示友好态度。

希特勒未能同英国达成妥协，英美两个盎格鲁-撒克逊海上强国结盟，此时的斯大林意在赢得更多时间。苏联情报侦讯系统向他报告德军正向德苏边境大规模集聚，他一阅了事，并未予以充分重视。德国进攻苏联的前一刻，有关消息已遍传整个欧洲，斯大林仍视之为谣言，纯属假消息。连丘吉尔也首次亲自出马提醒斯大林当心，后者依旧没有在意。

1941 年 6 月 13 日，英国外交大臣艾登（Anthony Eden）再次召见苏联驻伦敦大使伊万·迈斯基（Iwan M. Maiski），提醒后者"德军在苏联边境线上继续大量集结……特别是过去的 48 小时"。[27] 迈斯基大使反问："会是进攻吗？……我无法相信。这太荒唐了。"[28] 斯大林也这么看。德国发动进攻一星期前，斯大林让塔斯社发布通告称，有关德国进攻苏联的消息缺少任何事实基础。

过去的几个月，由犹太人掌控并策划的、有世界阴谋性质的敌

[①] 指斯大林于 1941 年 5 月 6 日接任苏联人民委员会主席一职。——译者

营阵线在希特勒头脑中日渐成型，这同第一次世界大战时期的情况相同。希特勒深感针对德国的巨大阴谋正在酝酿，他的种族意识形态得到证实。他在《德国进攻苏联之际告德国人民》公告中声称："今年夏天，德国在东南方向卷入了长达数月的战争，与此同时，苏联完成军队集结，强化战争准备，企图同英国一道并在美国的物资支持下，扼杀和窒息德意志帝国和意大利……"，所幸"轴心国"在巴尔干战局取得了胜利，挫败了敌人的企图，"我们有必要回击犹太—盎格鲁-撒克逊战争煽动者以及以莫斯科为中心的布尔什维克-犹太当权派的阴谋，这一时刻来到了"。[29]

1941年6月22日凌晨5时30分许，元首的这份公告由戈培尔通过帝国广播电台宣读。两个小时前的3时15分，希特勒的国防军跨越苏联西部边境。对东线士兵的倡议指出，此次包括芬兰人和罗马尼亚人参加的对苏军事行动属"世界史上规模最为庞大"[30]。300多万士兵组成150个德国师、69万轴心国盟军、3500辆坦克和大炮（隶属于三大集团军群）、约2000架战斗机组成三个空中大队，在1500公里的作战区域全线拉开，企图全面碾压斯大林的帝国。

第五章　对苏联的歼灭战
（1941 年 6 月至 12 月）

在东方，犹太人必须支付酒账。

—— 约瑟夫·戈培尔，1941 年 8 月 18 日

对苏联的战争是希特勒追求的真正的战争。世界近代史上，类似的战争绝无仅有，对苏战争更多接近于中世纪和近代早期仅凭借宗教属性而毁灭敌人的狂热宗教战争。此外，这场战争还有出于种族理由开辟生存新空间的目的，包括从生物上灭绝东欧和中欧的"犹太-布尔什维克"领导层。希特勒的首席思想家罗森堡 1936 年主张："绝不能将犹太教从马克思主义和布尔什维克主义中剥离出来，否则我们就无法名正言顺地同马克思主义和布尔什维克主义做抗争。"[1] 斯拉夫"劣等人种"都是麻木迟钝、被奴役的乌合之众，必须予以毁灭，让他们先服务于殖民占领者，接着服务于垦殖拓荒者——雅利安新主人。而辽阔的东方，比如印度，因其具有丰富的原材料资源可以当作后勤补充区，维护德意志大陆帝国的自给自足，这样，同残存的敌人继续战斗的前提才能得到保障。

德国处于欧洲中心，四周强邻环伺，战略位置不利，威廉二世时代一直想予以突破，希特勒坚信现在终于能够打破这个"世界犹太人阴谋策划"的包围圈。将犹太人视为敌人，希特勒是认真严肃的，但他的将领们普遍不以为然。希特勒之所以称发动对苏联战争是"其一

生最重大的决定"，乃是因为布尔什维克必须通过闪电战加以消灭。在进入冬季之前，三个集团军群必须摧毁苏联，并挺进至高加索—伏尔加—阿尔汉格尔斯克一线。不存在 B 方案，因为一个同时需在西线同英国缠斗的德国注定不可能在东线同苏联打一场长期消耗战。

希特勒深感时间不等人，他倾其所有，下了大赌注。之后 1941 年秋天的某日，他在元首大本营办公桌旁对秘书马丁·鲍曼[①]说，至于灭绝犹太-布尔什维克，"我们门外的那些将军们根本不懂其意义所在"。[2] 希特勒的那套意识形态或者其所谓最后的真理，下自普通士兵、上至高级将领，当然没有人会去研究领会，希特勒对此也并不在意，因为他认为，这些军人反正弄不懂他的思想理论。不过，希特勒的将领们从一开始就非常清楚同苏联的战争绝非一场普通的战争。1941 年 3 月，陆军参谋总长哈尔德在日记中对他的总司令的阐述作了如此记载："两种世界价值观的对立。对布尔什维克毁灭性的判决，它是反社会的犯罪集团。共产主义是未来的严重威胁……这是一场灭绝性战争……"[3]

这些足以成为德国将领们落实希特勒犯罪式命令的理由。入侵苏联前，德国军方出台了相应的执行规则，比如"对苏战争中关于军事裁判的命令"。根据该命令，国防军士兵做出疑似犯罪行为，不必担心被"责任追究"。人类最低贱的本能因此得以放纵。根据 6 月 6 日发布的"政治委员命令"，"（红军）政治委员都是一些真正的抵抗分子，必须以满腔仇恨、残暴和非人道的方式对待他们"，俘虏"隔离

[①] 马丁·鲍曼（Martin Bormann），希特勒私人秘书。他掌握着纳粹党的钱袋子，人称"元首的影子"。——译者

后即予处决"。⁴ 在种族意识形态灭绝战中，希特勒认为，无论他下达什么样的命令，都是正当合法的。沙皇时代的国际法协议已被布尔什维克统统宣布作废，斯大林也从未签署 1929 年以人道对待战犯为内容的《日内瓦协议》。希特勒向他的将领们指出这场战争的特殊性，称其为"一场俄罗斯战争"，不得以《日内瓦协议》对待俄罗斯俘虏。

希姆莱负责的帝国保安警察行动队（A 至 D）以及由 18 个特别行动组组成的帝国保安服务处在靠近前线的后方大肆杀人纵火，陆军高层并未提出异议。用当时的行话讲，党卫军帝国领袖在国防军的行动区域"独立、责任自担地完成元首交办的特殊任务"。确实，党卫军屠杀犹太人、吉卜赛人及其他可疑人种，国防军甚至一开始就提供了后勤支持。纳粹将俄罗斯人归入"斯拉夫劣等人种"，文明优越感广泛存在于德军高层。在东方，并不存在一支所谓正直、体面的国防军，但也许有上百万德国士兵，他们愿意保持正直和体面。①

德国人开始思考对英国战争尚未结束，德国陆军分布在全欧洲和北非进行作战，1941 年 6 月 22 日对苏联发动战争意义何在。这一质疑让德国人同时回忆起 1914 至 1918 年之间德国输掉的那场多线战争。起初，几乎没有人，甚至包括纳粹党内高级干部也没有认识到希特勒发动这场战争的真正本质。连希特勒的御用思想家、1941 年 4

---

① 德国前总理施密特（1918—2015），曾在国防军里当过八年兵。在《伟人与大国》一书中，施密特表示，不能将二战时的德国士兵看作是法西斯主义者。他们中的大多数，军士、军官和将军并不都是纳粹分子。他们这一代人中只有很少人是纳粹分子并且相信"元首"。大多数人感到有义务执行军事上司的命令。在与李光耀的访谈录中，施密特再次提及此事，说他 1937 年参军，平生最重要的一件事是，大约 1944 年 9 月，他作为国防军士兵首次意识到正在服务于一个犯罪性政府。——译者

月被任命为"集中处理欧洲东部地区问题专员"的罗森堡也不知情。6月20日，罗森堡概述了即将开启的对苏联战争的政治目标是，"以聪明和目标明确的形式重新给予"东方所有民族以自由追求，"并赋予它们某种国家的形式"。罗森堡认为，这些国家实体应脱胎于苏联庞大的领土，并同莫斯科相抗衡，这样"未来数百年，德意志帝国即可摆脱东方的梦魇"。[5]

苏联帝国西部各民族被共产党莫斯科强权所奴役，希特勒的军队跨越德苏边境线后，它们都误以为自由的时刻降临。在波罗的海地区，人们在很多地方欢迎开进的德国士兵，乌克兰同样如此。1941年6月30日，贾里斯拉夫·斯特茨科（Jarislav Stets'ko）、斯捷潘·潘德拉（Stephan Bandera）等民族主义者擅自宣布乌克兰建国。希姆莱的保安服务处将这些首领拘押，明确无误地宣布，一个独立的乌克兰根本不是柏林的计划议程。然而，乌克兰人拒不放弃。几周后，一个名为基辅国民议会的机构发表声明："乌克兰人民意识到，大德意志的胜利同时也是乌克兰人民的胜利，在重建欧洲及建立欧洲新体制的进程中，多亏大德意志元首和帝国总理——阿道夫·希特勒，乌克兰人在欧洲获得一个公正和应得的席位，乌克兰人为之奋斗几个世纪，现在依然在奋斗……"[6]这样的声明有很多。上百万人愿意参加反对苏联强权的战争，以获得自由和更美好的未来。但是根据希特勒的战争理念，这些"斯拉夫劣等人种"并非合作伙伴。

伦敦和华盛顿得知德国入侵略苏联的消息后，毫不怀疑地认为希特勒必定会乘机利用东方的自由运动，推行分而治之的政策。尽管英、美掌握了德军的行动情况，但对入侵苏联依然感到震惊，人们无法理解希特勒的动机。西线战事未了结，未对苏联声明宣战，德军就

162 开进了苏联境内,希特勒为什么不事先宣布作废两国互不侵犯条约?一方面,作为多民族国家,苏联确实显得脆弱、不稳固,这一点也反映在红军的组成上,外界亦并不看好苏联对外部侵略的抵抗力,但另一方面,希特勒入侵意味着德国军力的进一步分散,丘吉尔的英国事实上获得了喘息之机。突然间,他获得了原先费尽努力而难以得到的盟友。

英国若欲同苏联站在同一战壕,双方需要一个新的合作基础。这绝非易事。克里姆林宫起初曾认为,希特勒在侵略苏联之前会同伦敦达成某种安排。苏联前外长李维诺夫回忆,当时克里姆林宫"所有人深信,英国会同希特勒达成某种共识,其舰队将穿越北海,对列宁格勒和喀琅施塔得发起攻击"。[7]当这一切并没有发生时,大家几乎都不敢相信。自从德苏签署互不侵犯条约、两国达成长期性安排以后,英国外务部对苏联采取了观望保留态度。英国不愿卷入苏联在此场战争中预期失败的旋涡,外务大臣艾登仅仅说英、苏关系"在走近"。但由于英国在欧洲东南线遭遇挫折而备受压力,此时丘吉尔的表现颇为激进。他至少在言辞上支持苏联人,谴责德国侵略者。在德国入侵之前,他就向莫斯科保证提供支持。1941年5月,苏联驻英国使馆163 的一名工作人员问他,如果苏联同德国发生冲突,是否会自动成为英国的盟国?丘吉尔回答:"为了击败德国,我愿意和任何人结盟,甚至和魔鬼。"[8]

初期,所有迹象都表明苏联红军迅速溃败。这场战争似乎在杜纳河和第聂伯河西岸就已分出最终胜负。德军的战场优势十分明显。毫无准备的红军部队遭遇袭击和歼灭,空军在最初几小时遭受毁灭性打击。战斗精神也很差,大批红军士兵不战而降,起初的几个星期，苏军俘虏和阵亡逾百万，大量作战物资被缴获。7月3日哈尔德以自满的文风记录道："十四天内，赢下对苏战争，日子没有多算。"⁹志得意满的希特勒亦沉浸于毁灭苏联的幻想之中，他要把列宁格勒和莫斯科夷为平地，此时希姆莱的行动队和特别小组忙于在占领区屠杀犹太人。

占领区居民对犹太人的仇恨被成功煽动。波罗的海、白俄罗斯，尤其在乌克兰，发生了50多起针对犹太人的大屠杀。首要原因还是自俄罗斯爆发内战以来，布尔什维克就被等同视为犹太教。成千上万的犹太人被杀害。在利沃夫①，海德里希负责的帝国保安处行动队以轻松的心情旁观着一场场屠杀，"在新的占领区不要阻拦反共、反犹势力的自我净化进程。同时，有关行动痕迹应予消除，不留后患，必要时可以强化，要引导至正确轨道……"¹⁰

鉴于东部战事已定，德国高层的关注重点转移至占领区的未来组织架构。这项任务再次落于"精通此道"的希姆莱头上。1939年10月，希特勒任命他为"巩固德意志民族性之帝国全权代表"。1941年7月15日，这位党卫军帝国领袖出台"东方总计划"草案。根据该草案，从白俄罗斯至圣彼得堡以及乌克兰的大部分区域，德意志人将移民到此，原来的本地居民根据其种族特点进行筛选、杀害或驱赶至乌拉尔山脉以东。这片宽广区域不仅是德意志移民的生存新空间，而且要打造成"日耳曼尼亚"的未来粮食供应基地。拥有"乌克兰粮仓"可以一劳永逸地消除德意志帝国的食物供给瓶颈。除农业盘剥以外，该计划首要是出于资源考量。计划列举了原油以及铂、镁和橡胶

---

① 乌克兰西部主要的工业和文化教育中心。——译者

等紧缺资源。帝国外交部、财政部对党卫军这份计划提出了批评，但并非出于道德层面原因，而是指责由于民众的消极抵抗以及遥远的运输路途，这些资源无法很快投入使用。

"巴巴罗萨行动"发起之后，资源对希特勒继续推行战争极其重要。尽管他认为，对苏联战争的一路凯歌可以解决英国问题，进而又能搞定其他问题，但他还是要求下属制定下一步战争计划。除装甲武器外，陆军的规模应大幅削减，空军作为今后军备扩张的重点"必须大规模扩建"。关于海军，1941年7月14日希特勒下发的32b命令指出，它"局限于直接对英国作战的范围，形势需要也包括对美国作战"。[11]

同日，希特勒召见日本驻德国大使大岛浩①，建议德、日组建进攻联盟，一致对美。对苏战争大局貌似已定，美利坚联盟——希特勒如此称呼美国——就成为"国际犹太势力"仅剩的最强堡垒。若能说服日本对苏宣战，在冬季降临之前，德、日两军会合于苏联境内西伯利亚大铁路附近的鄂木斯克，那么日本就是德意志帝国的战友。此外，同布尔什维克的战争收尾越顺利，德国就能更快地同远东帝国一起对付美国。

对日本政府来说，德国的政策转变并不让人托底。不久前，里宾特洛甫还尝试说服苏联同德国、意大利、日本一起组成四国联盟。大岛浩大使在柏林往见希特勒之前，近卫文麿政府已决定不对苏联宣战，原因并非对德方政策的不信任，而是因为日美冲突日趋尖锐。

---

① 日本陆军中将、外交官，1934年3月任日本驻德国武官，1938年10月出任大使，主张日、德结盟对抗苏联。狂热崇拜希特勒，被讽刺为"德国驻德国大使"。——译者

1941年6月21日，美、日秘密展开谈判，华盛顿要求东京从中国全境撤军。日本深知自身无法满足这一要求，明白与美国已无可能达成共识。在德国入侵苏联后，日本西向再无后顾之忧，不惜冒着与美、英交战的风险，开启南下进程。日本政府的算盘是，希特勒战胜苏联后，其全部战争机器会直指英国，此举必定加速美国支持英国、参加欧洲战场，所有这一切的后果将是盎格鲁-撒克逊势力在东亚影响力的式微。

日本南向扩张拉开序幕。7月底前，日本占领印度支那，听命于维希政权的法国殖民地无奈默认。这一扩张很快导致了日本与盎格鲁-撒克逊海上强国的冲突。罗斯福和丘吉尔决定对日本实施出口禁运，并冻结日本在美、英两国的资金。不仅如此，美、英对日本施以海上封锁，切断日本急需原料（尤其是原油）的运输通道。东京与华盛顿展开外交协商，试图解除海上封锁，未果，日本高层遂于1941年8月中旬发布总动员。战争几乎无可避免。为夺得美国在太平洋地区的霸权，罗斯福认为这场战争迟早要打。

1941年8月14日，罗斯福和丘吉尔在停泊于纽芬兰湾的美国"奥古斯塔"号巡洋舰、英国"威尔士亲王"号战列舰上会晤，双方公布《大西洋宪章》。美国凭借强大的经济实力压制了英联邦的影响力。围绕《大西洋宪章》的先期谈判已表明英国扮演的是小伙伴角色。至于未来世界秩序，美国坚持推行不受限制的全球自由贸易，这又同英联邦的法规相违背。尽管丘吉尔持保留立场，但美国人达到了目的。英、美联手对德作战，付出的代价就是英国地位从此附属于美国。

除全球自由贸易外，《大西洋宪章》还规定海上自由航行权、民族自决权以及"彻底摧毁纳粹暴政之后"创建一个集体安全体系。[12]

美英两国对全球未来的设想充满了威尔逊"十四点计划"的气息,但它并没有把苏联考虑在内,那是因为德苏战争初期德军一路奏凯,大家都以为苏联很快将不复存在。后来形势并非如此。围绕《大西洋宪章》,英美谈判持续数周,在8月中旬正式公布之前,已经表明苏联这个巨人并不会像华盛顿、伦敦所预料的那样,在德国战争机器的重击之下迅速溃败。

1941年7月中旬,苏联红军在斯摩棱斯克一带转守为攻。当月底,希特勒不得不命令中央集团军群转入防御。对胜利已习以为常的德军统帅部对此极为震惊。入侵苏联的德军并没有打长期战争的准备,战事在冬季来临之前务必结束,所有的一切都在与时间赛跑。7月25日,德军最高统帅部长官凯特尔记载:元首担心地问:"最终打败俄罗斯,我还有多少时间,我还需要多少时间?"[13]

闪电战受挫逐渐引发恐慌,于是有了对东线下一步行动的争论。哈尔德、布劳希奇均主张以莫斯科为主攻方向,因其是苏联最重要的军事、政治和工业中心。唯有集结而不是分散兵力,于9月以前占领苏联首都,这场战争方能定出胜负。希特勒却命令将作战重点置于南北两端:北面占领列宁格勒;南面占领工业重镇顿巴斯、克里米亚半岛,以期今后突进高加索油田。

8月初,中央集团军群顺利结束了对斯摩棱斯克的包围战。在北面,德军突进至离列宁格勒一百公里的地带。在南面,德军抵达基辅。尽管德军依旧取得胜利,但都遭遇了不同程度的顽强抵抗,推进速度比预期的要慢许多。其原因首先在于灾难性地低估了红军实力,苏联的预备役部队似乎用之不竭。哈尔德8月中旬在日记中写道,战争初期估计苏军有200个师,现在已经有360个师。其次,红军配备了功能更强大的 T-34 型坦克，德军三号、四号坦克配备 8.8 厘米炮管，难与之匹敌。第三，苏联境内的道路基础设施极其落后，德军补给线越拉越长。苏联铁路轨宽与德国不一，无法即时利用。将铁轨用钉子等固定住使用，又经常被游击队破坏。

苏联游击队在前线后方的抵抗活动不断增多，使本已残忍的战争更加残忍。双方正规军的交战，自战争第一天始，就出现了严重侵犯人权和战争罪的行为。在德军一方，不断出现枪杀伤员、战俘或故意使人断肢残废的情形。7 月初下达的一项军团命令："军事行动前，《小心》传单发布的内容都已成为残忍的事实。被犹太-布尔什维克强人蛊惑和影响的苏联人凌辱并杀害德国俘虏。"[14] 东线的日常战事很快导致不再收容俘虏。

第六军团司令瓦尔特·冯·赖谢瑙（Walter von Reichenau）在一项指令中要求他的士兵"不仅要要遵照战争规则进行战斗，还要成为一名坚定无情的民族思想捍卫者、一名对所有施加于德意志及其亲缘的民族身上兽行的报复者"。"因此，士兵们对低等犹太人施以冷酷和正当罪行，就完全理所当然了。这么做，旨在将国防军背后、通常总是由犹太人策划的暴动掐死在萌芽状态……越来越多奸诈残暴的游击队员和变坏的女人成为战俘……"[15] 希特勒认为这一残暴指令具有模范性，要求各军团司令照搬沿袭。

斯大林对红军的要求与上述并无本质区别。投降意味着背叛苏联。斯大林为此下令将被俘红军士兵的家庭统统予以放逐。人民国家安全委员会发布的第 246 号命令毁灭了百万无辜者，连斯大林自己的家庭也未能幸免。他第一段婚姻的儿子雅科夫中尉是榴弹炮团团长，于 1941 年 7 月中被德军俘虏，斯大林听到后说："这个蠢货竟然不开枪自杀！"[16]不久，雅科夫的妻子作为叛徒的伴侣被拘押、流放。8月7日，斯大林自封为军队总司令，在军内设置相应严酷的惩罚机构，近100万士兵被送上军事法庭。15.7万多人被快速处以死刑，相当于10个师的兵力。

经过长期筹划，斯大林于8月底完成了将90万伏尔加德意志人流放至西伯利亚的安置工作。几周来，他一直在为苏联的生存而斗争。7月18日，斯大林向他的阶级敌人——西方列强求援，要求丘吉尔在挪威北部或法国开辟对德第二战线，请求罗斯福全面提供战争物资，包括3000架歼击机和轰炸机。这种求援对斯大林、对苏联都是一种考验。实际上，斯大林极度不信任西方领袖，仍然相信西方会同希特勒达成某种安排。按照纯粹的共产主义理论，法西斯主义就是资本主义的一把尖刀。

丘吉尔、罗斯福对斯大林的关切予以充分支持。此前，美国对苏联有诸多保留，对布尔什维克全无好感，待苏联如同世界遗弃者。但是，美国当局的行动由务实主义所决定。斯大林的残暴统治在战争前就已导致数百万俄罗斯人丧生，美方对古拉格劳改营也了解甚多，这一切均被搁置一旁。对西方世界构成威胁的不再是发展落后、意识形态离奇的苏联，而是德国。德军的入侵使苏联与西方成为准盟友关系。原本斯大林期待，苏德互不侵犯条约能使西方陷入同德国的消耗战，而苏联趁机从中渔利，此时丘吉尔和罗斯福则指望通过援助苏联对德作战，自己可以少流血。为此，他们都愿意向新盟友提供全面援助，给斯大林的反德战争披上壮丽光环。丘吉尔在广播讲话中指出："每个俄罗斯人为家乡而战斗的事业，也是世界每个区域自由之民族、自由之人民的事业。"[17]

7月底，罗斯福派遣其亲信哈里·霍普金斯①前往莫斯科，主要任务是探讨与苏联结成伙伴关系的可能性，并向这一同德国艰难战斗的政权提供援助。双方秘密商定美国每月向苏联提供200架飞机和250辆坦克。丘吉尔不愿派兵进入欧洲大陆，但也承诺尽快提供军援。他写道："从一开始我就采取了极端方式，向俄罗斯提供物资和原材料，从美国进口货物分流至苏联，对英国造成直接损失，我都予以批准。"[18] 不久，丘吉尔同斯大林签署协议，对苏联提供援助并排除任何一方单独同德国媾和或停战。这也充分表明，英国人根本不了解希特勒以种族理论为基础的战略。因为根据该战略，德国同犹太-布尔什维克单独媾和的可能性完全可以排除。

8月中，第一支由7艘货船和少量战舰组成的英国舰队驶入阿尔汉格尔斯克。次月，支持苏联对德战争的英国物资逐步抵达北极全年不冻港——摩尔曼斯克和阿尔汉格尔斯克。苏联和英国共同占领了伊朗，通过伊朗，战争物资也输进苏联。罗斯福也坚定推动美国参战，试图提供战争物资，但他在国会遇到不少阻力。经过艰辛的谈判，数个月以后，他才成功将斯大林的苏联纳入《租借法》所列的军备资助国名单。

1941年发生在俄罗斯广袤西部的血腥争夺，美、英的援助帮不了什么忙。红军必须依靠自己的力量对抗侵略者，恐怖的腥风血雨横穿俄罗斯。从民众角度看，德军最初曾被当作受欢迎的解放者，现在变成了带来死亡和毁坏的占领军。对苏战争的前三个星期，变节投

---

① 哈里·霍普金斯（Harry Hopkins，1890—1946），美国政治家，民主党人，曾任美国商务部长。二战期间，霍普金斯是罗斯福的首席外交顾问，并在《租借法案》的制订和实施中扮演了重要角色。——译者

诚的红军数量曾达到7万，之后开始骤然减少，因为四处都在传言，落入德军手里意味着什么下场。被俘苏军的数量高达575万，其中逾330万殒命。除了死命抵抗别无选择，这反而释放了红军的战斗力量，战斗作风得以改善，越来越多的人参加游击战。一个被憎恨政权的绝望防御战渐渐演变成一场真正的"爱国主义战争"，这符合苏联共产党中央委员会6月底所号召的宣传鼓动。

1941年8月中，希特勒来到东普鲁士的元首大本营。戈培尔记录道："过去的几周对希特勒影响极大"，元首不得不承认，"形势偶尔十分严峻"。东方战事至少要拖延至10月中旬冬季来临，德军所有努力的目标要"争取一个满意的结果"。[19] 希特勒的这番阐述，与8月他批准的《1941年夏末最高统帅部关于战略形势的备忘录》的观点相吻合。在备忘录中，德国将军们认为，对苏战事在1941年年内不可能取得最终胜利。备忘录指出德军在武器上具有突出优势，但无法掩盖希特勒亲手布局的整个闪电战计划失败的事实。希特勒在绝望和期望之间犹豫撕扯，空想着形势会向好的方向转变，竟然还在妄想与英国达成共识。他认为，"和平突然降临"仍是可能的。[20]

希特勒在军事上的受挫加剧了种族战线的残酷性。对他而言，两者是相互关联的，一个犹太平民就相当于一个红军战士，就是一个敌人。德军东线战事推进得越顺利，制定解决犹太人措施就越不急迫。但现实正好相反：战争越来越无望取胜，消除犹太人更显重要和紧急。希特勒命令中央集团军群转入防御的第二天，即1941年7月31日，希姆莱委托海德里希"在欧洲的整个德国势力范围内，就整体解决犹太人问题做好包括组织、事项和物资方面的所有必要准备"，这两件事一定不是巧合。这位帝国保安总局负责人还得到命令，"尽快上呈实施最终解决的一整套方案"。[21]

战线后方针对犹太平民的屠杀也因此变本加厉。8月14日，希姆莱和他的参谋长卡尔·沃尔夫（Karl Wolff）在明斯克同党卫军骑兵旅的各级指挥员见面。希姆莱说，犹太人必须被灭绝。"在波兰，我们曾将犹太人集中至一个区域，这样的错误不能再犯了。这些区域都成了瘟疫和疾病的温床。"[22] 具体而言，就是要再次拓展清洗对象，犹太妇女和儿童都要系统性杀掉。赫尔曼·菲格莱因（Hermann Fegelein）负责的党卫军骑兵旅完成此项任务根本不需要事先动员。他的骑兵队负责收拾溃败的苏联红军，7月中旬至8月中旬一个月的时间，在普里普耶的沼泽地就杀死了2.5万人。受纯粹的谋杀冲动、愚钝的种族仇恨所驱使，这些屠夫在杀害犹太人时，许多非犹太人也成了帮凶。

希姆莱这位党卫军帝国领袖，如同一名会计监督着他的刽子手的杀人工作。他在明斯克走访部队，看上去就是一名身着黑色制服、身体瘦弱的官僚，显得与众不同，从他身上丝毫看不出冷血和残酷。战争结束后，沃尔夫谈到，8月14日那天专门为希姆莱"安排观摩"了一场百人屠杀，他目睹这一切之后走路踉跄，差点跌倒，但他还是"强打精神"（其他文献渠道也证实这一点）在壕沟边对士兵发表讲话，讲话对他来说有难度，但又不得不讲。希姆莱认为他的所作所为服务于更崇高的事业。1943年10月初，他对各省党部头目、帝国高层发表臭名昭著的波森讲话，声称："你们中的大多数都知道，如果那里躺着100具尸首、500具尸首或1000具尸首，这意味着什么。咬牙坚持下去，除了极个别的怯懦，我们都会更加坚强。这将是我们历史上前无古人、后无来者的一页篇章……"[23]

随着"种族战争"的推行，1941年8月始德国犹太人须佩戴黄色犹太星，以此作为辨识标记，此举获得希特勒肯定。戈培尔认为，从现在开始，不能让犹太人坏了德国人的兴致。元首最初的考虑是，战争结束后将"老帝国"的犹太人放逐至被保护国。现在他的想法改成"自西向东、从老帝国至受保护国，尽快腾空和清除犹太人"。[24] 继75万波兰人（既有信仰犹太教，也有非信仰犹太教）从德国侵占的东部地区被放逐至波兰总督府之后，有6万德国犹太人于1941年底前遣送至瓦尔塔国家大区，准确地说，利兹曼施塔特（今罗兹）的犹太人居住区，并从这里继续运往东方。大多数波希米亚犹太人被运往特勒西亚城（今泰雷津），这也仅仅是一个过渡地方。

希特勒做出放逐犹太人的决定，确实受到了美、英合作不断加深的刺激，这种密切合作明显体现于公诸世界的《大西洋宪章》。美国海军保护英国在北大西洋的航行船队，希特勒视其为美国间接对德国宣战。在德国潜艇与美国军舰发生交火之前，德美发生冲突已属必然。9月邓尼茨的一艘潜艇误击了美国一艘驱逐舰，罗斯福向美国海军发布命令，攻击"轴心国"在北大西洋的护航船队。

在一次与希特勒的晤谈之后，戈培尔做了如下记录："斯大林、丘吉尔和罗斯福是眼前国家社会主义革命的三个最大敌人……"，"这三个大头目策划世界性阴谋、陷害德国，罗斯福是其中最为恶毒者"。[25] 至于希特勒如何看待这一世界性阴谋，这位宣传部长在日记中写道：元首深信："如果犹太人再次挑起一场世界战争，那么其结局将是犹太人的毁灭，他当年在帝国议会的这一预言正在被印证。""在东方，犹太人必须支付酒账。在德国，他们已付了一部分，今后必须还要付得更多。"[26]

从"老帝国"运送犹太人的列车已启动，目标是利兹曼施塔特的犹太人居住区。差不多在同一时间，海德里希发布一项出境禁令，既针对德国人，也适用德国占领区内所有犹太人，其意图是就地控制犹太人，并将其交付"最终解决"。这表明，作为"最终解决"方案的第二阶段，系统性清除中欧和西欧犹太人在这个时候已经启动。艾希曼在耶路撒冷接受审判①的供词可以证实。艾希曼说，对苏联发动战争后的"两至三个月内"，海德里希下达了命令。这个帝国保安总局局长表示："'元首已指示要从物理上消灭犹太人。'他是这么跟我说的。他似乎要检验他这番话语的效果，说完后非同寻常地作了一个长停顿。"[27] 党卫军帝国副领袖、帝国保安总局审判主法官施特雷肯巴赫（Streckenbach）也能证实艾希曼的供词。他在战争结束后披露，那段时间希姆莱和海德里希都谈到了希特勒的一项命令，但两人均未提及命令是以口头还是以书面形式下达。

据此，对欧洲犹太人实施种族屠杀的决定大约是 1941 年 8 月底至 9 月初做出。此时的希特勒不再把犹太人视为人质或需要安置的群体。希特勒认为，敌人及犹太人正在策划"世界性阴谋，陷害德国"，他们已最终形成统一战线，必须根除欧洲犹太人，用剥夺其生物基础的手段削弱他的世界之敌的实力。在欧洲旧大陆，以工业方式灭绝犹太人提上日程，同时党卫军行动组和特殊小分队的屠杀亦在进行，无论是卡缅涅茨-波多利斯基、日托米尔，还是在基辅。在 9 月的三天之内，3.5 万犹太人在娘子谷被枪杀。1941 年底被杀犹太人数目已达到 50 万。

此时，戈培尔的宣传部将这场同红军的战争赞誉为"反对布尔什

---

① 指 1961 年艾希曼在耶路撒冷接受审判。——译者

维克的十字军东征",这一定性在欧洲大陆获得不少响应。除了此前芬兰和罗马尼亚派遣正规军,意大利的"远征军",克罗地亚、匈牙利和斯洛伐克的军团,整个欧洲都有志愿者加入东线,同德国并肩作战。弗朗哥派出"蓝色师团",维希法国派出"反布尔什维克军团",丹麦和挪威的青年人排队加入战斗队伍。对苏联战争打响的第三个月,共有超过70万的非德国籍士兵同德军一起战斗,多数是芬兰和罗马尼亚人。他们战斗力弱小,也无法经受史上从未有过的战争严酷,但是他们在东线的投入似乎表明欧洲自有明确主张,掩盖了希特勒发动对苏联战争的真正目的。

1941年9月,德军的进攻及其所展现的坚韧似乎得到了回报,苏联巨人眼看就要倒下。一连串的胜利有望使"巴巴罗萨"计划在冬季来临前成功告结。9月29日基辅围城,5个苏联军团、共约100万士兵被消灭。而在9月初,德军就已占领爱沙尼亚并包围列宁格勒。戈培尔评价,"史上从未有过的最恐怖城市大剧"[28]已拉开序幕。戈培尔说的倒没有错,但是这幕"最恐怖城市大剧"的结局,他完全设想反了。

按照希特勒的设想,大举进攻莫斯科应是对苏战争的最终战役,这也是哈尔德数周前所要求的。中央集团军群集结了78个师约200万人、2000辆坦克,发动了"台风行动"。1941年10月2日,在冯·博克的指挥下,德军从斯摩棱斯克至奥廖尔一线向莫斯科方向发起猛攻,与此同时,南部集团军群向顿涅茨克、哈尔科夫及库尔斯克方向发起侧面攻击。5天后,维亚济马-布良斯克双重合围战中,苏军70个师被消灭。67万红军士兵被俘,1200多辆坦克、5400门大炮被缴获或摧毁。德军坦克先头部队仅离莫斯科150公里,莫斯科开始慌乱,斯大林将党和国家领导层迁往伏尔加河畔的古比雪夫,将共产国际撤至乌法，连列宁遗体也要迁出红场陵墓。

约德尔认为，维亚济马-布良斯克合围战是"对苏战争最关键的一天"，相当于1866年柯尼希格雷茨战役[29][①]，经此一役普鲁士击溃奥地利和萨克森，成为德国最强王国。希特勒此前已在柏林体育宫殿宣布，敌人已经崩溃了。他的信念再度回归，他又相信了天意，这一信仰将他从维也纳流浪汉过夜处引领出来[②]，让他从第一次世界大战中活下来，让他在慕尼黑苦苦探索其所谓的真理，并陪伴了他的长期岁月。现在，希特勒真的以为他的第一个伟大目标业已达到。得意万分的希特勒告诉他的侧近，他不准备接受莫斯科的投降。希特勒相信，他已经为德国创造了与世界犹太人进行最终一战的前提条件，"我们成了欧洲的主人，也就能主宰世界"。[30]狂热中的希特勒甚至觉得他梦寐所求的与英国达成妥协也不再重要，他认为如果英国人足够聪明，就应该"主动找上门来"。"现在我对英国不再感兴趣，只关心站在它身后的那些人。"希特勒指的是"美国犹太人"。

在希特勒和他的将军们看来，占领莫斯科的唯一障碍就剩下苏联秋季的烂淤泥。东线原本顺畅的军用公路在极短的时间内变成泥泞坑洼的小路。军队快速行进或搞一个运动战的可能性根本不存在。哈尔德却认为，这只不过是迈向胜利的一个停顿，"地球上没有什么力量能剥夺我们的胜利"。[31]只需坐等严冬来临，坐等胜利果实一一落下。

[①] 德国王朝战争中的一场决定性战役，此役摧毁了奥地利在德意志的地位，德意志邦联被解散，普鲁士获得德意志的霸权。俾斯麦从此开启了按小方案统一德意志的序幕。——译者
[②] 指1909年圣诞节前夕，希特勒在维也纳穷愁潦倒，将自己所剩最后一些冬服悉数典当，失魂落魄地进入了一个流浪汉收容所。但不久，又离开收容所，搬进一个廉价的单身汉公寓。后来，希特勒曾说："维也纳对许多人来说代表着无忧无虑的快乐，是享乐的天堂，但对我来说，它只留给我对一生中最悲哀时光的生动记忆。"——译者

德军筋疲力尽，补给线不断拉长，但他们也认为斯大林的红军已所剩无几，无力发动有规模的反击。11月19日，当俄罗斯泥泞不堪的道路有所好转，德军攻打莫斯科进入第二阶段时，东线外军情报部门因侦察手段有限，掌握的红军动向情报少得可怜。

德军力量不足以发动全面行动，希特勒和他的将军们只能集中兵力对莫斯科发动正面攻击。但与期待的相反，德军遭遇了红军顽强的抵抗。降临的冬天成了苏联的盟友，而德国东线军队对此未做准备。德军前行严重停滞。希特勒眼看着到手的胜利如同煮熟的鸭子飞走了。再者，11月18日英国人在北非塞卢姆前线向德、意军发动进攻，这又严重加剧了德国非洲军团的后勤补给。正如1918年秋天，面对毫无希望的战局，德国第三陆军统帅部晕头转向，转而要求政府对外和谈，此时绝望之际的希特勒也曾想到了和谈。然而，这需要一个前提，也就是双方——一方是英国和苏联，另一方是德国及其盟友——都必须认识到，其中的任一方都不可能给予另一方"毁灭性或关键性打击"。[32]

1941年12月1日，冯·博克向希特勒汇报，德军离"耗尽最后精力"[33]的日子更近了。4天以后，经过同元首大本营的商议，冯·博克决定调整前线部署，撤退至伊斯特拉至克林城东部沿线，莫斯科以西方向50公里。12月6日，朱可夫指挥红军开启大反攻，德军的灾难降临了。作战的红军是擅长冬季战的西伯利亚师团。斯大林敢于将这些师团从东线调遣至西线，原因在于一个名为理查德·佐尔格[①]的间

[①] 理查德·佐尔格（Richard Sorge，1895—1944），德国人。1919年加入德国共产党。1925年加入苏联共产党，后被苏军侦察机关录用。20世纪30—40年代在德国、日本等国长期为苏联获取有价值的情报。1941年10月被日本警察逮捕。1943年9月被判处死刑，1年后处以绞刑。——译者

谍在东京搞到情报，称日本扩张目标转向太平洋区域，无力与苏联二线作战。

最终，德国对苏联的闪电战在莫斯科大门前功亏一篑。克里姆林宫的金色圆屋顶已处于德军先头部队的视野范围内。纳粹宣传试图让人相信，德军失败的原因是零下42摄氏度的"冬将军"，其实不然，更多在于希特勒及陆军高层对红军实力和战斗力的灾难性低估。历史从不缺少嘲讽，红军战斗力恢复实际上正是由希特勒对苏联发动种族战争而引起的。

从希特勒种族意识形态的角度看，莫斯科战役的转折属于犹太人的胜利。但在另外一个战场，希特勒相信他可以让犹太人遭受重大失败。在同主要追随者交谈时，他都极其坦率说出这一想法。1941年11月18日，罗森堡同希特勒晤谈之后，对纳粹机构的精选代表发表讲话称，苏联被占区"有义务解决一项摆在欧洲各民族面前的问题，即犹太人问题"。"唯有对欧洲全体犹太人进行生物灭绝，才能解决这个问题。"[34]戈培尔在《帝国》杂志刊登文章强调，犹太人的命运和下场"虽然无情，但完全是应得的"。[35]通过宣传，他渲染德意志民族正面临一场生死存亡的战争，让德国人在一定程度上接受了纳粹解决犹太人问题的方式。在德国民众面前，放逐犹太人的行为已不再遮遮掩掩。

对于来自帝国本土的犹太人，纳粹已制定了法律规章。根据《帝国公民法》第11条规定，这些人干脆被宣布为"人民和国家公敌"。1941年11月25日财政部发布一项规定又没收了他们的财产。这项规定颁布不久前，从老帝国、东部边境区及被保护国的第一批犹太人开始输往里加、考纳斯和明斯克，他们及其后来者离开帝国领土、丧失国籍，被党卫军的行动队系统性杀害，共有数万人。

为加速欧洲犹太人的放逐和灭绝进程，帝国保安总局犹太人处处长艾希曼于11月受命筹备一次跨部门会议。会议原定于1941年12月9日举行，参与种族屠杀的各部门均派代表出席，史称"万湖会议"。会议推迟至1942年1月召开，并非因为希特勒对"最终解决"方案的态度发生改变，而是太平洋战局占用了希特勒及会议筹备者的大量精力。而希特勒竟又诡谲地从中看到扭转其命运的机会。

第六章　扩大为世界战争
（1941年12月至1943年1月）

> 很显然，1942年的行动必须确保我们拥有油田。
>
> ——威廉·凯特尔，1942年春

1941年12月7日，日本偷袭珍珠港，随后德国对美国宣战，欧洲战争由此扩大为世界战争。虽然希特勒数周以来料及日、美会发生军事冲突，甚至可以说，他也期盼这场冲突的到来，但是日本海军的行动着实令他惊讶。现在正如天意所示，日美交战已成事实，不过，希特勒的种族意识形态使命却面临结束。他本指望借机赢得时间，1942年卷土重来，击倒苏联巨人。随着太平洋战争爆发，美国陷入两洋作战，兵力分散，进而拖延对欧洲战事的干涉，或者根本无暇顾及。或许，英国的军力会因此耗竭，被迫同德和谈，以结束战争。

11月中旬德军尝试摆脱困境，希特勒也意识到莫斯科已成为他的灾难。他得到报告，称日本会进攻菲律宾，进而与美国发生冲突。于是里宾特洛甫召见日本大使大岛浩，鼓励日本，称德国会无条件支持远东帝国。东京则向柏林和罗马倡议，三国组成军事同盟一致对抗盎格鲁-撒克逊海上强权，显示了日本对美、英开战的强烈决心。受德苏战局发展的激励，罗斯福向日本政府发出《十点照会》，再次要求日军撤出全中国是美日达成一致的前提，日本对此完全不可能接受。长达数月的美国对日制裁后，日本枢密院断定《十点照会》意味着终止双边谈判，最终于 1941 年 12 月 7 日对美国发动战争。

东条英机内阁清醒地认识到，囿于经济实力，日本无法全面战胜美国。考虑到主力被绑在中国战场，日本只能动用有限陆军在航母编队的支持下夺取太平洋的重要据点，以此期望与美国对抗。在夺取香港、法属印度支那之后，日本觊觎马来半岛和新加坡、菲律宾及另一些太平洋岛屿。在第二阶段，日本还谋求占领荷属东印度及原油丰富的缅甸，并掐断缅甸通道，阻止英国向中国军队提供补给物资。

日本偷袭美军在夏威夷的太平洋海军基地，接着对美宣战，这听起来颇为荒唐。实际上，日本原本并未将此次袭击作为对美国大规模战争的序幕。日本海军联合舰队司令长官、海军大将山本五十六谈及此次袭击，称本意是重重打击可憎的美国敌人，警告其最好避免在太平洋同日本发生冲突。在袭击中，日本摧毁了美军的防空体系，击沉 5 艘、炸毁 3 艘战列舰，摧毁巡洋舰、驱逐舰及其他战舰若干，2404 名美军丧生（多数系"亚利桑那"号水兵），日军阵亡 55 名，只是珍珠港事件所发挥的作用与日本期待的完全相反。

起初，成功偷袭珍珠港掩盖了一个事实，即它对太平洋战争的长期性影响比预想的要小得多。一方面，日军并没有摧毁美国的航空母舰，它们在几周前就已离开夏威夷；另一方面，大多数受毁战舰被打捞、修复并重新投入战斗。负责行动的副海军上将南云忠一放弃发动第三拨进攻，进一步摧毁珍珠港的船坞，被证明属于严重失策。南云忠一担心，本国歼击机在夜幕降临后不能回归航空母舰，而夜降航母的风险不可控，易酿成大量人员伤亡，影响日本海军的可持续作战。

不管怎样，偷袭珍珠港仍是显著的军事胜利，包括 6 艘航空母舰在内的南云舰队行程 6000 公里、跨越半个太平洋，神鬼不知。整个舰队在 11 天航程中严格遵守无线电纪律。在日军偷袭前，美国情讯部门也获得了零星相关情报。然而，更多份解密无线电讯均指向日军将侵略菲律宾，美方据此做了相应准备。至于夏威夷基地为何完全不设防，美国诸多委员会对此进行调查，但原因至今未能得以澄清。

可以确定的是，罗斯福预料日本一定会选择某个地方对美国发起攻击。这样，他就可以借机扭转国内反战的多数民意。总统的考量实现了。1941 年 12 月 8 日，美国对日本宣战，英国和许多国家加入了美国阵营，罗斯福清楚知道他拥有了全国的支持。国会批准了巨额财政拨款。美国经济的运行做出服务于战争的调整，在短时间内启动了军备扩张。历史上还从未有过一个国家能释放如此庞大的资源。

美国对德国宣战的理由，罗斯福都不用费心寻找。受日本海军之激励，希特勒已于 12 月 11 日对美国宣战。而在 5 天前，东条英机内阁明确宣布要将一项关于排除任一方单独媾和的条款纳入军事同盟，德对美宣战的前提条件已摆上桌面。实际上，罗斯福的美国与德意志帝国已实际处于交战状态，希特勒只是做了最后决断。早在 10 月 23 日，美国国会同意将已加入《大西洋宪章》的苏联又纳入其庞大的租借法案。希特勒再次抨击罗斯福，指责其沦为服务于"贪婪犹太人"的工具，如同当年酿就《凡尔赛和约》的威尔逊，谴责罗斯福"撕裂了国家，摧毁了文明，葬送了所有国家的经济"。他在克罗尔剧院发表讲话，向德国人民宣布：德国对美国宣战，声称注定由他引领这一场不可避免的反对"犹太金钱"的战争，他又一次谈及其天命，上天任命他发动的这场战争将为"未来 500 或 1000 年"的世界史进程"造成决定性影响"。[1]

以希特勒的世界观，德国对美宣战只不过是再一次明确现有的种族意识形态阵营的分野。在他看来，这完全是 1917 年形势的翻版，美国加入第一次世界大战，与英国、法国和俄罗斯同属一个阵营。希特勒认为，不到三十年，旨在消灭德国的"世界犹太人"方阵再度集结成型。德意志帝国的普通民众自然不赞成这一观点，也极少有德国人理解希特勒为何对美国宣战。他的做法让民众吃惊，老百姓的信心逐渐丧失，尤其是当时东线的灾难性局势已经无法向公众隐瞒。

最高统帅部勉强接受了希特勒的决定①。将军们不知所措，不敢提出异议，闭上眼睛假装看不到他们的元首一步一步扩大战争，也没人知道战局在哪一条战线才能得以稳固。就如在未能同英国达成妥协、后顾之忧犹存的情况下，希特勒开启了对苏战事，现在对苏战事未了，他又对美国宣战。虽然在时间上还有希望，也就是说，1942年苏联真的有可能会被德国击败，但是在 1941 年最后那些日子里，这种希望更多是幻想，而非现实前景。

东线前沿的德军面临一场灾难，坏消息接连不断：12 月 9 日第 16 集团军撤离季赫温，退至沃尔霍夫河一带。次日，红军在利夫内突破了第 2 集团军前沿地带。12 月 13 日第 2 装甲军团撤离其阵地的突出部——图拉。12 月 14 日第 9 集团军从加里宁、12 月 20 日第 2 装甲军团和第 2 集团军均撤退至从季姆以西、姆岑斯克一线。1942 年 1 月 9 日，苏军在奥斯塔什科夫发起反攻，导致德军一个战斗群在霍尔姆被包围。在伊尔门湖西南、德米扬斯克一带，约 10 万德军同主力部队的联系被切断。苏联出人意料地迸发出能量，希特勒回想这么多年折磨着他的恐惧，懊悔针对世界公敌的斗争动员来得太迟，

---

① 即德国对美国宣战的决定。——译者

愈加认为他的那套理念正当合法。他自以为是地说："如果我们不在1933年取得政权，那么它（指布尔什维克）早就像匈奴狂潮一样席卷整个欧洲……这样的话，我们就无能为力了。没有人知道，我们刚刚差一点就掉进深渊。"[2]

希特勒坚信种族斗争事关生死存亡，且有其历史必然性。因此，作为唯一理性的军事败局解决方案，任何一个大范围撤军的念头，是他从一开始就明确拒绝的。他反而要求前线官兵"疯狂抵抗"。希特勒接替患心脏病的布劳希奇亲自出任陆军总司令，除了关键的东部战场外，他将其他所有战场均移交给最高统帅部。12月底，他再次命令退缩的军队不惜一切代价坚守阵地，从现在开始"要为每寸土地战斗至最后一个士兵"。[3] 他的一些将军——其中35名被撤或被换——已处于神经崩溃的边缘。最终，他们以自我信服的方式更多信赖希特勒作为统帅的"天才"。毕竟形势表明，德国东线战局总体上还能维持，1812年拿破仑及其大军遭遇的厄运也并没有出现[①]。

德军在东线已不堪苏联的重压。无论希特勒还是他的将领们，都不再指望还能够战胜美国。从军事角度看，德军的作战能力已经穷尽。最高统帅部、陆军司令部里的每个人本该早就清楚，德国赢不了这场战争，继续打下去，只会酿成更大规模的灾难。被错误理解的忠诚、机会主义、升职机会以及对希特勒的期待，这些因素混合一体使总参谋部的参谋们继续热切地规划战争，甚至接受了那些发生在东部

---

① 指1812年6月至12月中旬的战役，法国称之为"俄罗斯战役"，俄国则称其为"1812年爱国战争"或"1812年卫国战争"。10月初，为了不让拿破仑大军在莫斯科过冬，俄国将整个城市付之一炬。11月，拿破仑大军不得不撤离莫斯科。法国将这次惨败归咎于恶劣的天气以及他国部队的无能和叛变。——译者

195 战线无法描述的犯罪。1942年1月20日，海德里希主持召开万湖会议①，对系统性、新规模的种族屠杀进行部署。

德国领导层还在酝酿对苏联发动"第二轮进攻"，听起来毫无节制。遥远的距离在作战地图上以铅笔画线予以标明，大家纯粹是在纸上谈兵。位于苏联帝国南部的高加索成为焦点。希特勒和将领们认为，占领那里的油田会给苏联造成致命后果，能为德国解决原油短缺这一核心问题。"很显然，1942年的行动必须确保我们拥有油田，否则，明年我们将打不了仗了"，凯特尔如是说。[4]

考虑到敌方的武装实力以及英、美军力分散于两个战场，德军最高统帅部判断：对苏联战争估计能于1942年结束，1943年英、美会在欧洲大陆开启第二战场。在1942年，德国预测敌人仅仅会在英国、挪威、北非和中东等地设立"跳板区域"，以此为基地强攻欧洲大陆。1942年1月初，罗斯福和丘吉尔在华盛顿举行阿卡迪亚会议，德方获得了会议相关内容，作为情报供其高层研判形势之用。

在阿卡迪亚会议上，美、英首脑商讨了作战计划，强调两国在太平洋进行联合防御，集中所有精力于欧洲战场，口号："德国优先。"
196 两国成立联合参谋长委员会，成员包括双方各军种的参谋长，旨在协调两军作战规划，并将罗斯福、丘吉尔的战略设想付诸具体的军事行动，比如丘吉尔本人力推的登陆非洲西北部。如此一来，尽管美、英之间仍有政治分歧，但面对"轴心国"，它们拥有一项关键优势，即两军可以统一指挥作战。

美、英同盟协调作战更为有效，也与1942年1月18日达成的

---

① 会议在柏林西南郊万湖畔的玛里尔别墅举行，史称"万湖会议"。——译者

《德意日三国军事合作协议》形成对比。当时，日本正开足马力向南扩张。日军已登陆英属马来西亚半岛北部、香港、菲律宾以及关岛和威克岛。从泰国出发的日军已逼近缅甸南端，很快将占领印度和新加坡之间唯一成熟的机场——维多利亚角。日军继续向荷属印度挺进，占领婆罗洲的部分。12月8日击沉英国"威尔士亲王"号战列舰、"反击"号战列巡洋舰，则是日本连胜的序幕。此时的日本人极其自信。

在德国海军部的大力推动下，德、日两国海军武官着手制定针对美、英两军的共同战略。双方极具野心地对世界予以瓜分：以东经70度为界，西部海域归德国，东部归日本，保证相互协调各自海战行动。"如果美、英战舰大多集中于大西洋，日本将强化在太平洋全海域的商贸战争，同时将部分海军力量派往大西洋，同德、意海军携手合作。"作为回报，意大利海军"将进攻并占领英、美在近东和中东、地中海和大西洋的重要基地"。如果美、英将海战重点转移至太平洋，意大利愿意调遣战舰前往作战。[5]

但是上述全球性的战略合作，德、意、日三国海军从未真正实践过。原因之一，三方之间潜藏的互不信任，都以本国利益为导向各自为战，并未真正考虑向世界的另一头派遣战舰。原因之二，三方战略考量并不相容。德国海军部注重吨位战，日本重在消灭敌人舰队。原因之三，三方全球合作缺少必要的后勤保障。哈尔德曾经如此评论德国海军，称他们高估了自己，人在大陆上做梦，认为这场世界大战是一场海战。更确切地说，德国海军横跨全球的作战规划与其实际能力完全成反比。

唯一有战斗力的德国海军是邓尼茨司令指挥的潜艇舰队。他的

"狼群战术"——在大西洋集结潜艇对英、美船只展开攻击——将作战范围延伸至美国东海岸。美、英商船在纽约、诺福克郡等大港口收集货物，在组成编队向欧洲进发之前，德军1942年1月发起"击鼓行动"，利用最先进的IXC型潜艇将编队击沉。德国潜艇的主要作战区域位于北大西洋通道，正好是美、英空中侦察机无法企及的地域。

自从"俾斯麦"号战列舰被击沉[①]后，德国再也没打过海面战争。"格奈泽瑙"号、"沙恩霍斯特"[②]号和"欧根亲王"[③]号均停泊在布雷斯特港内，面临英国空军打击的风险。1941年12月，盟军突击队袭击罗弗敦群岛，希特勒开始担心英、美在挪威登陆。不顾海军部的反对，他下令上述三艘战列舰突破英吉利海峡，同远离英国皇家空军航程范围的"蒂尔皮茨"号会合，在挪威共同执行海岸保卫任务。

意大利海军更为悲惨不堪，其舰只停泊在母港内，忌惮与令人生畏的英国人发生任何正面接触。未加抵抗，意大利人就将地中海拱手让与英国人，北非"轴心国军队"的补给线损失不断加重。为缓解局势，德军一个飞行大队在上个月就已从地中海中间段调驻西西里和克里特岛，几艘潜艇也从大西洋进驻地中海。

[①] "俾斯麦"战列舰于1940年8月建成服役，是当时德国吨位最大、技术最为先进的战列舰。1941年5月，"俾斯麦"号遭到英军突袭，最终沉没。——译者

[②] 沙恩霍斯特（Gerhard von Scharnhorst，1755—1813），普鲁士将军、普军总参谋部的奠基人。出身贫寒，自强不息。亲眼看见了耶拿战役普军败北所受的屈辱。1801年在柏林建立柏林军事学校，1808—1813年任普鲁士军队总监。1813年普鲁士参加反法联盟。——译者

[③] 欧根亲王（Prinz Eugen，1663—1736），奥地利政治家和军事家。生于巴黎，原系法国亲王。曾参与1683年解放维也纳战役，表现出惊人的果敢和智慧。他主张联合普、英反法，为哈布斯堡王朝立下了汗马功劳。20世纪30年代，被塑造为日耳曼的民族英雄。——译者

尽管后勤补给的压力有所减轻，但身在非洲的隆美尔军团还是被迫放弃对托布鲁克、班加西、阿盖拉以及整个昔兰尼加的包围。经过四个星期的撤退和机智的防御战，1942 年 1 月 12 日前，德意军团的主力再次回到原点——锡尔特湾，这是 1941 年 3 月隆美尔军团出征占领埃及的始发地。"沙漠之狐"将形势发展的所有责任推给意大利盟友，又让本已紧张的德意关系跌入新的低谷。隆美尔对这一切毫不在意，1942 年 1 月底，他出乎意料地又发起进攻。闪击效应使他的军团快速向东挺进，相应的后勤保障自然没有得到保证，一些坦克因为燃料短缺在沙漠中多次抛锚。

1942 年 1 月底至 2 月初，对非洲军团供给形势毫不了解的戈林"劝说"墨索里尼，向隆美尔指挥的装甲军团下达进攻托布鲁克的命令。这位帝国元帅空洞地承诺：将在空中为作战部队提供所有必需的补给。考虑到能够重新夺回班加西，墨索里尼赞成了戈林的建议。面对处处强于自己的德国盟友，墨索里尼也不想落于下风。此时意大利海军也取得了一项惊人的成功。在圣诞节前，凭借"人操鱼雷"①击沉了英国停泊在亚历山大港内的"伊丽莎白女王"号、"勇士"号两艘战列舰。

德国步入一个期待和空想的时期。德军虽在东线陷入巨大困境，但日军在远东节节取胜，如同海啸般席卷东南亚。2 月中旬，7000 名英军在新加坡投降。同月，道格拉斯·麦克阿瑟（Douglas McArthur）将军率部队撤出菲律宾。3 月，荷兰人在爪哇岛投降，日本歼击机轰炸澳大利亚达尔文港。这场针对白人帝国主义的解放战

---

① 意军发明的作战手段，即由人驾驶的、在水中潜航、用以毁坏大型舰艇的地下爆炸装置。——译者

争,"拯救者、领导者和亚洲之光"——日本取胜看来已无可阻挡。

在世界的另一端,荒凉的昔兰尼加,隆美尔在他的指挥所幻想着日本能发挥巨大的牵制效应,这样他就能进军埃及,进而占领极具战略意义的苏伊士运河。他甚至想得更加长远,他的部队应挺进至波斯湾和伊拉克一带,"切断俄罗斯人同巴士拉的通道,占领油田并打造一个进攻俄罗斯的基地"。隆美尔还写道:"作为最后一个战略目标,我将对高加索南线发起进攻,占领巴库油田……这样,就具备了集中力量重击苏联巨人的战略前提。"[6] 人们不禁纳闷,这位野心勃勃的将军到底是否清楚完成上述目标需要跨越多大的地域空间。

德国海军部对形势的分析认为,英军在北非的战线将要解体,"印度洋东岸的英国世界体系将会崩溃"。[7] 德、日海军在三国同盟委员会协商,日本海军上将野村指出,"打败英国比打败苏联更加重要,因为在打败英国后,德国可以在日本的支持下完成击败苏联的目标",对此德国海军予以赞同。[8] 1942年2月13日,雷德尔试图说服希特勒接受上述观点。这位海军总司令说:"苏伊士和巴士拉是英国在印度洋统治位于西侧的两大支柱。三国同盟若能合力将其扳倒,对英帝国的战略后果将是毁灭性的。""德、意联军(从利比亚出发)直指英国战略要地苏伊士,具有最重要的战略意义(可使地中海局势彻底明朗化,获得摩苏尔油田,影响土耳其的态度,影响中东、阿拉伯和印度运动,影响东线和高加索)。"[9] 雷德尔认为,德国的作战重点必须从东线转向欧洲的东南一线。

这位海军总司令始终不明白,希特勒并不希望看到大英帝国的瓦解。希特勒的最佳方案是通过各种威胁或有限打击逼迫英国人"回归理性",进而废黜丘吉尔。1942年1月,他在一次圆桌会议上声称:

"如果英国人今天知道,他们能够在战争中幸免于难,那么一定会抢在今天就做个了结,而不是等到明天。"[10] 英国丢失新加坡,希特勒评论:"这是好消息,但也是令人悲伤的。"[11] 在极小范围内,希特勒说,他"宁愿向英国人增派 20 个师,以便重新击退那些黄种人①"。[12]

对雷德尔的战略设想,希特勒表面上颇感兴趣,实际上寸步不离其在东线的"真正战争"。2 月 13 日,希特勒强调:"再次对俄罗斯发起进攻是解决俄罗斯问题"的紧迫任务。[13] 这种情况下,德国海军高层只得将对苏军事行动纳入其全球海洋战略,服务于他们修订后的作战规划。这个规划的内容是,进军列宁格勒,可以确保拉多加湖—顿河—伏尔加河一线成为"大欧洲生存空间",还可以夺得波罗的海的制海权;占领摩尔曼斯克,可切断美、英对苏联的物资供应;在高加索、苏伊士一带集中兵力,侵入伊朗-伊拉克低地,保障德国的原油供应安全。

1942 年 2 月 25 日海军部编纂的备忘录(外交部赞成)与德军战事的实际发展毫无一致。1941 年冬至 1942 年欧洲南线的形势就是证明。地中海运输状况依旧糟糕,隆美尔装甲军团的日常供应尚能保障,但发动进攻所必需的储备却无法得到满足,陆军总司令部总参谋部第一处室也理性地得出这一判断。当德国舰队控制了马耳他这一"不沉的航空母舰",运输船队安全也获得一定保障,舰队需要重新东移的时候,希特勒虽表示出一定兴趣,但还是拒绝了隆美尔提出的对英国在埃及的军队发动有限打击的建议。英国兵败新加坡亦未引发

---

① 指占领新加坡的日本人。同纳粹一样,日本军国主义种族意识极其强烈,也自认为是全球最优秀的民族。《我的奋斗》当时在日本颇为流行。可笑的是,希特勒对日本并无好感,甚至抱有蔑视的态度。——译者

政治后果①。失望之余，希特勒于1942年3月底开始全力筹备东线的夏季攻势。

战胜斯大林的苏联就能解决英国问题，希特勒对此依旧深信不疑。只要日本的扩张不断持续，而不是减弱，希特勒就认为，英国的抵抗意愿完全有可能提前耗尽。山本五十六谋求继续扩大日本在太平洋的势力范围。在南方向，他要求占领新几内亚和澳大利亚，或者至少是其北部海岸；在东方向，他企图占领夏威夷群岛，作为日本在太平洋的突前堡垒；在西方面，日本觊觎印度。1942年3月，日本舰队登陆安达曼群岛，4月初逼近锡兰。但日本消灭英国东方舰队的目标预期落空，舰队躲避进东非海岸。5月初，日、美舰队爆发珊瑚海海战，这是历史上航空母舰首次以舰载机形式参战。日军在战术上获得成功，但未能实现在新几内亚莫尔兹比港登陆的预期目标。

印度有10万人作为志愿军加入英军为英帝国作战，日本的西向扩张对印度带来影响，国内要求独立的呼声不断高涨。国大党领袖甘地、尼赫鲁以实现独立作为印度继续忠诚于反希特勒联盟的前提。英国拒绝在战争结束后承认印度独立，4月丘吉尔委派其"全能型武器"——理查德·克里普斯（Richard S. Cripp）前往印度斡旋，亦告失败，此时印度国内自由运动激化。希特勒会见了钱德拉·博斯（Chandra Bose），这位民族主义者领袖在印度国内的影响力不断上升。1942年8月印度国内局势恶化。甘地要求废除奴隶制，尽快实现国家独立。英国人拘押甘地、尼赫鲁，引发全国范围的暴动，英军随即血腥镇压。英国殖民统治者与其臣民之间关系大受影响。1943

---

① 指希特勒所期待的英国主动同德国寻求和解。——译者

年夏秋，印度国内暴发大饥荒，造成 300 万印度人死亡。丘吉尔听说此事，只是不动声色地问甘地有没有参加绝食。丘吉尔还禁止美国、澳大利亚和加拿大向印度提供食品，禁止德里动用英镑储备购买粮食。由丘吉尔任命的英国驻中东总司令——韦弗尔，此时已任印度总督，指责丘吉尔的态度是"令人反感、怀有敌意和不人道的"。[14]

日本领导层察觉到英国在次大陆的殖民统治走向脆弱。早在 1942 年初，日本曾敦促德意日三国同盟通过一项倡议，共同宣布支持印度独立运动，甚至支持被英国压迫的各民族都实现独立。里宾特洛甫负责的德国外交部已商讨过类似的计划，只是顾及日本的敏感性而搁置，因为印度位于东经 70 度以东，属于日本势力范围。但在第二次，三国尝试发表公告，也失败了。原因在于三国未能达成共识，日本人极不愿将自己的底牌示人，但主因还在于希特勒。但凡容易导致"白人"在次大陆统治终结的行动，希特勒内心里都极其抵触。他也不想搞砸与英国人可能达成的妥协，否则，他将以大英帝国的掘墓人身份呈现于世人面前。

罗马尤其重视三国同盟发表阿拉伯问题声明，出于同样理由，希特勒立场消极，这引起里宾特洛甫的极大不满。德国外交部的伊斯兰政策目的就在于挑起阿拉伯世界内部的动荡和内乱，外交部也认为中东的局势正好也需要这样一份声明。流亡于意大利和德国的耶路撒冷大穆夫提阿明·阿尔-侯赛尼（Amin al-Husseini）积极撺掇此事。他不知疲倦地寻求与"轴心国"合作，共同对抗"英国犹太人"。侯赛尼写道，德国是尝试全面解决"犹太人问题"的唯一强国。在他的倡议下，希姆莱甚至与他合作于 1943 年 3 月成立了一支由波斯尼亚穆斯林组成的伊斯兰党卫军师，即"圣刀师"。

伊斯兰世界日益增长的反帝国主义思潮困扰着丘吉尔，令其不安。1942年初，丘吉尔曾说，英国"绝不能让穆斯林人坏了大事"。[15] 战争初期，伦敦就采取了一系列措施，诸如在首都建造清真寺，有穆斯林信仰的英军士兵的宗教需求进一步得到满足。尽管如此，1942年聚合阿拉伯世界和英国的难度越来越大。自从盖拉尼领导的起义被镇压后，英国在伊拉克的殖民统治就变得脆弱。这位伊拉克前总理跑到意大利后，寻求德、意支持，继续同英国斗争。巴勒斯坦爆发了反英、反犹的民族主义运动。在内部矛盾重重的埃及，法鲁克国王崇拜希特勒，同柏林维持着秘密交往。1942年2月英国人罢黜法鲁克国王，转而成立以纳哈斯·帕沙（Nahas Pascha）为首的亲英傀儡政府。造成的后果是埃及多数军官公开表达对英国的不满，声称只能够为英军提供志愿服务，而此时英军又不得不将其作战主力从尼罗河调往东方。

无论阿拉伯民族主义者，还是英国殖民统治者，他们都以为希特勒会竭力利用英国的软肋达到自己的目的。所有人根本想不到，对英战争开启后的第三年，希特勒竟然仍不打算毁灭大英帝国。他们无法理解，希特勒实际上竟然愿意充当大不列颠海洋强国、殖民帝国的伙伴。丘吉尔也搞不懂。这位战时首相和他的将领都认为北非形势对英国极其严峻。他们判断，德、意联军将很快对苏伊士运河发起猛攻，埃及的防御会捉襟见肘，预计会发生反抗英国占领者的暴动。

还是隆美尔的迅猛进攻再次给北非战局注入了战略因素，只是他的行动根本就不在希特勒的战争计划之内。进攻埃及给予英国人最后一击，迫其"回归理性"，希特勒对此虽不持反对态度，但在他看来，欧洲南线始终是具有防御特点的次要战场。令希特勒担心的是，维希法国在盟军登陆后会站队至英、美一方,这样"轴心国"在北非将处于腹背受敌的最严峻境地。

意大利最高统帅部对进攻埃及毫无兴趣。地位虚弱的墨索里尼另有考虑,他主张占领马耳他,以此作为稳定北非局势的基本前提,并对昔兰尼加发动有限的进攻。希特勒对空中行动较为抵触,因占领克里特岛德军损失惨重一事让他心有余悸,因而在马耳他问题上他让意大利一等再等。经过一番争论,双方最终达成一致,第一步由隆美尔攻占去年曾经围攻过的托布鲁克,第二步是发起"海格力斯行动","突袭"马耳他。4月,希特勒在萨尔茨堡附近的克雷斯海姆宫向墨索里尼做了上述保证。在希特勒看来,占领马耳他风险高,他也看不上意军战斗力。对于他的德苏战争而言,占领马耳他毫无意义。

希特勒并不主张"海格力斯行动",他潜心于筹备对苏联的夏季攻势。原先海军部强调,马耳他具有重要战略意义、认为有必要占领,现在转而又认为消灭"不沉的航空母舰"已无必要。"轴心国"海军原油已极其紧缺,三国决定在全球范围内协商行动,不再顾及原先的战略理念,重新调整作战优先重点。除了继续保障北非护航船队不可或缺的燃料油以外,德国海军部不再向"海格力斯",而优先向挪威的德军重型部队提供燃油。

海军总司令雷德尔曾尝试说服希特勒将海军作战重点转移至地中海东部。劝说未果后,雷德尔也做出了反应。用于挪威边境大西洋海岸巡逻的德国舰只一直没有到位,2月德国海军突破英吉利海峡,进行补足。而在欧洲大陆北端,自1942年初以来,英、美向摩尔曼斯克、阿尔汉格尔斯克运送物资的护航船队不断增多。雷德尔有机会实现自己的意图——获得更多军舰。竞争对手邓尼茨在潜艇战上不断取得成功，雷德尔更加不想落于下风。

1942年2月前，共有12支英、美护航船队、103艘商船经过北海海域，仅1艘商船和1艘驱逐舰被击沉。3月中旬，"蒂尔皮茨"号战列舰在特隆赫姆海域游弋，试图打击PQ.12和QP.8护航船队，但它不仅未能击中船队，反而差点被一架从英国航母起飞的鱼雷轰炸机击沉。3月12日，雷德尔向希特勒汇报情况，要求"尽快组建一支由'蒂尔皮茨'号或'沙恩霍斯特'号战列舰、1艘航空母舰、2艘重型巡洋舰、12—14艘驱逐舰组成的战斗编队"。[16]这当然是空想，由于钢铁紧缺，德国第一艘航空母舰"齐柏林伯爵"号的建造已经中止。此外，上述战斗编队行动所需的燃油也无从获得。但雷德尔主意已决，他坚决要在北海海域围绕护航船队同英国进行海战。

考虑到东线军事行动即将开启，希特勒也相信防御挪威海岸以及掐断英、美在北海的护航船队十分有必要。因此，他下令将更多的海面作战部队、潜艇以及空军力量，其中包括鱼雷轰炸机，调往挪威北部。PQ.13船队四分之一的商船被击沉。英方不得不考虑，在冰层融化之前中止对摩尔曼斯克和阿尔汉格尔斯克的船队运输。而在春季，挪威海岸线一百公里以外全是冰障，大范围绕远运输亦不可行。对苏联物资输送，仅剩波斯走廊以及经太平洋至阿尔汉格尔斯克两个通道。后一个通道选择俄罗斯商船运输，不必担心被日本海军袭击，日本与苏联并未处于交战状态。斯大林进行了干预，因为他知道苏联经济严重困难，民众面临饥荒。"粮仓"乌克兰以及重工业集中的顿涅茨克盆地都在德国人控制范围之内。重要厂房虽已疏散至东部，但复工复产耗费时日。炼钢和采煤量减少了75%。罗斯福理解斯大林的迫切愿望，取道北极的船队运输继续进行。

希特勒感到，掐断苏联的物资输送线对夏季军事行动意义重大，他集结海、空军力量，要在北海打一场物资运输战。这场战争并非海军总司令所设想的由重装舰只主导参与，而是由潜艇和空军部队参与。1942年5月底，PQ.16船队的32000吨货物被击沉，包括147辆坦克、77架飞机和770辆机动车。

德军集中精力在北海区域对付PQ.17船队的同时，隆美尔在北非的昔兰尼加发动进攻，代号"忒修斯"。隆美尔的这次行动从一开始就不是一次局部战争，而是具有战略和全局考虑。他的装甲军团一举一动都备受瞩目。经过艰苦作战，德军占领英军前线的南部据点——比尔哈凯姆，去年双方曾交战数月的托布鲁克就这样掉进德军的包围圈。然而，惊呆所有人的是，占领托布鲁克，隆美尔仅用了一天时间。1942年6月21日，在目瞪口呆的世界舆论面前，南非籍司令官亨德里克·克洛普（Hendrik Klopper）率3.2万名士兵投降。失去托布鲁克及其被高估的港口，预示着英国在埃及的统治开始终结。

形势发展呈现惊人、事后无可辩解的变化。隆美尔军团不断向前推进，直至埃及心脏。德军设想着一路上还能遇到溃败解散的英国部队，有情报说亚历山大港还扣押了维希法国的军舰。在这种局面下，占领马耳他就显得无足轻重了。"军队的状态和士气，缴获物资后的供应状况以及敌人现阶段的弱势，允许我们一直追踪至埃及腹地。"隆美尔向最高统帅部报告的同时，还请求希特勒说服墨索里尼同意他的军事行动。

当海军部高层还"在大陆上幻想"的时候，激动的元首联系到墨索里尼，要求歼灭英国第8军团之残余力量，声称"战争的幸运女神只会眷顾统帅一次"。[17]墨索里尼也急需一场胜利树立荣耀，他乘飞机来到北非，在沙漠老巢德尔纳，坐等他骑上高大骏马、身佩"伊斯兰之剑"，以伊斯兰世界庇护人身份大摇大摆地进驻埃及的时刻到来。占领托布鲁克及其所开启的前景，在希特勒看来，称得上"对德国人民的命运安排"。[18] 他期待着他信赖的这位爱将——隆美尔在挺进埃及的进程中，能无数次迫使英国人退让，英国人会发现他们正在打一场错误的战争。此时希特勒仍固执地坚守英国是德国的永久伙伴这一准则。

隆美尔被任命为陆军元帅，他根本就不等意大利伙伴的首肯。无论是意大利统帅部、德国陆军总司令部以及当地的海军机构，还是掌管地中海空军的南方战争总司令凯塞林（Albert Kesselring），都向隆美尔率军深入埃及腹地的补给问题提出了反对意见，"沙漠之狐"把它当作耳边风，其结果是地面部队燃料不足，空军又无法快速追踪。6月24日，隆美尔的尖刀坦克群仅剩约60辆可以使用，抵达西迪·巴拉尼后，遭到英国皇家空军的肆意进攻，损失惨重。6月27日，德意联合军团抵达马萨马特鲁克，这是进入埃及境内后的第一个较大规模的定居点。

三天后，德意军团对阿拉曼阵地发起进攻。由于卡塔拉盆地，此次隆美尔对阿拉曼无法实施其惯用的法宝——包围战，进攻必须突前，表面看似乎并不特别难，人们预计英国守军不会做过多抵抗。然而，隆美尔在此遇到了痛苦的经历。德军事先根本不知阿拉曼防御工事极其坚固，英国守军也进行了殊死抵抗。围绕阿拉曼阵地，双方交战两天两夜，直至1942年7月3日。隆美尔向最高统帅部汇报，"敌人的强大，我方战斗力欠缺以及运输补给严重紧张"，迫使我们"暂时中止进攻"。[19] 这位野心勃勃的坦克将军试图以突袭方式占领埃及，这一梦想在现实中遭遇了惨败。

希特勒与英国达成安排的梦想也是无法实现的。欧洲南线的局势开始反转。英国人挺过了最艰难的几周，他们的海空军基地、关键战略地点——马耳他开始恢复。印度在一个严格的殖民政权管理下也逐步自立。在太平洋，1942年6月初中途岛海空大战是战局的转折点。日本海军在这场关键战役中丧失4艘最好的航空母舰，美国只损失1艘，即"约克城"。接下来的三年，就是日本对美国的顽强抵抗，其序幕则是围绕瓜达尔卡纳尔的所罗门群岛持续数月的血腥争夺，这场战争在第二次世界大战史上称为"跳岛战术"①。

希特勒感到远东战局并不清晰，而美国对欧洲战局的干预比预料的来得更快。德国对苏联战争，尤其是旨在夺取高加索油田的夏季攻势，时间已不多了。5月初，苏军从其西南方向的顿涅茨克一个桥头阵地向哈尔科夫方向发起大反攻，战局持续一个月，而此前在哈尔科夫以南包围战中，苏军损失极其惨重，前进步伐受阻。对德军而言，克里米亚半岛上的塞瓦斯托波尔港具有重要战略意义，若欲进军高加索，占领该港，方可确保侧翼安全。6月一整月，德苏两军在此激烈交战。

代号为"不伦瑞克"的德军夏季攻势于1942年6月28日展开，以三个军团多的兵力从库尔斯克方向，向红军的布良斯克前线发起进攻。德军东线的兵力已经无法完成其追求的目标。1941年6月发动战争时有320万兵力，如今已损失100万，这其中包括丧生、失踪、

---

① 指不采取逐一收复各岛的战法，而是收复一个岛屿后，跳过下一个岛屿，而攻占下一个岛屿，特别是跳略过防守比较坚强的日军岛屿。通过跳岛占领，以海空封锁的方式来孤立日军占领的岛屿，迫使其最后不得不屈服（或宁死不从地饿死），如此大幅提升收复的进度与成效。——译者

受伤或被苏军俘获的。经历 1941 年冬季后，162 个师团中只有 12 个具备完全作战能力。希特勒将靠后的那些服务机关"梳理"裁撤，仍无济于事。德军东线的主力部队战争物资受损严重，又无法得以补足，只能勉强打防御战。

希特勒不得不更多启用意大利、罗马尼亚和匈牙利的军队。1942 年德国在东线有 100 万非德籍士兵，上述三国占了大部分。成千上万来自西欧和北欧的所谓"日耳曼志愿者"组成了党卫军师，当然其作用往往被高估。1942 年秋，党卫军师共计 14.2 万人（1943 年底达到 25.7 万人）。1942 年发动夏季攻势时，"大德意志"党卫军步兵师、"维京"装甲掷弹兵师是两个规模最大的党卫军师。它们的装备比陆军更好，战场上擅长攻难克险，被宣传为不可战胜、代表希特勒世界观的部队。

7 月 8 日德军抵达顿河。月底，顿河下游西岸的全部地域归德国掌控。苏军统帅部将军队回撤至伏尔加河和高加索，主力部队得以保留。与去年不同，苏方经过精心筹划，主动放弃大片领土，迫使德军战线越拉越长。德军试图切断红军退路，均告失败，原因在于后勤补给根本无法及时提供给先头作战部队。时间在流逝，同苏联的关键战役迟迟不能展开。

希特勒从不利战场形势得出的后果，与去年一样，他追究主要责任人，将 1942 年 1 月担任南方集团军群司令的冯·博克撤职，代之以马克西米连·冯·魏克斯（Maximilian von Weichs）。同去年进军莫斯科一样，此时德国大本营内再度弥漫着胜利幻想，哈尔德尤其如此。这位陆军参谋总长判断，苏军回撤确凿地体现其弱势。7 月 21 日希特勒签发的第 44 号命令，"军事推进出人意料的快速和有利"，这给予我们希望，必须"切断苏联与高加索的联系，特别是其主要原油供应"。[20] 德军作战的目光日益瞄准于伏尔加河畔的一座城市，它拥有苏联领袖的名字：斯大林格勒。

北方集团军群总司令屈希勒尔得到命令，9月底攻占列宁格勒，之后突进至坎达拉克沙的摩尔曼斯克铁路，剪断直通不冻港的物资运输北线。PQ.17船队预计6月抵达摩尔曼斯克铁路的终点——摩尔曼斯克。为了击沉这只船队，德国海军投入了所有在北部的作战力量，包括"蒂尔皮茨"号战列舰、巡洋舰、驱逐舰以及潜艇，辅之以强大的空中支援。按照雷德尔的设想，这项代号为"跳马"的军事行动总算可以让德军重装部队在北海海面摧毁英、美护航船队。从初期发展态势看，雷德尔的设想真有可能付诸实现。但当英军侦察机发现，德军重装部队已聚集北海，预测"蒂尔皮茨"号亦将出动，英国海军元帅达德利·庞德（Dudley Pound）旋即下令其掩护和远程保护机队掉头返航。PQ.17的护航船队就这样解散了，而PQ.17就无助地掉入德国海空军之虎口。然而，此时雷德尔得到情报称英国派出了潜艇，他感觉形势不明朗，担心德国海面舰只的安全，又中途中断了军事行动。此次行动，德国潜艇和空中歼击协同作战，共击沉34艘货船中的22艘。被击沉的货物包括3250辆机动车、430辆坦克、210架飞机和约10万吨补给物资。从此再也没有船队通过北海向摩尔曼斯克输送物资，一直到1942年12月。

在这种情况下，以猜疑而出名的斯大林对资本主义强权更加持保留态度。更糟糕的是，斯大林感觉到英、美在开辟第二战线问题上一直在敷衍。他原本指望，在德国夏季攻势到来之前，也就是1942年初，苏联压力能有明显缓解。英、美曾有过于1942年登陆欧洲大陆的想法，但是英国对外战事接连遭遇挫败和危机，导致丘吉尔陷入内政困难，丘吉尔反而不再主张登陆。罗斯福也未能说服他于当年夏季开辟第二战线。"没有什么比苏联溃败更糟糕的了……我宁愿失去新西兰、澳大利亚，或不管哪个地方，也不愿看到俄罗斯屈从"，罗斯福致丘吉尔的信中这样写道。[21]

在领土割让问题上，英、美领袖面对斯大林，做法不尽相同。英苏商谈结盟条约时，丘吉尔原本做出大幅妥协，将波兰和波罗的海各国归入苏联，这仿佛也是英国因第二战线落空而给予斯大林的补偿，但这一切被罗斯福挡住了。为了不危及反希特勒联盟，1942年5月26日，莫洛托夫终于代表苏联签署了一项斯大林从未打算履行的协议。根据该协议，各方有义务遵守"既不独自追求扩大领土，也不干涉他国内政"。[22]

斯大林对苏联今后在欧洲领土的真正设想，1941年12月访问莫斯科的英国外交大臣艾登就已领教了。根据莫洛托夫的阐述，莫斯科除了要求获得希特勒-斯大林协议规定的给予苏联的领土外，还要得到更多。莫洛托夫重申了他1940年11月最后一次访问德国时的领土要求，即芬兰在北冰洋的领土——佩特萨莫以及罗马尼亚西部基地。至于德国，苏联方面要求其成为一个瘦身的躯干型国家，剥离奥地利、巴伐利亚和莱茵兰。东普鲁士归波兰，克莱佩达区和提尔西特归苏联。

1942年6月莫洛托夫访美，同美方在华盛顿的会谈似乎又表明美、英同意于1942年开辟第二战线。但7月底，罗斯福和丘吉尔最终仅仅达成了一个小共识：登陆"轴心国"的薄弱侧翼——法属非洲西北，继而进攻欧洲大陆。英国这么做，显然旨在强化它在地中海的野心。8月中旬，丘吉尔访问莫斯科时向斯大林表明了上述考虑，后者更加相信精于算计的英、美是要让苏联红军单独、全程地面对德国人。1942年8月19日，英国和加拿大军队在法国大西洋海岸的迪耶普突袭登陆，行动在当天即宣告中止，这又证实了斯大林的猜测。

不过，试图登陆迪耶普使希特勒感到盟军在法国大西洋海岸登陆不会等太久。数周前，德国空军侦察机也得到了英军在英格兰南部集结的情报。为此，希特勒从俄罗斯战场调回一个党卫军师，并下令禁止从西线往东线调动部队。1942年8月25日，伦德施泰特从希特勒那里接到命令，负责加固大西洋沿岸防线，要求构筑一个不可逾越的"大西洋堡垒"。为弥补紧缺的劳动力，最高统帅部倡议从占领区中征募民众充当强迫劳工。在长达约3000公里的防御线上矗立起碉堡和各种前沿阵地障碍物，设计和建造归托特组织负责。

此时，党卫军帝国领袖希姆莱启动了"最终解决方案"。根据艾希曼关于万湖会议所作的文字记录，当时欧洲有约1100万犹太人，其中五分之四生活于苏联前国土。1942年3月底，戈培尔拜访希特勒。此后关于给犹太人安排的命运，戈培尔写道："元首的预言，也就是犹太人会引发新的世界大战，现在正以最可怕的方式成为现实。在这些事情上，切不可多愁善感、优柔寡断。如果我们不自卫，犹太人就会毁灭我们。这是雅利安人种与犹太细菌之间的生死之战。没有别的政府和政权能筹集足以系统性解决该问题的力量。在这一点上，元首是坚毅的先驱，他是一种极端解决方法的代言人，根据目前之形势，这一方法已成必须和无可避免。感谢上帝！在战争期间，我们拥有一系列和平年代受阻止和禁用的手段。"[23]

所谓"一系列手段"指的是一种状态，战争占据了德国百姓的所有时间和空间，以至于他们几乎从不关注犹太人的前途命运。屠杀又发生在东方。索比堡、贝尔赛克、特雷布林卡，在普通德国人看来完全是一个另外、遥远的世界。"莱茵哈德行动"于1942年夏实施以后，满载犹太人和吉卜赛人的列车从波兰总督府出发，到达上述地方。最初这些到达灭绝营的"新移居者"在一个密封空间，被从钢瓶释放出的一氧化碳极其痛苦地杀害。这种谋杀此前曾发生过，纳粹曾采取安乐死手段处置"无价值生命"。后来由于毒气室的处置能力跟不上需求，又将内燃发动机的废气有效利用，付之于杀人。

根据"莱茵哈德行动"，大批人从波兰总督府区域运输至灭绝营。在此之前，纳粹由东向西对欧洲进行"地毯式搜索"，确保欧洲从此"再无犹太人"。德国外交部负责与德国占领区的各国政府进行商谈。犹太人运输先从比利时、荷兰和法国开始，党卫军和帝国保安服务处人员在当地警察的帮助下大肆搜捕。法国赖伐尔政府承诺"驱逐"德占区和非德占区内的所有无国籍的犹太人——他们大多数来自德国移民流亡家庭，以换取法国犹太公民不被遣送。

唯独在意大利占区——里维埃拉，墨索里尼的占领当局阻止法国警察拘捕犹太人。在希腊和南斯拉夫，意大利占领当局也同样这么做。意大利虽曾在德国施压下通过了几部针对犹太人的法律，但他们对放逐根本不搭理。希特勒的种族政策在墨索里尼这儿不管用。匈牙利王国摄政霍尔蒂也是如此，他起初也颁布了几部反犹法律，让希特勒满意，但他拒绝把70万匈牙利犹太人交付"最终解决"。只有那些在德军侵入加利西亚后逃到匈牙利的"异乡犹太人"，被交付给正在南方集团军群后方活动的德军行动小组。保加利亚国王鲍里斯三世交出了 1.1 万名从色雷斯和马其顿那一带新近逃过来的犹太人，而拒不交出本国犹太人。

在一些反犹主义根深蒂固的国家，诸如斯洛伐克、塞尔维亚、克罗地亚和罗马尼亚，他们的政府对"最终解决"展现了合作开放的态度。反犹的主要针对目标是那些未被同化的犹太人群体。罗马尼亚曾于 1940 年将近 60 万境内犹太人宣布为无国籍，次年就发生了真正的犹太人屠杀。成千上万的犹太人从被重新占领的布科维纳和比萨拉比亚，遭送到由罗马尼亚军队控制的德涅斯特河沿岸，之后在那里的聚居区艰难度日。犹太人也曾被盟国驱逐至乌克兰，成为在那里的德军行动小组的牺牲品。

很快，从全欧洲发出的装满被放逐者的列车陆续抵达索比堡、马伊达内克，尤其是奥斯维辛-比尔克瑙——同海乌姆诺一样自 1939 年始被德国吞并，成为帝国领土。奥斯维辛原本打算用于关押俄国战俘，但因其交通便利，与上西里西亚铁路网相连接，被希姆莱选定用于"大行动"之基地。奥斯维辛已成为纳粹大屠杀的象征，它不仅是"杀人工厂"，而且是工人储备库。就在其附近，党卫队与法本化学工业公司①建造了一家大型基地，生产德军战时急需的合成燃料。

被放逐者抵达奥斯维辛集中营的那一刻，党卫队的医生决定他们是否有工作能力、是生或者死。老、弱、病或孩童，在被"挑选"后谎称需要杀菌消毒而直接送入外貌似农庄的毒气室，被一种氰化

---

① 二战期间，法本化学公司生产合成燃料和合成橡胶、甲醇和润滑油、炸药、黑火药等，助力德国战争。1942 年，法本利用其与党卫军的特殊关系，在奥斯维辛集中营的 3 号营地修建了一家集中营工厂。恶劣的生活环境和繁重的体力劳动，使这家集中营工厂变成了人间地狱。——译者

物化学药剂"齐克隆B"[①]毒死。前一年，集中营长官鲁道夫·赫斯[②]（Rudolf Höß）就对苏联战俘试用了这款由法本化学工业公司生产的毒剂，认为十分合适。1942年7月中旬，希姆莱实地到访奥斯维辛，亲自了解"灭绝全过程"。他对将被杀害者扔进万人坑提出指责，随即他要求重新挖开万人坑，将所有死者遗骸在比尔克瑙焚烧殆尽。同时，他又下令建造焚尸炉。大约90万人在奥斯维辛被杀害，另有20万死于疾病、虐待或医学试验。[③]

希特勒认为灭绝欧洲犹太人是一项战争手段。此时他完全忙于筹备东线战争。他害怕盟军在大西洋沿岸登陆，他所剩的时间也不多，于是决定修改其南线的进攻计划。原本打算以顿河大弯曲部至伏尔加河一线作为主要进攻方向，在那里击溃集结的苏军主力，进而封锁顿河至伏尔加河的陆桥、切断苏军后勤的电力。紧接着，往工业区以及迈科普、格罗兹尼和巴库三个油田发动进攻。而更新后的作战计划显得古怪，正如7月23日发布"关于继续推进不伦瑞克行动"的第45号命令所要求，以斯大林格勒和高加索为两个目标同时发起进攻。这一决定导致了力量本已较弱的德军更快速地滑向灾难。

起初德军的进攻很有计划。8月15日，第6军团抵达卡拉奇附

[①] 一种结晶的氢氰酸。将这种药品从一个小洞投入毒气室，约需3—15分钟，即可杀死室内所有人，时间长短视天气情况而定。——译者

[②] 1900年生于巴登-巴登。1922年加入纳粹党。1930年加入党卫军。1934年成为"骷髅队"一员，该队伍的主要任务就是守卫各地集中营。赫斯最初任职于达豪。在纽伦堡受审时对自己的杀人罪行供认不讳，甚至还夸大其词。曾洋洋得意地说，在奥斯维辛由他监督消灭的有250万人，还不算另外"听任饿死"的50万人。被判死刑。——译者

[③] 此时集中营已成为"死亡营"（"灭绝营"）。两者差异在于，集中营总还有将来某个时候被释放的可能性，而后者，若再加上是犹太人，几无可能幸存。"死亡营"是纳粹以工业化手段实施种族灭绝的场所，是其恐怖统治最邪恶的象征之一。——译者

近的顿河，包围并消灭苏军两个军团共 8 万士兵。德国坦克先头部队距离通往斯大林格勒的大门仅 80 公里，大门似乎就要被撞开了。根据希特勒的意愿，红军要被消灭在斯大林格勒。第 6 军团司令弗里德里希·保卢斯（Friedrich Paulus）比较克制，但他也希望，"经历近几周的毁灭性打击，苏军已不再拥有关键的抵抗力"。[24] 5 天后，他的军队集结于这座伏尔加河城市前沿发动进攻时，他领到了一场教训。瓦西里·崔可夫（Wassili Tschuikow）司令指挥的强大苏军让保卢斯很快意识到，如果一切陷入消耗战，他的军队必然落败。10 月 7 日保卢斯致电元首大本营的元首首席副官鲁道夫·施蒙特（Rudolf Schmundt）："争夺斯大林格勒极为艰难，进展极其缓慢，但每天都会有一点进展。归根结底这是人和时间的问题。但是我们能搞定俄罗斯人。"[25] 情况更糟糕的是，保卢斯察觉到其侧翼成为软肋，镇守那一带的是作战力较逊的罗马尼亚和意大利军团。也就是说，第 6 军团被拥有地利优势的崔可夫军队包围只是一个时间问题。

德军向高加索的推进颇为顺利。8 月上半月，占领了迈科普及其被苏军毁坏的石油开采设施。为重新修复并启用这些设施，德军专门为此组建一个 6000 多人组成的"原油工程局"。8 月 12 日，德军山地步兵部队在高加索最高山脉——厄尔布鲁士山挥舞起帝国战旗。但很快德军在苏呼米停滞不前。德军劳师远征，筋疲力尽，后勤急剧短缺，再加上红军的死命抵抗，面临的局势日趋恶化。

希特勒在东线的夏季攻势已然失败，在北线德军也未能攻占列宁格勒和摩尔曼斯克铁路。如果 1941 年 12 月德军兵临莫斯科城下，统帅部矢口否认已输掉战争，那么现在，整场战争的输赢已显而易见。对手拥有的物资优势如此巨大，德军战术上再精妙也难以挽回败局。

9月8日希特勒的陆军副官恩格尔记录道："1942年夏的所有目标都未能实现，元首看到了对俄战事无穷无尽。他自言自语：冬季就在大门外面，这是何等可怕。要不然，他也无处可退。"[26]

希特勒没有下达撤军的命令。按照他那套种族意识形态理论框架，这场同犹太-布尔什维克的战争事关你死我亡。世界拯救者一旦失败，他也将一无所获。无论平时相对乐观的陆军参谋总长，还是最高统帅部和陆军总司令部的其他人员，他们都必须严守士兵操作准则，自然无法理解希特勒脑中所思所想。理性理智与意识形态的教条主义截然对立。处于神经崩溃边缘的哈尔德严词顶撞希特勒，要求其做出"唯一可能的决定"[27]，即从前线撤军。希特勒立刻将这位参谋总长撤职，代之以库尔特·蔡茨勒（Kurt Zeitzler），希望从后者嘴里少听到一些令人沮丧和泄气的形势分析。

希特勒越来越远离现实。他自以为已经"占领"了斯大林格勒。11月9日，他在一次必须出席的纪念大会①上讲话声称，"只是还有一些极小的地方"，继续被敌人占据着。[28]此时第6军团的境遇越来越困难。对于这位德国最高统帅而言，胜利和灭亡的问题纯粹就是坚持的意志。于是在玄学的层次，坚毅被希特勒奉为雅利安战士的杰出品格。宣传部长戈培尔也大肆强调纯粹的意志。就像以往，坚守意志让一小撮纳粹分子上台执政，而现在它又让德国军队与数量十分庞大的敌军抗衡。

坚守意志转换成军事命令就是"不惜代价的坚持"，这同样针对北

---

① 指纪念慕尼黑"啤酒馆政变"的活动。1923年11月8日晚上希特勒在慕尼黑发动政变。1933年掌权后，希特勒每年都会出席纪念政变活动并举行演说，这项传统一直保持至1942年。——译者

非战场。英国第8军团总司令伯纳德·蒙哥马利①（Bernard Montgomery）当年曾参加过敦刻尔克大撤退，11月2日在阿拉曼要塞向隆美尔的装甲军团发起进攻。隆美尔正准备有序撤退，希特勒转告他，强大的意志战胜强大的敌军，这在历史上并不罕见。他的军队面前只有一条道路，"要么通向胜利，要么走向死亡"。²⁹"沙漠之狐"还是撤军了，而且没带来负面后果，戈培尔的宣传部门称隆美尔为帝国最受欢迎的军队将领。军事学家认为，隆美尔多次成功避免被兵力优势明显的英军毁灭，保住了不断缩水的装甲军团，这次撤退是他最伟大的军事成就。11月13日英军开进托布鲁克，20日开进班加西。下一站的黎波里似乎已成为英国人的囊中之物。

意、德在北非的地位遭到英、美的威胁，希特勒一直担心的局面出现了。11月6日，美国将军德怀特·戴维·艾森豪威尔（Dwight D. Eisenhower）指挥英、美10万士兵在法属摩洛哥和阿尔及利亚登陆。虽然贝当下令放弃抵抗，但双方仍在卡萨布兰卡和奥兰发生激战，法国海军损失惨重。正如1940年英国舰队袭击米尔斯克比尔港，希特勒再一次尝试将维希政府拉入"轴心国"阵营。他邀请赖伐尔总理到慕尼黑，但这个法国人了解德军东线面临的困境，不想明确站队。当赖伐尔大谈特谈希望与帝国保持友好关系之时，贝当（刚刚宣布与华盛顿正式断交）又授权其副手弗朗索瓦·达尔朗（François Darlan）海军上将与英、美签订秘密停火协议。

1942年11月11日，疑心颇重的希特勒终于实施"安东行动"，

---

① 伯纳德·蒙哥马利（1887—1976），生于伦敦。二战期间，任英国第8军团司令。1942年在北非阿拉曼战役中打败隆美尔。1943年逼迫德军在突尼斯投降。率军攻占西西里岛，登陆意大利本土。1951—1958任北约军队副司令。曾两次访华（1960年和1961年）。——译者

即筹备许久的对法国南部非占领区实施占领，起初还不准备占领维希法国统治区和土伦军港。同时，意大利军队占领法国里维埃拉、登陆科西嘉，法军中止了与盟军的交战。艾森豪威尔又与达尔朗签署协议，承认后者为维希法国在北非的领袖。11月中旬开始，达尔朗同行——亨利·吉罗（Henri Giraud）将军率领北非的大多数法军同"轴心国"交战。为了阻止停泊于土伦港的60多艘法军舰只落入达尔朗之手，希特勒命令德军月底前占领土伦。但德方的意图落空了，因为基地司令拉博德（Jean de Laborde）海军上将已及时下令自沉舰艇。

围绕突尼斯的一场竞争拉开序幕，如同当年争夺的黎波里塔尼亚。为了阻止英、美占领比塞大和突尼斯附近具有战略意义的机场，南部集团军群总司令、陆军元帅凯塞林派出伞兵部队。11月17日，德国人首度与美国人正面交火，美国人未能以突袭方式快速占领突尼斯。最后发挥作用的是一支德国坦克部队，尽管它只在名义上还是一支有实力的军队。1943年1月底德军放弃的黎波里后，隆美尔装甲军团残部同样回撤，汉斯-尤尔根·冯·阿尼姆（Hans-Jürgen von Arnim）司令率领这支坦克部队以突尼斯为桥头堡顽强抵御美军的进攻。但是，无论陆路，还是海空，英、美同盟都具有优势，"轴心国"丢掉北非只是时间问题。

此时，冬季的东线所发生的情况正如几周来所呈现的。1942年11月19日，红军集中兵力从顿河的桥头堡、斯大林格勒南部两个方向发起大反攻。驻守在那里担任防御任务的罗马尼亚、匈牙利师团装备差，被红军彻底碾压。仅仅三天后，红军的两个攻击楔子在卡拉奇合拢，完成了对德军及其盟军共25万人的合围。眼看弹药和食物渐趋穷尽，保卢斯请求元首给予放弃重型武器进行突围的行动自由。希特勒却下令要求保卢斯退守等待增援。增援方案交代给冯·曼施坦因元帅——塞瓦斯托波尔要塞的占领者。同时,希特勒下令从空中给受困将士提供补给,戈林对此又做了一番自大的承诺。

北非局势发展对意大利极其不利,墨索里尼不断失去国内民众的支持。12月初,他通过戈林向希特勒施加影响,"以这种或那种方式结束"对苏联战事。出于自身利益,他转而要求"轴心国"将所有力量集中于欧洲南线,防御英、美的进攻。此时的墨索里尼受理性评估战局的驱动,还谈到了与苏联停火以及建立一道可以抵御任何敌对进攻的"防线"。意大利外长齐亚诺伯爵赴拉斯滕堡①往见希特勒时,也向后者提出了上述意见。齐亚诺访问前,他已感到意军在斯大林格勒战场前景渺茫。之后意军在顿河大弯曲部被彻底消灭,对第6军团的包围圈越来越小。霍特指挥的装甲军团赶来增援,在离斯大林格勒48公里的地方停止了前进步伐。

齐亚诺外长的算盘没有实现。希特勒承诺向突尼斯增派军队,但至于结束对俄战事,这位意大利客人从元首那里听到了坚定不移的立场:"犹太人给世界造成威胁",布尔什维克如果战胜东线德军,它们将"席卷整个中欧、吞掉西欧"。希特勒还语带怒气地说:"那些颠覆性的力量,尤其在法国,会急切地支持布尔什维克,破坏性力量会将在各处争夺权力……布尔什维克的胜利意味着欧洲文明的灭绝。"[30] 日本与苏联建立有外交关系,也未处于交战状态,提出愿意

---

① 位于当时德国东普鲁士,著名的"狼穴"("元首大本营")所在地。今波兰东北部肯琴东约15公里的密林内。"狼穴"专门为"巴巴罗萨计划"而修造,由一系列地堡和碉堡构成。四周有诸多野外防御工事和犬牙交错的地雷网。希特勒在此前后共住了800多天,曾评价:"在欧洲这是少有的一处,我可以在这里自由自在,安泰从容地工作。"——译者

在德、苏之间展开调停，但遭到希特勒的拒绝。

德军在斯大林格勒的厄运不断持续。1943年1月中旬，崔可夫的军队对日渐缩小的包围圈发起总攻，战局进入最后阶段。希特勒一度抱有不切实际的期待，他以为第6军团也许还能坚持数月，也许最终还能突围，像发生在霍尔姆、德米扬斯克的那样，这些期待烟消云散。包围圈很快被分割，德军成批死亡，极其惨重。总参谋部军官海因里希·格拉夫·多纳-施洛比滕记录：大多数士兵已如此疲惫，以至于他们"宁可躺着挨冻"。到处都是尸体和奄奄一息的士兵，士兵们"没有武器，也没有军鞋，用破烂布裹住双脚，脸上结满冰碴、消瘦无比"。他还看到，士兵的脚已完全冻坏了，只得用膝盖在冰上滑行。保卢斯恳求希特勒同意投降，遭到回绝："不得投降，战斗至最后一颗子弹。"[31] 希特勒根本不允许他的战士在一个以其死敌命名的城市举枪投降。这首先是个原则问题。其次，将苏军捆绑在斯大林格勒，确保德国高加索军团的撤退路线不被切断，这一战术考虑也不是没有任何合理性。

希特勒将斯大林格勒灾难的罪责推给盟友，称他们的军队没有坚强战斗意志，表现失败。他认为戈林要承担相当一部分责任，承诺要给第6军团空投物资完全是一番空话。唯独希特勒自己无须承担任何责任。这些天，他在元首大本营着实无地自容。当年的纳粹党夺取政权纪念日①上，他甚至未就国家面临的不利形势发表公开讲话。他让戈培尔代为宣读一份元首公告，大谈"战斗之英雄""万能"以及"坚信会取得最终胜利"等。这是对现实的逃避。保卢斯和他的第6

---

① 指1943年1月30日。——译者

军团无论兵力还剩多少，除了投降已别无选择。为此希特勒暴怒，他认为德国元帅绝不能投降。为了逼迫保卢斯英勇就义，希特勒火线晋升其为元帅。① 俘获保卢斯及其一些德国将军的一名苏军少将后来称："因为晋升元帅而选择就义？他们都是些胆小鬼，他们可没有勇气选择死亡。"32 这场伏尔加河畔的大战，德军勉强幸存 9 万多人，沦为苏军俘虏，绝大多数未能再回到自己的家乡。② 之前从未有过一支德国军队遭遇如此重大惨败。

值得注意的是，斯大林格勒保卫战导致逾 50 万苏联士兵和平民丧生，希特勒若能从即将到来的败局中找到一条出路，那么他就不是那个坚守"要么胜、要么亡"的理念和种族意识形态的狂热信仰者。在结束对德国战事问题上，斯大林反而放得很开。他知道第二战线无望开辟，无论付出多大牺牲、消耗多少资源，一定要战胜德国。他担心，苏联会在这场战争中精疲力竭，末了，属于苏联的胜利果实被一个强大的阶级敌人③所骗取。

德苏战争已导致数百万人丧生，希特勒难以想象的残暴行径，这些都无法阻止斯大林这位冷酷理性的强势政治家试探着同柏林媾和。这件事发生于 1942 年 11 月。芬兰驻德国公使告德国外交部，苏联驻

---

① 1943 年 1 月底，保卢斯及其军队完全被俄军包围，只有两条路可走：非死即降。1 月 30 日，希特勒来电报晋升保卢斯为陆军元帅。这对后者而言等于收到催命符。此前，希特勒曾在另一场合称："在德军历史上，从来没有一个陆军元帅是被俘的。"——译者

② 1955 年 9 月，西德总理阿登纳访苏。经过激烈谈判，双方就西德与苏联建交、苏方归还德军战俘等问题达成共识。此后，第一批返回西德的德军将士数目近一万，约有两万多拘留在苏联的平民陆续回国。但在西德，人们原先估计应返国的战俘数目要比这高得多，最终又不得不接受苏联的说法：几十万失踪者或已阵亡，或已在战俘营里死去。——译者

③ 指美国。——译者

瑞典公使馆通过芬方探询德方，可否在维持交战前两国边境的基础上恢复和平。里宾特洛甫随即派出德国外交官彼特·克莱斯特（Peter Kleist，1939年8月曾陪同他一道出访莫斯科）前往斯德哥尔摩。同时，他请示希特勒给予其同苏联秘密谈判的授权，遭到后者的严厉拒绝，语气比此前对待齐亚诺外长稍显克制一些。但是，德苏双方商定1943年春再进行接触，以后也要保持联系。美国和英国虽属于反希特勒联盟，但斯大林一直相信这两个阶级敌人会同希特勒达成和解，莫斯科自然有意给他们施加压力。

卡萨布兰卡会议（1943年1月14日至24日）上，罗斯福和丘吉尔宣布他们的战争目标是德国"无条件投降"，这也是在向没有与会的斯大林发出信号，称得上是一种营造互信、打造共同合作基础的措施。不过，这位格鲁吉亚人依然维持着他的其他选项。除要求德国"无条件投降"外，英、美领袖谋求不受任何限制的活动空间，以重新构筑战后欧洲体制。关于战败德国的国体，英、美领袖尚无具体设想，确定的是再也不能按照威尔逊"十四点方案"，而是要依据《大西洋宪章》的规定改造德国。

"无条件投降"这一说法的内涵超越了军事层面，它也暗指三个轴心国，尤其是德国国家主权的终结。这一说法在国际法上前所未有，其动机并非在于纳粹所犯下的罪行，而在于英、美自认为有资格按照自身定下的规则重新整治世界。颇具讽刺意味的是，这正好也完全符合希特勒对这场事关德国生死之战的前景设想。卡萨布兰卡会议结束数天后，希特勒得知英、美将德国"无条件投降"作为战争目的，最终坐实了对他而言一直十分清晰的理论，即躲藏在英、美列强幕后的"国际犹太人"欲置德国于彻底灭亡之境地，是他的主要敌人。

第七章　轴心国转入防御

（1943年2月至1944年6月）

> 苏联军队将单独面对依旧强大和危险的敌人。
>
> ——1943年6月，约瑟夫·斯大林对富兰克林·罗斯福如是说

斯大林格勒保卫战是二战期间各方都能切身感知的转折点。然而，战争的实际转折发生于一年前，也就是德军东线部队兵败莫斯科城下之时。伏尔加河畔的悲剧撕碎了希特勒及德国领导层的战略考量。他们和整个德国都无比吃惊。"坚持下去"的口号继续叫喊着，但就算是最顽固的纳粹分子，也不再相信德国还能赢下这场战争。对这一灾难性的发展，大多数德国人并没有归罪于希特勒。从东线前方回国休养的人谈起前线发生的所有糟糕和可怕的事情，他们都令人惊讶地免除了希特勒的罪责，称需要承担首要罪责的是希姆莱及其党卫队。希特勒在德国人心目中依旧是一个团结民族、带领国家恢复故有辉煌的超人。民众对他抱有狂热的情感，依然信赖他必定能找到出路。如果不是他，又还能是谁呢？

当然，在德国各种社会组织内部开始出现各种抵抗势力。它们是小组或社团，从事着性命攸关的地下活动。之所以选择地下，是因为即便在教堂和修道院的门口也活跃着盖世太保胡作非为的身影。抵抗势力多源于基督教和社会民主人士，也有共产党人（多为象征

性的单一行为），其行动局限于标语和传单的筹备，正如大学生抵抗组织——绍尔兄妹的"白玫瑰小组"①所做的那样。属于"克莱稍集团"②的赫尔穆特·詹姆斯·莫尔特克伯爵（Helmuth James Graf von Moltke）曾任最高统帅部战争管理委员会成员，他招揽了来自不同阵营的希特勒反对者：前社会民主党议员朱力斯·雷贝尔（Julius Leber）、耶稣会神父阿尔弗雷德·德尔普（Alfred Delp）、工会会员阿道夫·莱希怀因（Adolf Reichwein）、法学家彼特·约克·冯·瓦尔滕堡伯爵（Peter Graf Yorck von Wartenburg），最后这位是普鲁士陆军元帅的后代。

大家都知道，在这样一个民族共同体中，他们自己是被唾弃的那部分。这个共同体艰难度日，面对重大创伤又抱团取暖。共同体内越来越弥漫着一种接近宿命的气氛："现在真正要出重拳了！"、我们一定能挺过去！就算盟军即将对德国各大城市进行地毯式轰炸，也未能激发这些受压迫民众对纳粹的抗争。持续不断的空中轰炸实际上起了反作用。戈培尔的宣传机器一再将苏联描绘成"布尔什维克堡垒"，恐惧的民众对苏联避之不及。还有显而易见的一点，民众日益仇恨"国际犹太人"，在主观上就把犹太人视为世界战争灾难的始作俑者。

戈培尔的宣传手法如魔鬼一般的炉火纯青。1943 年 2 月 18 日，

----

① 白玫瑰小组（Weiße Rose），德国慕尼黑大学的抵抗性组织，建立者为绍尔兄妹——汉斯·绍尔（Hans Scholl，兄）与索菲·绍尔（Sophie Scholl，妹）。因在慕尼黑大学散发反战传单、非暴力抵抗希特勒而被纳粹判处死刑。——译者
② 克莱稍集团（Kreisauer Kreis），又称克莱稍团体，纳粹德国高层的一个秘密反叛组织，密谋推翻希特勒，因其常在西里西亚的克莱稍村聚会而得名。其成员参与了 1944 年 7 月 20 日的暗杀希特勒事件。——译者

他在柏林体育宫殿演讲①，描绘了一幅世界末日场景："蜂拥而来的苏军师团"的背后是"犹太人清算司令部"；"但在这一切的背后"，"恐怖势力、百万忍饥挨饿的幽灵、彻底无政府主义的幽灵已经蠢蠢欲动。这再一次证明，国际犹太人是导致腐烂的可怕发酵酶，它们正以嘲弄挖苦的态度，满意地看着这个世界滑向最深的无秩序状态，看着数千年的文明走向没落"。[1]

戈培尔将斯大林格勒宣布成民族殉难，声称唯有这样必要的经历，才会有"最终胜利"。通过斯大林格勒的净化，现在的德国人民积聚了坚定不移的意志，将克服现实困难，奋然起立，"掀起强劲的风暴"。戈培尔渲染的总是这些信念能够战胜现实的画面。帝国保安处撰写的机密形势报告指出，戈培尔精心筹备的表演确实打动了整个国家。也许原因还在于，由于现实无法忍受，因而陶醉于虚幻的需求变得十分强大。

希特勒始终坚守非生即死的主义。面对他的军队将领，除了不断发出继续战争、打完最后一颗子弹、相信"不可能之奇迹"等命令外，别无他选。如果说，这场战争在希特勒内心已趋于极端化，那么原因较少在于他自己，更多在于他周围的几名大员，尤其是在体育宫殿大声宣布"全面战争"②的戈培尔。希特勒转而谋求强劲的国家能动性，他要求毫无顾忌地发挥国内的动员力，但是官僚主义又无法打

---

① 这是纳粹高层在斯大林格勒战役之后发表的首次演说，旨在鼓舞士气，激励民众。希特勒本人没有出席，但他后来称赞戈培尔的演说为"心理意义上的杰作"。台下听众多数为纳粹各个党组织派来的，其中有普通的知识分子和演员。他们在政治上受过最佳训练，能够准确地在该鼓掌的时候报以热烈掌声。——译者
② 指国家实施总动员，全力以赴进行的战争。——译者

破惯常的体制结构。施佩尔①接替托特任帝国装备部长后，陆军装备生产持续上扬，在困难中又看到一丝希望。1942年德国共生产6200辆坦克和履带式车辆，1943年达到10700辆。同时，帝国空军总监艾尔哈德·米尔希（Erhard Milch）负责的飞机生产数量也从1942年的11600架增加至1943年的19300架。

但是，同美国工业的生产数字相比，德国这些负责人只能望而兴叹。1942年美国共生产战斗机24900架、坦克和自行炮架共27000辆（英国分别是17700架和8600辆）。1943年美国生产战机54100架，坦克38500辆（英国分别为21200架和7500辆）。舰船制造，无论是战舰，还是货船，同样如此。1943年美国几乎每天都会有一艘"自由轮"②下水。德国了解美国的经济潜力，有时甚至会予以高估。双方工业生产数据的差距，曾经使希特勒在斯大林格勒战役之后多次陷入断念和死心，但在公开场合，他又总是装出必胜的信念。1943年2月，他对戈培尔说，如果帝国有朝一日崩溃，"我的生命亦将终结"，但是，德国人民所具备"坚强和坚定"的品质，又能确保胜利属于我们。[2]

希特勒愿意相信胜利，但他自己很可能也知道，胜利已弃他而去。为此，他更加恼怒地贯彻其最重要的战争目标：灭绝欧洲犹太人。由于德国战事接连受挫，轴心国盟友政府不愿屈服于德国不断提升的压力而交出所有犹太人，德国捕获犹太人日益困难。不

---

① 史学家认为，施佩尔以军备部长身份为纳粹"续命三年"发挥了重要作用，其所作所为实际上也在支持纳粹"系统性屠杀犹太人"。——译者
② 即运输船，二战期间，美国为适应战争的需要，成批快速建造的一种坚固而简单的运输货船。——译者

过，希姆莱在波兰总督府享有完全自由。1942年"莱茵哈德行动"一度被拖延，总共200万波兰人和乌克兰人按计划要被杀害。1943年1月初，有关行动加速，华沙犹太人居住区开始往外输送犹太人。居住区内犹太人奋而起义，2月16日希姆莱下令彻底消灭，"否则，华沙将永不得安宁，犹太人聚居区的犯罪捣乱也将无法得到平息"。[3] 于尔根·斯特鲁普（Jürgen Stroop）指挥的党卫军、警察及国防军花了一个月的时间才将聚居区楼房内顽强抵抗的犹太人消灭。逾5万人被杀害和放逐。继华沙犹太人聚居区解体后，波兰总督府境内其他聚居区也先后被抹掉，25万人送进死亡营并被杀害。

国防军军官团的很多人越来越无法接受这场系统性屠杀。发生在东线的谋杀，不仅属于未开化的人类行为，而且有悖于士兵的伦理道德。他们中有的努力排挤、忘却这些可怕的事情，日常战争的残酷、司空见惯的死亡和残忍也刺激着他们这么做；还有的托故搪塞，认为要为那种事件负责的是别人。只有少数人无法忍受这类屠杀，决定采取行动。阿克塞尔·冯·德姆·布舍（Axel von dem Bussche）说，特别行动队在乌克兰杜布诺制造的大规模枪杀，促使他决定反抗希特勒。海宁·冯·特莱斯科夫（Henning von Tresckow）誓言与希特勒作对，起因是他目睹了一支拉脱维亚党卫军在鲍里索夫附近屠杀犹太人。紧接着，克鲁格指挥的中央集团军群第一参谋长官与贝克、戈尔德勒为首的柏林反对组织取得联系，之后一位名叫克劳斯·申克·冯·施陶芬贝格伯爵（Claus Schenk Graf von Stauffenberg）的中校也与该组织接上了头。

特莱斯科夫认为，希特勒发动的灭绝战争完全是"疯狂行为"。

他竭力动员身边的将军和元帅反对希特勒，但都没有成功。他们中的多数虽然也憎恶罪行，但无论是克鲁格，还是曼施坦因（1943年11月担任新组建的顿河集团军群总司令）都不愿反抗希特勒。曼施坦因说了一句著名的话："普鲁士的元帅永不叛变。"二战结束后，他们又开始回归至军官的自我定位。确实，他们拥有自己的传统，宣过誓，恪守忠诚和顺从的品格，严格区分政治行为和士兵行为几乎成为他们的信条，但是这一切都不能解除他们为结束希特勒统治而承担的道义和爱国责任。他们没有抵抗，而是胆怯懦弱地等待事态的发展，最后再决定站在"正确的一方"。这些佩戴红色肩章的元帅们将数十万人送进毫无希望的战斗，迈向死亡，成为他们一生中无法抹除的阴影。

贝克、戈尔德勒一直拒绝干掉希特勒，特莱斯科夫与他们俩协商后，决定自己付诸行动。1943年3月中旬，他堂兄——法比安·冯·施拉布伦多夫（Fabian von Schlabrendorff）少尉将一个装有炸弹的公文包偷带上希特勒的专机。按照计划应在元首返国的途中于俄罗斯上空爆炸，但由于炸药点火机理在飞机货舱被冷冻失效，最终未遂。这只是军事抵抗者们谋划、失败的众多刺杀事件之一。这些军官憎恶纳粹犯下的罪行，但要做出除掉希特勒的行动，他们首先必须认识到这场战争通向的是灾难——不仅对于民族，而且对于每个人。自斯大林格勒战役以来，东线部队上至军团主要负责人、下至连长，都在最前线切身领教了敌军的强大优势。

但凡有助于大幅减轻德军东线压力的措施，希特勒均不予采纳，这引起德国军队高层的严重不解。1942年9月，陆军新任参谋总长蔡茨勒、东线外军司司长莱茵哈德·盖伦（Reinhard Gehlen）曾制订方案，组建一支由安德烈·弗拉索夫（Andrej A. Wlassow）将军[①]指挥的俄罗斯解放军。弗拉索夫在1941年12月莫斯科保卫战中表现突出，被誉为"莫斯科英雄"。1942年7月被德军俘虏后变节，其理由是俄罗斯人民从革命承诺中一无所获。弗拉索夫表示要把他的俄罗斯引向更光明的未来。

为支持组建俄罗斯解放军，里宾特洛甫采取了多个行动，包括1943年1月倡导成立"俄罗斯委员会"，1943年4月组织由红军前指挥官和战士参加的"第一届反布尔什维克会议"并通过一项决议。弗拉索夫以为，凭借俄罗斯解放军，就可以推翻布尔什维克政权。他自以为可以支配百万数量级的俄军俘虏，还有数十万非武装志愿者，他们在德国国防军从事低级服务工作。弗拉索夫还把希望寄托于隐蔽作战的乌克兰独立运动，他们先同苏联红军作战，后来又反抗德国占领者，因为后者拒绝让乌克兰国家独立。

但若要引导东部各民族反抗莫斯科政权，德国东线政策就需要做出根本性改变。陆军总司令部向希特勒上呈的一份备忘录准确地分析道，德国的占领政策助长了红军的抵抗意愿，使斯大林宣扬的"爱国战争"得到更多的支持。受此备忘录启发，戈培尔也向希特勒递交了一份立场类似的文件——"东线公告"草案。草案主张德国应向东部各民族清楚地表明，东线德军战胜"野兽斯大林"和"布尔什维克体系兽行"符合他们最切身的利益。戈培尔继续写道：一个"能够清晰政治思考"的人不会对"这些显而易见的要求不加理睬"。[4] 德国

[①] 安德烈·弗拉索夫（1900—1946），苏联红军将领。二战期间被德军俘虏，继而投降德军，为法西斯德国效力。——译者

东线战事必须做出调整，以减轻军事作战的难度，有效对冲日益加剧的游击战风险。然而，对这些合理的论述，希特勒根本听不进去。

斯大林格勒战役之后，力量对比向希特勒的敌对阵营倾斜。借助伏尔加河畔之战，苏联向全世界展示了其实力。日益自信的斯大林对"真正"的第二战线迟迟不兑现更加恼火。罗斯福和丘吉尔在卡萨布兰卡秘密会晤，向斯大林发出与会邀请，但后者推托斯大林格勒战事吃紧，拒绝应邀出席。实际上，战事早已结束，斯大林只是想表明他对英、美领袖的猜疑。1943年2月23日，苏联红军成立24周年之际，斯大林在讲话中向英、美发出明确无误的信息：除了德国无条件投降，他还有别的选项。他说："希特勒之流来了，又走了，但是德国人民、德国这个国家始终在那儿。"[5]

这种情形之下，英、美两强决定力阻即将到手的东西任其溜走，毕竟是苏联红军一直承担着对希特勒德国作战的主要压力。无论对罗斯福还是对丘吉尔而言，维持反希特勒联盟绝对是优先目标，为不危及该联盟，切不可吓跑斯大林。至于斯大林提出的关于战后欧洲领土的要求，英、美刻意保持含糊，对于迟迟未在法国大西洋沿岸开辟第二战线，英、美对苏联确实良心有愧。在卡萨布兰卡，罗斯福不顾美军总参谋部的反对意见，和丘吉尔最终达成一致：1944年由两国联合参谋长委员会共同实施代号为"围捕"的登陆行动。

面对罗斯福，丘吉尔又一次贯彻了他的主张。华盛顿的考虑起了决定性作用。在维持"德国优先"战略的同时，美国试图把日本在太平洋中部和西南部的势力向菲律宾方向予以压制。但这一设想更易与丘吉尔青睐的小方案相兼容，即盟军对德、意作战的重点继续放在地中海。按英、美设想，1943年夏之前占领突尼斯，之后剩余的英、美兵力登陆西西里岛、占领意大利"靴子",丘吉尔称此为对"欧洲柔软腹部"的进攻。此外,丘吉尔一直努力把土耳其拉进反希特勒阵营。他向土方承诺,英国在欧洲东南沿线拥有利益,它将阻止苏联权力野心的侵入。

在卡萨布兰卡,英、美首脑商讨了对德国本土和民众实施"难度极大的空中轰炸"议题,还决定加大力度攻击对英、美日益构成威胁的德国潜艇。这些"灰狼"给英、美在北大西洋造成重大损失。整个二战期间,这是唯一能够痛击英、美实质力量的军事行动。1942年,邓尼茨的潜艇部队共击沉1166艘商船,计580多万总吨位,相当于美国当年建造船只的吨位总数。1943年被击沉的船只持续减少,同时美国建造的商船总吨位逾1000万。德国潜艇无线电通讯密码被破解后[①],英军能够准确定位潜艇位置,这导致德国潜艇损失数目急剧增加。仅仅1943年5月,就有43艘德国潜艇被击沉,邓尼茨不得不暂时中止针对大西洋护航船队的攻击。

1943年1月底,希特勒解除了雷德尔海军总司令一职,代之以邓尼茨。希特勒认为,雷德尔关于海战的战略设想,与在北大西洋海域使用重型海面舰队无法配套。由于德国没有航空母舰,无法为集结的军舰提供足够保护,海上作战因面临高风险而不得不中断,若非如此,必定面临重大损失。现在只剩下了潜艇部队。但自1943年夏始,潜艇也蒙受巨大损失。1943年全年德海军共损失244艘潜艇。战争

[①] 指英国情报机关经过长期而艰苦的努力,成功破解德军通过恩尼格玛(Enigma)密码机进行的通信,而德方及邓尼茨等均被蒙在鼓里,依然坚信尼格玛编码的数学推演水平极高,不存在被破译的可能性。德国潜艇能被准确定位后,同盟国军需供应的海上运输因此更加安全。至1943年,希特勒在大西洋战场上的败局已定。——译者

末期的数字更可怕：4万余名潜艇成员中有3万名丧生。

同时，美国为英国和苏联提供物资的运输能力飙升。1943年提供给斯大林的援助战争物资，算上源于英国和加拿大的一部分，总计约480万吨，比1942年增加近一倍。至战争结束前，通过摩尔曼斯克、阿尔汉格尔斯克，以及符拉迪沃斯托克和波斯走廊，共向苏联输送7000多辆坦克、8200门高射炮、40多万辆机动车、179艘鱼雷艇和1900座火车头，还有占苏联30%的橡胶轮胎和炸药、90%高辛烷值的航空汽油——用于近15000架飞机（其中8000多架经过高加索抵达苏联境内）。

援助苏联的武器价值总额约100亿至120亿美元，为苏联对德作战发挥了极其重要的作用。安装在美制斯庞蒂克载重卡车之上的多管火箭炮喀秋莎具有高度象征性，它大规模地用于苏联战场。这种全轮驱动的机动车保证了"斯大林管风琴"——德国人如此称呼——的必要机动性能，使其成为令德军闻风丧胆的武器。1942年苏联战斗机的产量相当于德国的2倍，坦克和自行炮架的产量相当于德国的4倍。无论德国在策略上多么有优势，对"最终胜利"的意志多么坚定（正如戈培尔不断誓言的那样），都无法弥补物质上的严重短板。

1943年1月初，东线的德国和罗马尼亚军团逐步从高加索地区撤退，而红军挟斯大林格勒保卫战之余威大举西进，夺回了库尔斯克、别尔哥罗德、德米扬斯克、哈尔科夫和罗斯托夫。尽管如此，德军东线防守没有崩溃，双方在列宁格勒北郊陷入僵持。德军重新组织防御力量，撤离大量战场、将防御前线拉直，集结残余部队组成新军团。从亚速海直至库尔斯克西部这一地带，归属曼施坦因指挥的南方集团军群镇守。尽管10多万罗马尼亚及其他盟友的军队悉数撤退，但1943年3月，南方集团军群发起有限反攻，特别在党卫军装甲军团的支持下，德军在顿涅茨克盆地、哈尔科夫北部的防御前线得到进一步稳固。长远看，竭尽全力的德军已无法阻挡苏联红军的反攻。

在德军的另一个陆地战场——突尼斯的桥头阵地，一场实力不均衡的战争于1943年初进入尾声。英、美盟军在法属摩洛哥和阿尔及利亚登陆后，隆美尔早在1942年11月就向元首建议放弃"轴心国"在北非的阵地，遭到后者愤怒的回绝。面对拥有优势的英、美联军，德国非洲军团毫无取胜希望。此时的隆美尔今非昔比，大不如以往。他不祥地预感7万多德军以及两倍于己的意军将沦为俘虏，遂多次联系元首大本营试图直陈问题。3月4日，他通过无线电报最后一次恳求希特勒：至少将阵地前沿大幅缩短，并将防御重点局限于突尼斯。徒劳无功。之后，隆美尔乘机返回德国，也不被允许重返北非，避免那场结束的战事影响他的名声。

1942年11月以来，英国第8军团一路推进，另一支美军从突尼斯西北部挺进。1943年4月7日，两军在突尼斯南部会合。"轴心国"丢失北非阵地看来近在眼前。意大利国内政局又发生动荡，加速了这一丢失进程。都灵和米兰发生反战大罢工，意大利王室对墨索里尼日益不满，忠君保皇的军方一直有浓厚的反德情绪。墨索里尼的政治地位岌岌可危。要扭转这种局面，他需要在突尼斯取得军事成功，而这又是不可能发生的奇迹。在萨尔茨堡的克莱斯海姆宫，希特勒向墨索里尼承诺"不惜一代代价"坚守北非阵地，向他保证会有奇迹发生，但是，希特勒也没有任何真正的办法。1943年5月13日，阿尼姆和他的非洲军团投降。隆美尔在告别突尼斯之前，曾要求精英军官乘飞机撤离，希特勒未予批准。

希特勒现在担心欧洲南翼会带来深远的麻烦。他对将领们说，墨索里尼会"以某种方式"走向"灭亡"。意大利会自愿或被迫投向敌方阵营。这就意味着欧洲大陆会产生第二战线，巴尔干西线将完全暴露于敌人眼前。"必须在最前沿保卫欧洲，帝国的边境不允许出现第二战线。"⁶ 紧接着，他又说，盟军踏上巴尔干半岛的后果，"比登陆意大利还要严重，因为登陆意大利，在最糟糕的情形下，我们还可以截断它"。⁷ 他发布命令务必确保东南欧的安全，并准备从本就缺少兵力的东线抽调师团支援该地区。

不管怎样，希特勒依然忠实于他的战争原则，即只要盟军尚未在大陆西线开辟第二战线，同布尔什维克的战争就是他的最优先使命。虽然希特勒明知已无法击溃红军，但仍企图在东线发起新的进攻。他选择了库尔斯克附近，在中央和南部两个集团军群的结合部，长达150公里的前线地带向西凹进。1943年4月15日，希特勒发出的进攻命令赋予此次行动"决定性意义"，目标是在当年春季和夏季重新夺回德军对战场的主动权，进攻必须"对世界发出一个重要的征兆"。⁸

斯大林此刻也意识到，要战胜德军还须付出更多的努力。他更加迫切地期待英、美在法国开辟第二战线。"三叉戟"会议于5月27日在华盛顿结束。北非战事的胜利提升了丘吉尔在此次会议上的地位。不顾罗斯福的保留意见，丘吉尔仍然建议，盟军在占领西西里岛之后将继续在地中海作战，这正是他在卡萨布兰卡的主张。罗斯福倾向于盟军集中兵力于1944年5月1日登陆法国大西洋海岸，丘吉尔则坚持他的替代战略。出于维持欧洲大陆力量均衡的政策，丘吉尔制订了一个关于中东欧、东南欧联邦的方案，以该联邦作为对付苏联的缓冲区。希腊、南斯拉夫、捷克斯洛伐克和波兰等国流亡政府都已表示同意该方案。

6月4日，英、美方面通知斯大林，入侵法国的行动无法于1943年实现。斯大林既感失望，又觉得受到侮辱，他向罗斯福指出，美、英曾向苏联保证1942年开辟第二战线，后推迟至1943年，现在又说1944年春。斯大林抱怨，苏联军队将"单独面对依旧强大和危险的敌人"，还评价道，已不消多说，"第二战线的再一次延迟会在苏联——在人民、在军队内部——引发何等负面的影响"。[9]

由于西方并没有兑现苏联对战后欧洲领土要求的承诺，固有的恐惧感在极度疑心的斯大林身上再度萌发。他觉得罗斯福和丘吉尔在耍花招。气愤之余，斯大林对同德国媾和产生了兴趣。与德国结束敌对关系，可以使苏联权力范围继续向西拓展，这么做，也不会排除在稍后继续同死敌交战的可能性。斯德哥尔摩重新成为事件的中心。德国方面，此事由外长里宾特洛甫操办，得到希姆莱的支持。由于消息泄露，被瑞典媒体听到了风声，苏联通讯社——塔斯社被迫竭力否认。德国联系人克莱斯特返回柏林后即被暂时拘押。而对上述这些事情，希特勒简单地视为"犹太人的挑衅"。

斯大林已经意识到这场战争最终将燃烧至德国本土，着手采取改造德国社会的前瞻性措施。苏联夺取权力的工具——阶级斗争恢复了原有的重要意义。斯大林用了一招笨拙的欺骗把戏进行掩盖。他向全世界宣布共产国际解散，理由是苏联并不想干预"其他国家的生活"。此外，他还声称，这些国家的共产党是独立的，做事"并不听命于外部"。①[10]

接着，斯大林采纳了以瓦尔特·乌尔布里希特（Walter Ulbricht）、

---

① 斯大林此举并不是真正想让各国共产党独立自主。解散掉的只是一个机构，而解散不掉各国共产党对苏共的归宗崇仰和精神服从。——译者

威廉·皮克（Wilhelm Pieck）为代表的德国共产党中央委员会前政治局的建议，即成立一个德国委员会，同希特勒和纳粹暴政做斗争。1943年7月中旬在苏联的指导下，于莫斯科附近的克拉斯诺戈尔斯克成立了"自由德国民族委员会"，委员会受到了苏联国家安全总局的控制。民族委员会宣言称，其成员包括"工人和作家、士兵和官员、工会成员和政治家"。为掩盖委员会的真正性质，宣言特意指出，成员包括"所有不同的政治派别和世界观"，"就在一年前这样的联合还是不可能的"。[11]

1943年9月，保卢斯支持的"德国军官联盟"成为民族委员会的分部，以散发传单和制作广播节目的方式呼吁德国士兵投诚变节、反抗希特勒专制。斯大林格勒战役期间，流亡在苏联的德国共产党人，如摄影师冯·乌尔布里希特（von Ulbricht）、艾里希·魏纳特（Erich Weinert），都已经做了不少宣传工作。但现在，宣传需要大张旗鼓地展开。民族委员会和军官联盟高举德意志第二帝国的黑—白—红旗帜，这让人忆及陶拉格事件。当年在陶拉格①，路德维格·约克·冯·瓦滕堡公爵（Ludwig Graf Yorck von Wartenburg）作为拿破仑的地方总督，在未得到普鲁士国王的指示下擅自同俄国达成停火协议，发出了解放拿破仑对德国统治的战争的信号。②

---

① 今立陶宛西部一个县。——译者
② 发生于第五次反法同盟期间。1812年拿破仑挥师东进，攻打俄国。普鲁士处在俄、法中间，普鲁士国王威廉三世谨慎怕事，不敢抗击拿破仑，反而被迫同法签订条约，向法军提供兵源、粮食等，助其攻俄。当年底，法军从俄国败退，俄军先头部队追击进入东普鲁士。法国元帅麦克唐纳要求普鲁士辅助兵团约克司令阻击，为法军扫清障碍，而俄军则请求让俄军顺利通过。将在外，君命有所不受，约克司令擅自同俄方签署协议，承诺其军团将在未来两个月内保持中立，并让俄国军队顺利进入普鲁士领地。作为交换，俄国同意帮助普鲁士恢复其1806年大致拥有的领土。——译者

苏联针对今后德国安排的行动，美国人都看在眼里。几乎没有一个美国人能理解苏联政治所蕴含的革命动力。如果美国有一些机构着手考虑德国的未来，那么这也绝不意味着美国官方正在研究这个课题。1943年3月，英国外交大臣艾登曾问罗斯福，反希特勒联盟胜利后，德国怎么办？罗斯福只是耸了耸肩。

1943年夏天，美国国务院成立了相关课题的研究小组。小组撰写的文件指出，应由美国、英国和苏联共同管理一个民主的、整体的德国，禁止德国重新武装，缩减德国在欧洲的影响力，惩罚纳粹战犯。国务卿赫尔（Cordell Hull）所认可的柔和适度的对德安排，均遭到其副手萨姆纳·韦尔斯（Sunmer Welles）的批评，后者主张将德国分割为三个单一国家。罗斯福赞同韦尔斯的设想，授权他在1943年10月举行的反希特勒联盟外长会议上介绍相关考虑。会上，不论赫尔还是艾登、莫洛托夫都持怀疑态度，同时也认为韦尔斯的设想"可资研究"。此次莫斯科外长会决定成立"欧洲咨询委员会"，三国外交官在该机制中敞开讨论关于德国的各种问题和议题。

至于（仍）处在德国势力统治下欧洲国家的未来，华盛顿主张各方在战争结束后应重新成为独立国家，并实施民主体制。希特勒-斯大林协议签署后从地图上消失的波兰也应如此。在伦敦的波兰流亡政府积极致力于波兰民族国家的复兴，政府首脑西科尔斯基将希望完全寄托于丘吉尔。1943年初，这位英国战时首相就已承诺把东普鲁士划归给波兰，这正是波兰长期梦寐以求的。确切地说，丘吉尔的考虑：由于莫斯科要求得到寇松线以东的波兰领土，因此他需要给予波兰补偿。不过，波兰流亡政府相信，若按照希特勒-斯大林协议划定波兰今后的东部边界（比亚韦斯托克区除外），那么英国首相是不会同意的。考虑到 1939 年英国对纳粹德国宣战并向波兰保证：在德国发动进攻后，英国将以实际行动维护波兰的领土完整，波兰流亡政府这么看，就更合乎逻辑了。

1943 年 4 月爆发的一则大新闻彻底破坏了克里姆林宫同波兰流亡政府的本来就困难的关系。在斯摩棱斯克附近的卡廷森林，德国人发现了一个埋葬 4400 多名波兰军官的尸坑，受害者均系枪击颈部而死。戈培尔的宣传机器即刻开动，大肆渲染，称事件暴露了布尔什维克的"真正本性"。莫斯科矢口否认，回击这是"法西斯的诽谤"，并将罪行推给"希特勒法西斯强权"。[12] 但是，所有细节和证据都指明：这是苏联犯下的罪行。西方掀起了轩然大波。

波兰流亡政府尤其想查清这一罪行。1941 年底，西科尔斯基在莫斯科见到斯大林，谈起被关押在苏联劳改营和监狱的波兰人的前途命运问题。他向斯大林递交了一份尚未返回波兰的 4000 人大名单，斯大林用各种托词，甚至用荒唐的论调安抚他，竟然称这些人已逃到了中国满洲里。苏联方面对其罪恶行径隐瞒了近半个世纪，一直到 1992 年，俄罗斯总统鲍里斯·叶利钦（Boris Jelzin）才向世人承认，是斯大林下令屠杀了这 4000 人①。

1943 年 4 月，波兰流亡政府要求斯大林同意在国际红十字会领导下成立一个中立委员会调查卡廷事件。斯大林在一条致丘吉尔的消息中抱怨，"西科尔斯基政府正在对苏联发动一场背信弃义的进攻，这是给希特勒暴政帮忙"，而这一切都发生在苏联"正用尽其全

---

① 1991 年 12 月，苏联正式解体前，戈尔巴乔夫向叶利钦总统进行权力交接时，拆封了记录卡廷事件真相的苏联绝密档案。1992 年 10 月，叶利钦派特使将上述档案交给波兰总统瓦文萨。——译者

力消灭热爱自由民主国家的共同敌人"的当下。[13] 斯大林判断，波兰流亡政府事实上有意中断与苏联的盟友关系，他很快宣布苏联与波兰断交。同时，斯大林成立了他自己的波兰政府。先是"波兰爱国者联盟"在苏联国内组建波兰军队，这一共产党组织于1944年又并入"波兰民族解放委员会"，该委员会构成了波兰傀儡政府（"波兰民族委员会""卢布林委员会"）的核心。

1943年夏，在苏德交战前线，希特勒再次取得了行动的主动权，但只有短短的几天。7月5日（前一天西科尔斯基因神秘空难在直布罗陀丧生），在库尔斯克大弧线发动了屡次推迟的"堡垒行动"。克鲁格指挥的军团从北往南，曼施坦因指挥的党卫军团从南往北，再加上维尔纳·肯普夫指挥的一支队伍。德军共有3000辆坦克，首次上战场的"虎"式坦克战斗力明显强于俄罗斯T34。在两支空军战斗编队的保障下，"堡垒行动"的目标是以传统的作战手段将苏军围而歼之。德军在库尔斯克前线的行动总体顺利，但未给苏军造成任何奇袭效果，这正是蔡茨勒制订的方案的最大弱点。准备充分的苏联守军拥有约8000辆坦克，数量上更多。他们在北部顶住德军进攻之后，开始转入反攻。而在南部，除零星胜利外，党卫军团被拖进一场消耗战。7月13日希特勒下令中断德军在东线的最后一场进攻。尽管口口声声要坚持下去，但最终还是失败了。

德国根本无法赢下这场史上规模最庞大的坦克大会战，尽管曼施坦因和其他一些将领在战争结束后试图让人相信德军也有取胜的机会。苏军高层的战术水平已远高于战争爆发初期，决定性的原因则是苏军具备坦克和炮兵火炮的物质优势。装甲兵总监海因茨·古德里安描述"堡垒行动"的后果："费尽心血整修一新的坦克部队无论在人员还是器械上，都遭到惨重损失，很长一段时间无法再投入使用。及时恢复东线的防御成了一个大问题。"[14]

在战略性空战领域，英、美对德国也具有明显的优势。正如丘吉尔、罗斯福在卡萨布兰卡所商定，1943年6月始，英、美全力发动对德国空袭。卡尔·斯帕茨（Carl A. Spaatz）司令指挥的美军第8航空队主要在白天行动，重点轰炸军事目标和基础设施，亚瑟·哈里斯（Arthur Harris）司令指挥的英国皇家战略轰炸机重点轰炸德国各大城市。哈里斯主导的第一拨对德大规模攻击发生在一年多前。1942年3月底，他的轰炸机群轰炸了吕贝克，5月31日夜又轰炸了科隆。1000架轰炸机参与作战的"千机计划"使科隆这座城市化为废墟。现在，多特蒙德、杜塞尔多夫、伍珀塔尔、雷姆沙伊德、埃森和纽伦堡等城市亦遭此厄运。帝国首都也不例外，多次遭到轰炸。

以战术为导向的德国空军主要服务于前线的对敌作战。在英、美此番轰炸的初期，德军少有还手之力。仅有一个歼击机联队负责帝国领空防御。对德国而言，大力推进歼击机显得十分必要。斯大林格勒战役之后，戈林失去了希特勒的宠爱，有意回避各种责任。1943年3月，米尔希要求将生产重点转向歼击机及帝国领空防御。空军中将阿道夫·加兰特（Adolf Galland）要求将歼击机数量翻四倍。然而，希特勒的主导思想就是不断进攻、消灭敌人，反而要扩大轰炸机数量。

不管怎么样，帝国领空的防御比以前加强了，盟军轰炸机也承受了更多的损失。1943年7月底和8月初，盟国空军对汉堡实施"蛾摩拉"轰炸行动，导致37000人死亡，这也表明德国城市在盟军空军面前说到底是不受保护的。德国空军高层不久在拉斯滕堡开会，他们劝请戈林说服希特勒：现在必须最优先生产歼击机。但是，当戈林向希特勒汇报的时候，后者却教育戈林：生产轰炸机何等重要。将帝国空军的任务重点转为领空防御，希特勒依旧不接受。他所设想的这场战争与战略防御格格不入。这也体现于，1944年德国人研制出世界第一架喷气式战斗机——梅塞施密特 Me 262，但令空军将领无比讶异的是，希特勒要求将这款战斗机改造成所谓的"闪电轰炸机"。

德国的空防比大多数人设想的更为有效。尽管如此，1943年8月中旬，盟军派出60架轰炸机对施魏因富特和雷根斯堡进行轰炸，给两座城市带来惨重损失。正是以这种方式，英、美空军逐步将德国炸成废墟。炸弹使大量城市民众丧生，巨大火焰吸走大量氧气又导致人窒息而死。按照丘吉尔的想法，还要对德国使用生化武器。他计划投入由英、美共同制造的炭疽病炸弹，从美国订购了50万枚。但最终没有被投入使用，是因为炭疽菌使用后会在当地造成长期细菌污染，而同盟国军队计划要踏上并占领帝国领土。

英、美欲攻占欧洲大陆，其空军力量需要发挥重要作用。在德军中止"堡垒行动"之前，美、英军队在空军的掩护下已占领了西西里岛。意军在那里的防御一触即溃。德军悄悄地关闭意军指挥机构，接手了意军整套防御。有一段时间，希特勒在东普鲁士的大本营亲自指挥。1943年7月19日，希特勒在威尼托的费尔特雷会见墨索里尼，试图用魔幻般的长篇大论激励他。希特勒对他发誓，西西里岛将成为英、美的"灾难性失败"。然而，心灰意冷的墨索里尼于7月25日向国王维克托·埃曼努埃尔三世递交了辞呈。国王随即将墨索里尼拘禁，委托巴多格利奥元帅组建新政府。这位罗马新主人从本国利益出发开始玩两面派游戏：让轴心国相信，他继续维持联盟，而实际上同英、美秘密谈判，结束战争。

当希特勒从意大利了解到上述情况后,他命令一个步兵师向罗马进军,铲除新政府。他甚至还想占领梵蒂冈,声称要把聚集在那儿的"暴徒"统统关押起来。当有人将巴多格利奥同英、美秘密谈判内容的情报呈阅希特勒后,他又玩起小把戏,以赢得更多时间。一方面,希特勒不想给予罗马废弃"轴心国联盟"的理由;另一方面,他将一套早已准备就绪、防范意大利的方案——"轴心行动",即封锁阿尔卑斯山脉的隘口,尽可能隐蔽地付诸实施。希特勒将这项任务交付给隆美尔,起初任务目标局限于亚平宁半岛的北部。与此同时,希特勒还在筹划将墨索里尼从叛变者手中解救出来,进而重建一个仍以他为首的意大利法西斯国家。这涉及对意大利德国占领区如何建国、解除意大利武装和德方如何接手等问题,由于巴多格利奥与英、美的秘密谈判时间拖得比较长,德国人有足够的时间认真筹备具体细节。

1943年9月8日,罗马宣布对英、美停战(五天前三方达成协议),这对德国人而言是个起跑信号。在亚平宁半岛、法国南部和爱琴海,数百万士气低落的意大利军队被德军解除武装,其中70万被监禁。停泊在拉斯佩齐亚的意大利作战舰队试图驶向马耳他投奔英军,德军派出轰炸机击沉"罗马"号战列舰,重创其姊妹舰"意大利"号战列舰。此时,德国国防军和党卫军占据了意大利战略要地并向罗马进军,成立以亚历山德罗·帕沃利尼为首、与罗马对抗的法西斯新政府,巴多格利奥政府及意大利王室逃出永恒之城——罗马,迁移至意大利南部的布林迪西。英国第8军团早在9月3日在卡拉布里亚登陆,之后占领了布林迪西。9月9日,一支美军在萨莱诺海港登陆。同一时期,英军占领塔兰托。10月初,盟军又拿下重要海港城市那不勒斯。但之后,盟军向罗马的前进遇到了德军的多处阻断。

在"古斯塔夫防线"上的战略要地蒙特卡西诺，盟军与德军的会战是整个二战最血腥、最漫长的战役之一。

1943年9月12日，希特勒采取了举世震惊的举动，他成功解救了被关押在阿布鲁佐一栋山顶别墅的墨索里尼，并将其带到拉斯滕堡。希特勒曾在广播讲话中将墨索里尼吹嘘成"古罗马帝国崩溃以来意大利土地上哺育的最伟大的儿子"[15]，但此时的墨索里尼令希特勒大为失望。新的法西斯政府选址加尔达湖畔的萨洛，墨索里尼极不情愿地出任首脑。9月23日"意大利社会共和国"宣告成立，主要由帝国全权专员鲁道夫·拉恩（Rudolf Rahn），意大利党卫军领袖、警察总长卡尔·沃尔夫（Karl Wolff）施以监管。在德方的指使下，意大利还制定法律，将国内犹太人放逐至东方的集中营。而希特勒对墨索里尼依然极尽关怀，犹如对待一名真正的意大利"伟大之子"。

希特勒的世界日益充斥着自我欺骗、自我预示以及对犹太人的极度仇恨。尽管如此，他一直非常注意向外人传递一种印象，即他依旧是掌控大局的那个人。巴多格利奥集团的背叛、德军由俄罗斯调驻意大利、1943年10月13日巴多格利奥代表意大利对德宣战，这些都成了为东线灾难性形势开脱的理由。东线战场的南部及中部地带，红军于8月始开始大规模反攻。8月底，希特勒同曼施坦因商议后继续要求德军全面坚守，"直至敌人相信他们的进攻毫无意义"[16]，同时他又批准中央、南方两个集团军群重新夺回第聂伯河和杰斯纳河。这两条河流应成为北自波罗的海、南至黑海的"东方壁垒"的一部分。"东方壁垒"是德军打造的对苏阻击阵地。然而，未等各个军团9月开始撤退，战事的发展已使"东方壁垒"显得过时。苏军占领顿涅茨克盆地，导致南方集团军群直至9月底才后撤至第聂伯河一线。10

月末至 11 月初，红军已经在第聂伯河西岸构筑桥头阵地，中央集团军群 10 月进驻的"东方壁垒"阵地勉强能够保住，同样保住的还有列宁格勒南部的德军阵地。

如果希特勒不是喋喋不休地发出坚守命令，或者大谈特谈战斗至最后一颗子弹一类的废话，而是干脆同意东线全军退守至"东方壁垒"（这当然是一个完全不可能做出的决定），那么德军反倒有希望以此方式重获战场主动权。德军设想在"东方壁垒"抵挡住红军的反攻，假设真如希特勒所声称，只需要付出最少的力量就可以做到，那么将会有大量的空闲德军师团从东线调遣至西线，防范盟军的大西洋登陆。人们仿佛回到了 1939 年战略形势的翻版，当时面临的局面正是：先巩固西线，进而在东线重新发动进攻。

希特勒的战略如此僵化，以致他陷入其中难以自拔。这也体现于他拒绝与苏联进行和谈接触。里宾特洛甫打算与苏联重新建立联系。他派人去斯德哥尔摩，向苏联驻瑞典使馆转交一封信件，莫洛托夫后来亦提及此事。当苏方获悉德方动议并未得到希特勒授权，于是切断了沟通渠道。上述事件发生于 1943 年 10 月。戈培尔似乎掌握了里宾特洛甫的有关考虑。1943 年 9 月 9 日，他在拉斯滕堡的元首大本营向希特勒提起与苏联单独媾和的议题。看来他有意说服元首。但希特勒还是拒绝了。元首还表示："（我）宁愿同英国人谈……英国人在某个时刻会回归理智。"希特勒还向戈培尔阐释，英国人在地中海不会受到损失，他接着列举了一系列地名，如西西里岛、卡拉布里亚、撒丁岛和科西嘉岛。"如果英国人在战后能拥有上述战利品，这意味着额外收获。在这之后，元首相信，与英国达成安排也许是可行的。"[17]

希特勒不断沉迷于他那套荒诞之极的解释，而此时一种他多次预感的局面正在呈现，即英国渐渐成为美国的小伙伴。丘吉尔使尽各种手段，都无法改变美国才是盎格鲁-撒克逊阵营的主导力量的事实。在魁北克会议上，罗斯福想迎合斯大林，坚持主张要把西线"真正"的入侵最终确定为1944年盟军的首要地面及空中任务。这一次，罗斯福没有顾及丘吉尔的意见。后者不得不认识到，地中海战局以及与此相关的目标——阻止苏联染指东南欧和中东欧，已无可能实现。而至于入侵法国大西洋西海岸、代号为"霸王"①的行动如何展开，丘吉尔也在罗斯福这一强者面前屈服。丘吉尔认为，当年美国人艾森豪威尔指挥了英、美盟军联合登陆西西里岛和意大利本土，现在宜由一名英国人指挥"霸王行动"。他的想法未能实现。

罗斯福和他的总参谋部认为，斯大林已成为决定欧洲战局的关键因素。德苏战争初期，美国并不看好红军，但之后红军接连胜利，美国对其的敬意不断上升。美军总参谋部于1943年8月向罗斯福上呈了一份研究报告，在后果无法预知②的情形下，该报告事实上等于宣称美国放弃在战后欧洲推行民主原则。报告称："由于俄罗斯是关键因素，它必须得到各种支援，我们亦须倾我们之所有，争取它成为朋友。'轴心国'失败后，毫无疑问，俄罗斯在欧洲仍有统治地位，与俄罗斯维持和发展友好关系显得尤为重要。"[18]

这份报告完全符合罗斯福的政治设想。他的眼光聚焦于两个战争敌人——希特勒的德国、日本，并没有看到斯大林暴力统治的本质以及共产主义发动世界革命的活力。罔顾各种提醒，罗斯福相信，

---

① 即后来的诺曼底登陆战。——译者
② 指战后世界分为东、西方两大阵营。——译者

战败后的德、日两个敌国将置于国际监督之下，战后欧洲和世界和平体制一定能得以创建。罗斯福主张"同一个世界"理论，其基本思想，用他自己的话就是："我们不能孤零零生活于和平环境，我们自身的安康与其他国家——哪怕是很遥远国家的安康紧密联系。我们学会了做世界公民，做人类共同体的一员。我们从爱默生[①]那里学到了一条简单的真理，也就是获得朋友的最简捷途径是自己够得上做一个朋友。"[19]

罗斯福深信，目前的反德、日联盟几乎囊括了整个世界，它可以转换成一个绝无仅有的、拥有法治和秩序的和平联盟。《大西洋宪章》原则应成为"美国治下和平"的基础，1942年1月1日，26国发表的《联合国家宣言》援引并明确支持《大西洋宪章》。1943年10月，美、英、苏、中四国在《莫斯科宣言》中表示，尽快创建一个由主权和权利平等国家参加的组织，以维护世界和平和国际安全。

罗斯福、丘吉尔考虑在1943年11月28日至12月1日举行的德黑兰会议上同斯大林继续讨论上述问题。他们两人先在开罗同中华民国总统蒋介石会晤，商讨远东战场。自从重光葵出任东条内阁外交大臣以来，日本调整了政策，这给蒋介石造成更大的困难。此前，日本扩张以武力和压迫为手段，打着从帝国主义手中解放亚洲的旗号，现在的政策是在确保日本强权统治的前提下，给予那些已臣服的国家独立地位。日本以为这一政策调整可以让这些国家不再抵抗，进而掀起一股针对白人的泛亚动员效应，而后者正是日本扩张初期所产生的念头。日本此时所推进的，大体同德国在斯大林格勒战役期间面临的境

---

① 爱默生（1803—1882），美国思想家、文学家、诗人。——译者

遇相近，在这场战役中，德国败因正是希特勒的种族意识形态教条。

日本这一对华新政策始于将反蒋介石的汪精卫政权视为具有同等权利的伙伴。在日本的庇护下，汪精卫政权于1943年初向华盛顿、伦敦宣战，声称要抵抗殖民强国的特权，并为之战斗。这令蒋介石陷入两难，等于限制了他与罗斯福、丘吉尔的合作空间。日本还给予菲律宾、泰国和缅甸独立国家地位。缅甸随即向美、英宣战（泰国则早在1942年1月就已宣战）。日本势力范围下的另一些地区，民众也获得了更大的自治权。唯独新加坡仍由日本直接管治，因为它是日本海空军的重要基地。日本给"大东亚共荣圈"披上一张新的外衣，而欧洲殖民强国在亚洲试图恢复旧秩序，其诉求越来越不合情理。长远看，日本的战败无可避免，但同时也会推动亚洲殖民时代的终结。

英国在印度的殖民正是如此，1943年夏，印度再次成为日本的焦点。6月，印度民族领袖鲍斯访问东京，东条英机宣布向印度提供所有可能的帮助，以实现印度解放。10月21日，鲍斯又在新加坡宣布成立"自由印度临时政府"，向美、英宣战，却没向蒋介石领导的中华民国宣战。罗斯福同蒋介石商定，正如《开罗宣言》所宣称的那样，在东京无条件投降后，恢复日本扩张前的中国国境并建立一个自由和独立的朝鲜。至于当前战事，双方商定在中国的支持下对缅甸发动进攻。美、英对日的战争重点在于采取"跳岛战术"，直指日本本岛及菲律宾，缅甸战场也成为美、英作战计划中不可或缺的组成部分。

罗斯福、丘吉尔在开罗停留两天后奔赴德黑兰，与斯大林进行首次会晤。这是三个几乎没有共性的男人：一个奉行无拘束的美国式自由，拥有无限的幻想；一个是英国上层贵族的绅士派头，试图拯救大英帝国在全球的更多政治荣光并迈入新时代；一个是老道冷酷的苏联领袖，用尽各种手段扩展自己的帝国和权力。在首次会晤时，三方谈到远东局势，斯大林机智地宣布欧洲战事结束以后，苏联将同美、英一道对日宣战。这正好符合西方领袖，尤其是罗斯福的愿望，斯大林因此得分不少。

10月底，美、英、苏三国外长赫尔、艾登和莫洛托夫在伦敦筹备德黑兰会议。中东欧、东南欧位于苏军向西进攻的必经区域，这些国家的政治社会转型及外交政策走向等重要问题并未在德黑兰会议上涉及。会议讨论更多的是今后的国家边境问题。在波兰问题上，"三巨头"（会议结束后出现这一称呼）很快在寇松线上达成一致。苏联方面实现了自身意图。波兰流亡政府并未坐在德黑兰的谈判桌边，为了不让其丢尽面子，丘吉尔在会上建议，牺牲大家共同的敌人——德国的利益以补偿他的监护国。他写道："艾登认为，波兰在东部丢失的，可以在西部找补回来……然后，我用三根火柴点燃了雪茄，明确提出了允许波兰领土向西延展的想法。"[20]反希特勒联盟的领袖最终达成一致，波兰国家、波兰人民的领土边境原则上定于寇松线和奥得河之间，当然还包括东普鲁士和奥波莱，真正的边境线确定仍需要进一步深入调查，在一些地方可能还需要迁移民众。最后这些话语，为人类现代史上最大规模的强制性人口迁移做了铺垫[①]。

"三巨头"达成一致的还包括，反希特勒联盟在赢得战争后，德

---

① 1945年7月波茨坦会议又通过了关于迁移人口的决议。二战结束后，上千万原居住在波兰、捷克等国的德裔居民被要求"回迁"。比如，捷克新政权根据《贝奈斯法令》将约300万境内幸存的德裔居民驱逐、没收其财产、取消其国籍，他们大多数生活在苏台德区，即形成后来所谓的"苏台德问题"。——译者

国不再以一个整体存在，而是将要被肢解，这也是赫尔国务卿心仪的方案。但具体"如何"肢解，各方意见不一。丘吉尔认为希特勒及国家社会主义与君主帝国一脉相承，要求将普鲁士"这一德国军国主义的毒核"从德国身上剥离出去[①]。罗斯福主张将德国分割成五大块：（1）整个普鲁士，要尽可能的小和弱；（2）汉诺威及西北区域；（3）萨克森和莱比锡区域；（4）黑森-达姆施塔特、黑森-卡塞尔以及美茵河南部区域；（5）巴伐利亚、巴登和符腾堡。他建议，上述五大片领土自行统治管理，其中有两片须归入联合国管理或置于某种形式的国际管控之下。[21]

斯大林假意指出，应优先执行罗斯福总统的计划。他当然并不认同将德国或者其一部分置于联合国的某种管控之下。进一步划定利益范围才是他的兴趣点所在。任何形式的邦联念想，只要一露头，就要被摁住。斯大林宣布，奥地利、匈牙利、罗马尼亚和保加利亚都应该成为独立国家。丘吉尔提出成立多瑙邦联的计划，旨在将苏联影响排除出中欧，对此斯大林心知肚明。德黑兰会议期间，罗斯福下榻于苏联驻伊朗大使馆，他赞成苏联的主要观点，所谓邦联的主张与他"同一个世界"理念并不吻合。

共同发表的《德黑兰宣言》篇幅不长，提及了"民主国家的世界大家庭"，宣称"消灭暴政和奴役、迫害和压制"，"全世界所有各国人民都可以自由地生活，不受暴政的摧残，凭着他们多种多样的愿望和他们自己的良心而生活"。[22] 斯大林和他的红军准备将暴政推广至中欧，罗斯福和丘吉尔却视若无睹。丘吉尔以反共演说而闻

---

① 丘吉尔认为，"普鲁士是万恶之源"，纳粹的根源在于普鲁士。——译者

名,意识到斯大林对民主有不同的理解,但也相信可以和他达成共识。罗斯福则认为,这位身着元帅制服者是一个光明磊落的人,他似乎被斯大林的强势和气场所迷倒,联结他们二者的是一个共同仇恨的敌人。

英国驻安卡拉使馆得到了关于德黑兰会议的简报,使馆的一名间谍将简报内容详细报告给希特勒。希特勒的三个对敌如此不同,却能就诸多问题达成广泛一致,他感到,他的种族意识形态世界观、针对德国的全球阴谋再一次得到证实。德黑兰会议还商讨了盟军拟议在法国大西洋海岸的登陆,关于此项事务的情报显然对希特勒尤其重要。1943年末至1944年初这一时期,德国最高统帅部拿不准这份从安卡拉过来的英国文件"材料的真实性"到底如何,美、英是想让德国人转移他们在地中海东部行动的注意力,还是想让德国高层将东线军队调往西线,进而减轻红军向前推进的压力?

1944年1月初,红军已抵达沃里尼亚,波兰的原东部边界。1月底,红军彻底突破德国对列宁格勒的包围圈。这座城市被围困了900天,逾100万居民因寒冷和饥饿而死亡,现在它的突围是苏联走向希望的重要信号。现在,苏军要彻底消灭那些回撤至纳尔瓦地峡及楚德湖南部、普斯科夫-奥斯特罗夫一线的"法西斯匪徒",将战火烧回其来源之处。德国陆军总司令部测算,对苏发动战争至今,苏联应有1850万人死亡,预计苏联预备役很快就会被打光,能战斗的男性数量最多也就210万。蔡茨勒的这些"情报"又一次点燃了希特勒对最终胜利的幻想。

希特勒的关注点已完全转向预料之中的西线入侵。1943年11月3日他发布的第51号命令谈到战事全局正在发生变化。"东方仍然有危险，但一个更大的危险正在浮现，它就是盎格鲁-撒克逊人的登陆！东线的地域广阔，最极端的情形下，也就是丢失成片的领土，不至于对德国要害形成致命打击。但西线不同！敌人若突破我们的宽广防线，其后果在短期时间内无法预测。所有迹象都表明，敌人最迟于在春天……在欧洲西线发动进攻。"希特勒因而决定要增强西线的防御。[23]

希特勒将扩建大西洋壁垒的任务交给了一个响当当的人物，他就是被戈培尔式宣传神化了的隆美尔。1944年1月初，隆美尔被希特勒任命为B集团军群总司令。法国境内共有两个集团军群，B集团军群位置靠北，但都隶属于伦德施泰特任总司令的西部集团军群。"沙漠之狐"属于那种深合希特勒口味的将领，此时的他重新恢复了乐观。戈培尔在日记中援引了希特勒的原话："他跟英国人和美国人还有一笔旧账要清算[①]，他内心炽热，充满愤怒和仇恨……"[24]隆美尔将司令部设在拉罗什吉永[②]，不知疲倦地奔赴现场视察防御设施。

大西洋壁垒从1942年就开始修建，更大程度上由诸多松散排列的防御工事和碉堡设施组成。隆美尔下令加大其密度，并从德国调来可观的物质和人力资源。由于还不够用，人们动手拆卸马奇诺防线碉堡，将那儿的钢铁熔化，然后运送到大西洋壁垒的工地。考虑到海岸线极其漫长，不可能建造有纵深的梯序防御，隆美尔宣布将沙滩作为主要战线。德军铺设了大量障碍物，从地雷到铁丝网丛林，从反空

---

① 指1942年秋隆美尔军团在阿拉曼战役中兵败蒙哥马利领导下的英军，德国在北非的战局从此被彻底扭转。——译者
② 法国北部小镇，毗邻诺曼底。——译者

降地桩①到反坦克壕。经过数周繁忙不间断的工作，他在信中写道："确信，我们能打赢这场防御战。"25 不过，隆美尔不知道在英吉利海峡的对岸、英格兰南部，英、美正集结大型舰队，为"霸王行动"做筹备。在加莱海峡，德军建造了第一批发射斜坡，准备在针对英国的"远程战争"中使用。这些斜坡用于发射菲泽勒 Fi 103 型导弹，真正投入使用是在 1944 年 3 月 3 日。"复仇兵器 1 号"（简称 V1）作为一种"飞机形态的远程炮弹"，成为后来巡航导弹的前身。V 1 飞行距离 250 公里，载弹量 1 吨。与之比较，一架英国兰开斯特轰炸机携弹量是 V 1 的 6 倍。

进入 1944 年后，美军轰炸目标转向德国的装备工业，尤其是空军装备。位于哈尔伯施塔特、不伦瑞克、马格德堡和奥舍斯莱本的生产基地在 1 月被打击，之后的 2 月，就是所谓的"伟大一周"②，重创德国飞机制造业。德国空军在空中死命应战，虽击下不少敌机，但自身损失更加惨重。仅仅在 1944 年 2 月，戈林损失了 1217 架战机，3 月损失持续不减。这样，德国飞机生产增量已无法弥补战斗缺额。德国制空权于 1944 年春最终拱手让给美国人。

德国整个战事的阿喀琉斯之踵在于其炼油厂和加氢工厂，在这里人们将煤转换成合成汽油，产量占全德所有动力燃料的一半。在卡萨布兰卡会议上，斯帕茨就曾经敦促盟军应动手打击这些工厂。拖

---

① 亦被称为"隆美尔之笋"（Rommelspargel）——用于对付空降，与地雷和手榴弹相连的四至五米高的桩子。——译者
② 亦称"大礼拜"空袭（big week），指 1944 年 2 月 20 日至 25 日的一周内，美国战略空军会同英国皇家空军轰炸机部队，向十余个德国飞机制造基地发起摧毁性的轰炸。德国空军由此丧尽元气，难以复原。军事学家一般认为，这是空军力量在战争中第一次起到了决定性的作用。此后，战略空军作为一种改变战争结果的方式正式诞生。——译者

延了将近两年半以后，美、英才真正对它们进行系统性攻击。1944年5月12日，美军第8航空队出动800架轰炸机对位于梅泽堡（Merseburg）、特罗格利茨（Tröglitz）和波伦（Böhlen）的生产汽油的洛伊纳公司厂房进行轰炸，之后又轰炸了位于波希米亚的加氢工厂。后来，施佩尔说："这些天，在技术层面已经决出战争胜负。"[26] 米尔希也认为，这是"（我）能设想到的最沉重打击我们的最糟糕的事情"。[27] 关于打击的原因，也有很多传言和猜测。1944年4月，德国空军总司令部的一份报告猜测："允许德国保留一定的打击能力，以延续对苏联战争"[28]，也许正好符合英国的利益。这一考虑并非完全没有可能，因为摧毁加氢工厂就发生在盟军西线登陆之前，如果英国人更早一些时候动手，一定会减轻苏军的压力。

其实不消摧毁德国加氢工厂，凭借数量和物质优势，苏联红军在短短几周内就碾压了整个乌克兰。随着春季攻势的展开，红军渡过布格河向加利西亚进军，3月底渡过普鲁特河到达罗马尼亚境内。4月初跨越锡雷特河，在喀尔巴阡山脉中止进攻。面对日益逼近的苏军，希特勒对他的东南欧盟国进行了一番绝望、最终又无益的政治操弄。他想尽办法鼓励他们继续同布尔什维克做抗争。1944年3月23日至24日，他在克莱斯海姆会见了罗马尼亚独裁者安东内斯库。这位元帅在国内政权不稳，立场犹豫不定。安东内斯库的反对派在开罗同反希特勒联盟秘密谈判。他努力想保住自己的脑袋，但也不敢冒险同希特勒决裂。

同一个月，希特勒也会见了保加利亚摄政基里尔亲王。1943年9月初，保加利亚沙皇鲍里斯三世逝世，其未成年儿子西美昂继位，强硬拒绝对苏联作战，理由是俄罗斯人曾助力他们摆脱长达500年的土耳其外族统治。1944年春的索菲亚，再也没有人愿意与德国并肩战斗，卷入一场业已输掉的战争。人们更多在考虑如何退出轴心国条约，并同美、英开启谈判。因此，希特勒的会见枉费心机。

就在同一时期，匈牙利王国摄政霍尔蒂也同美、英保持着联系，希望他们派军占领匈牙利，德军必然不同意。1944年3月19日，德国采取"玛加莉特行动"，8个德军师开进匈牙利，扶持以费伦茨·萨拉希（Ferenc Szálasi）为首的亲德政府，艾德蒙德·费森迈耶（Edmund Veesenmayer）任帝国驻匈牙利全权专员。匈牙利军队不得不继续同德军一起战斗。

希特勒对东南欧的关注不在于战事，而更多是要完成"最终解决"方案。此时的他彻底公开了其疯狂野心，也就是战争结束前至少要把那些逃脱"公正惩罚"的种族敌人消灭殆尽。他对安东内斯库说："假设罗马尼亚成为战败国，如果有人以为，那些被善待的犹太人会替罗马尼亚说好话，这将是一个极大的谬误，正如第一次世界大战以后匈牙利和巴伐利亚州被布尔什维克化以后的经历一样。"[29]希特勒指的是1919年，那时候巴伐利亚和匈牙利都成立了由犹太人革命家领导的苏维埃政权。那段时期也正是希特勒荒诞的种族意识形态理念的成熟期，此后希特勒一直痴迷笃信这种世界观。

基于过去的经验，现在的希特勒将重点目标转向匈牙利犹太人，它是德国在其能够影响范围内的最后一个大种族群体。他说："假设明天苏联人敲响匈牙利的大门，而如果德国没有占领匈牙利的话，犹太人和无产者的革命必然会在第一时间点燃。"[30]因此，匈牙利犹太人必须要予以灭绝。1943年，他同霍尔蒂会晤时谈到过这个话题，遭到后者的抵制。这位王国摄政解释，（他）"已经做了针对犹太人的能体面地做的一切，但是谋杀或者以别的方式杀害，（我）做不了"。[31] 1944年春，霍尔蒂见希特勒时，他还是这么说。追猎匈牙利犹太人这项工作由"匈牙利特遣队"负责，其头目正是大名鼎鼎的艾希曼。

1944年6月13日，帝国驻匈牙利全权专员费森迈耶向外交部报告："已完成从喀尔巴阡、特兰西瓦尼亚山脉犹太人的运输……共289357名犹太人，92趟列车，每列车45车厢。"[32] 这些列车驶向灭绝营，之后还有更多的列车。总共有38万匈牙利犹太人被杀害，其中25万死于奥斯维辛灭绝营。在这里，曾经一天最多毒死8000人，他们的尸体在"评定"之后被烧为灰烬。为了获得希特勒的宠爱，里宾特洛甫认为，整个行动有望共抓捕90万犹太人。不过，匈牙利犹太人的放逐于7月9日中断了。

之所以中断，是因为瑞典、西班牙、土耳其和瑞士四国的干预起了决定性作用。总部位于瑞士的国际红十字会主席卡尔·雅各·布克哈特（Carl Jacob Burckhardt）于1944年夏天首次公开表态。而此前人们一直避免这么做，一个理由是担心希特勒会废除《日内瓦公约》，并拒绝国际红十字会人员进入德国战俘营；另一个理由是担心会危及瑞士中立国的地位。所以，国际红十字会代表得到指示：处理犹太人事务必须绝对保密和绝对慎重。

梵蒂冈在种族屠杀事件中的角色特殊，它屡次被指责无所作为，属于道德共犯。处于焦点的人物是教皇庇护十二世①。他原名尤金尼奥·帕切利（Eugenio Pacelli），曾任教廷驻德国巴伐利亚使节，常驻慕尼黑，而当时的巴伐利亚系苏维埃掌权。帕切利因此一直把纳粹德

---

① 教皇庇护十二世，意大利籍（1939—1958年在位）。——译者

国视作同不信神的布尔什维克斗争的堡垒。相应地，帝国天主教同样支持希特勒发动"反对布尔什维克的十字军东征"。庇护十二世曾表示，关于集中营的报道无从核实。很长时间后，他才收回他的这一观点。1942年他在圣诞节讲话中以下列话语纪念逝去的几十万人："那些人没有任何过错，有时仅仅因为其民族或种族，而被付诸死亡或沦为慢性重病。"[33]

1943年5月，当有人告诉教皇，波兰450万犹太人已剩下不足10万。庇护十二世开始在各种讲道和公开讲话中谴责种族屠杀，但没有直接点出德国的责任，竭力避免让外界认为他是在为布尔什维克站台。教皇对犹太人问题的立场从一则消息中可见一斑。这则消息由他的一个最亲密助手多梅尼科·塔尔迪尼（Domenico Tardini）交给英国驻教廷代办，消息称："两个危险正在威胁欧洲和基督教文明，它们是纳粹主义和共产主义。两个都注重物质、极权、残酷和黩武……只有当欧洲的战争将这两个危险灭除，欧洲才能通过联盟以及与所有国家的合作获得和平。"[34] 教皇在1944年的这些观点，无论白宫还是唐宁街都不会赞成。

面对纳粹制造犹太人大屠杀，华盛顿和伦敦都显示了奇异的冷漠。两国政府都拒绝以空袭手段炸毁通向奥斯维辛的铁路，进而阻止匈牙利犹太人被输送至集中营；还拒绝在空中轰炸灭绝营毒气室，而当时他们已掌握了清晰的灭绝营航拍照片。有人向美方提出上述轰炸要求，美国副国务卿詹姆斯·麦克洛伊（James McCloy）的一名助手曾就此遵示作了一个简明的批注："掐死"[①]，批注的日期是1944年6

[①] 意为此类建议不得上报、不得执行。——译者

月 23 日。对拒绝派飞机轰炸，美国官方给出的理由是缺少相应的战术能力。这当然是错误的，因为美国空军已多次轰炸上西里西亚的工业区，1944 年 8 月和 9 月还轰炸了位于莫诺维茨的 IG 法本公司，而此地就在比尔克瑙附近。

最新的研究成果表明，早在 1942 年 1 月万湖会议后，罗斯福当局就已知晓发生于欧洲犹太人身上的事情。然而，这种知晓未能引发任何行动。华盛顿不情愿地联署英国外交大臣艾登的动议。迫于世界犹太人大会和波兰流亡政府的压力，艾登起草了一份联合声明，声明最终签署方包括美国、英国、苏联、8 个德国占领国的流亡政府以及戴高乐的民族委员会。1942 年 12 月，英国广播公司宣读了这份声明，声明涉及集中营的现状，称强迫劳动力干重型劳动，"直至劳累致死。让病者和弱者在低温或饥饿中死亡，或者被冷血地大批杀害"。声明的作者估计死亡人数为"数十万"。[35]

美、英对于这类要求①表现出某种怯懦、某种不快。原因何在？至今不得而知。对犯罪规模缺乏足够的想象和认知？还是自己本身就有种族主义？在罗斯福身上，一个原因是可以确定的，也就是共和党人在国内不断指责他，他为犹太人代言甚于为美国人。当有人问他，针对纳粹集中营考虑做些什么，罗斯福总是选择一个固定不变、回避式的答案：能给予犹太人最大帮助的方法，就是尽快赢得这场战争。1944 年 6 月 6 日，罗斯福决定走出美国赢得这场战争的关键一步。正是这一天，盟军开始在法国大西洋西岸登陆。

---

① 指派飞机轰炸集中营。——译者

第八章　欧洲第二战线
（1944年6月至12月）

> 也许会有某个时刻，我们不会被当作骗子，而是被评价为提醒者和爱国者。
>
> ——彼特·约克·冯·瓦滕堡伯爵，1944年8月初

盟军诺曼底登陆标志第二次世界大战进入最后阶段。在过去的几年，尽管国际政治环境发生了根本性变化，但希特勒此时所幻想的战略考量大致相近于1940年。当时，他希冀通过在西线打一场战争，以求得无后顾之忧，在东线发动真正战争；现在，他试图阻挡盟军在西线入侵，紧接着竭尽全力顶住红军对中欧的进攻。在他的侧近面前，希特勒摆出一副志在必得的架势，以掩盖日益加剧的内心焦虑。不管愿望如何虚幻，他都笃信必定能够实现。实际上，希特勒也别无选择。与斯大林和解完全不在他的议程之内。与英国和解，情形正好相反。希特勒时不时地说服自己：如果盟军登陆被成功阻断，那么英国人就不会有多大意愿继续与德国作战。之后美、英同盟也许就会解体，与伦敦的和解，不管它以何种形式出现，总还是可能的。

希特勒认为西线将面临一场决战。在勉强维持破碎不堪的对苏防线的前提下，最高统帅部在西线集结了能够动用的所有兵力。考虑到德军兵力资源欠缺，一个关键的问题摆上桌面：盟军会选择在何地登陆？（1944年）3月的时候，希特勒认为："入侵的登陆地点可能会

在吉伦特河口南部区域或布列塔尼半岛，或诺曼底半岛。"¹之后，随着日期临近，希特勒越来越确定是诺曼底。然而，伦德施泰特、隆美尔却深信，盟军攻打欧洲这座堡垒，会选择英吉利海峡的最狭窄之处——加莱海峡作为登陆点。德国反间谍局的情报佐证了他们两人的看法。西线外军情报司同样认为，盟军会选择加莱海峡作为主攻方向。实际上，德国人掉进了盟军的一个骗局。在多佛、海斯廷斯、桑德维奇、罗姆内等地，英国人模拟军队调动和无线电通讯，给外界造成7月中旬将在加莱海峡横渡英吉利的印象，成功转移了对诺曼底的注意力。

隆美尔提出将所有集结于内陆待命区的可用装甲师均归其直接指挥。由于德军内部对登陆地点等形势判断上出现分歧，最高统帅部拒绝了隆美尔的要求。按照隆美尔的想法，战争应在海滩上决出输赢。他考虑将装甲师部署在离加莱海岸尽可能近的区域，便于快速投入战斗，最高统帅部认为此举过于冒险。最终，统帅部仅划拨一部分装甲师给隆美尔，其余均在内陆待命区驻扎。德军在西线共部署了59个师，大部分驻守加莱海峡一带，现在又将部分装甲师调往加莱海峡，这给德军带来一个不幸的局面：由5300艘舰船组成的美、英大型舰队，从战列舰至登陆艇大小不等，进攻目标却是诺曼底。

1944年6月6日凌晨，也就是D日，盟军对诺曼底海岸实施空中打击，数千门大炮连续炮击，拉开登陆序幕。德国守军毫无防备，措手不及。德国气象学家提供的预报称糟糕的天气并不适合登陆，这也让德军放松警惕。大批指挥官以此为机会去巴黎游玩，隆美尔本人也回家了。① 因此战争一开打，德军一片混乱，无法做出明确的形势

---

① 盟军在诺曼底登陆时，隆美尔在德国的家里给妻子过生日，让希特勒大为不悦。——译者

判断。起初隆美尔还以为这是盟军的佯攻,最高统帅部也附和他的看法。位于内陆的装甲师迟迟未予调遣。

6月6日被称为"最漫长的一天",直到当天下午,已有13万盟军士兵、2万辆坦克及机动车分别在奥恩河口、卡尔瓦多斯海岸、科唐坦半岛以及圣梅尔埃格利斯区登陆,当天晚上盟军伞兵占领了一些重要据点,此时希特勒的将领们意识到,西线的决战已经开始了。最高统帅的反应是什么样子呢?瓦尔利蒙特记录道,跟往常一样,他"扮演了一个演员的角色……露出非常轻松的微笑,摆出一副期待已久、终于可以与对敌清算的男人姿态,走近地图,以独有、浓烈的奥地利口音说出几个词:'大戏可算开场了'"。[2]

盟军诺曼底的登陆属于两栖行动也面临不少困难。尽管如此,这是一场不对称战争,由美国、英国、加拿大、法国、波兰等国组成的军队占据明显优势,防御的德军毫无机会。科唐坦半岛上共有五个登陆点,其中四个在一个小时后就成功占领。只有在奥马哈海滩,双方战斗持续了一整天,最后德军防守溃散。这场战斗极端残暴,双方基本不留俘虏,美军死亡2000多人。二战结束后,战地记者、后来的诺贝尔文学奖获得者——欧内斯特·海明威[①](Ernest Hemingway)写道,投降的德军士兵都被一一射杀,而那些犯下诸多罪行的党卫队成员在登陆的第二天枪杀了已经投降的100名加拿大士兵。

盟军取得关键性胜利的原因在于其拥有压倒性的制空权,共有1.2万余架飞机参与"霸王行动"。在登陆当天,就飞行了14674作

[①] 欧内斯特·海明威(1899—1961),美国作家。著有《老人与海》等。1954年获诺贝尔文学奖。——译者

战架次。反观德国空军只有 319 架飞机，很快就消失在诺曼底上空。盟军的空中优势也成为身处内陆的德国储备部队的主要麻烦。装甲部队只能借着黑夜移动，抵达作战前线经常为时已晚，或者干脆永远赶不到目的地，因为半途已被盟国空军歼灭了。此外，德国还将一批最新补充、毫无作战经验的军队派上战场，还包括所谓的党卫军印度军团，该军团由印度战俘组成，声称在诺曼底为"自由印度"而战。盟军很快扩建了各种桥头阵地和人造港口，后勤物资源源不断地输送进欧洲本土。6 月 12 日，盟军登陆部队总数达 33 万，拥有 5 万余架飞机，5 个登陆点连成一片，形成总长达 100 公里的宽广区域。

当战争在法国最西端爆发之时，法国人在内陆也掀起了游击战，党卫军对平民进行了惨无人性的报复，发生了奥拉杜尔事件[①]。希特勒下令发动"远程战争"，向英国本土而非登陆前线发射 1.2 万余枚 V1 飞行炮弹。伦敦是这些炮弹的主要打击目标。希特勒期望以此击碎英国人的士气，结局是徒劳的。一是因为这种新式炮弹的杀伤力有限，二是其速度不足 600 公里/小时，英国防御型歼击机可以将其击毁或使其偏离飞行轨道。

盟军牢牢占据诺曼底战场的主动权。原本对 V1 抱有极高期待的希特勒已完全脱离现实，陷入自我迷幻。清醒地看，德军西线战败已成定局。6 月 17 日，在法国苏瓦松马吉瓦尔的一次形势分析会上，西线集团军群总司令伦德施泰特也在场，隆美尔向希特勒坦率地阐明了这一点。约德尔也曾在纽伦堡明确向希特勒讲明战场的严峻态势，

---

① 指 1944 年 6 月 10 日纳粹党卫队在法国奥拉杜尔村（Oradour sur Glane）制造的 642 人屠杀事件。——译者

之后徒劳地请求元首以政治途径结束西线战事。几天后，德军在奥恩河以东的一次反攻以失败而告终，法国战局对德军而言越来越艰难。

6月30日，隆美尔再一次面谏希特勒。他回到德国，奔赴贝希特斯加登，与他晤谈。此时形势更加紧急，在东线中部，红军向维捷布斯克、奥尔沙、莫基廖夫和博布鲁伊斯克发起了夏季进攻，德军整条防线随即崩溃。5月，德军撤出克里米亚半岛。在那不勒斯北部的蒙特卡西诺，盟军的北进受阻长达数月，现在最后一批德军伞兵也缴枪认输。6月4日，盟军开进罗马。隆美尔认为必须得有所行动了。然而，同绝大多数军事高层一样，隆美尔同样不了解他的元首，他再次失败了。在形势分析会上，他向希特勒直陈有必要在法国实现停战，结果被希特勒撵了出去。①

继续推行战争，要么出现奇迹，要么步向灭亡，希特勒忠于他的准则，这并不奇怪，令人奇怪的是这位德国陆军元帅如此政治幼稚，他一本正经地相信西方盟国愿意同希特勒德国进行和谈。不久，隆美尔遭到一次飞机攻击严重受伤，在家休养数月，结果卷入一场并未参与的军事政变，这也同样可归因于他的政治单纯。一位名叫凯撒·冯·霍法克尔（Caesar von Hofacker）的中校主动靠近隆美尔元帅，他同时是以德军驻法国总司令卡尔-海因里希·冯·斯图普纳格尔（Carl-Heinrich von Stülpnagel）为首的巴黎谋反集团的官员。霍法克尔以一种隐秘的方式向这位元首的宠将——隆美尔谈及结束西线战事的紧迫性，当然，并没有明确谈及要除掉希特勒，但霍法克尔自

---

① 1944年7月15日，隆美尔致信希特勒。信中末尾，隆美尔以罕见的直白和胆气陈述道："这场实力不均的战争即将结束。我们有必要从当前局势中得出正确的结论。"史学家解读，可以将此理解为对希特勒施压。——译者

己认为结束西线战事的前提就是必须除掉希特勒。这场会谈在隆美尔的法国司令部拉罗什吉永举行①，其间隆美尔对霍法克尔这位来访者展现了最热情的首肯，事后这一切给他自己带来灾难性的后果。霍法克尔错误地以为隆美尔同意他们的谋反计划，在党卫队严刑拷打下，他说出了隆美尔这个名字。

德军驻巴黎司令部是以施陶芬贝格为首的柏林谋反集团的西线分支，霍法克尔是驻法总司令的私人参谋，而施陶芬贝格又是贝克②谋反集团的骨干。贝克将军曾在突尼斯战争中受重伤，伤病好转后被调任后备军司令部。以本德勒大楼③为中心，他编织了一张分支众多的阴谋谋反网络，触角伸展至陆军总司令部、军团司令部以及以莫尔特克为首的"克莱稍集团"。诺曼底登陆后，斯图普纳格尔的巴黎总司令部成为最重要的分支，主要筹备西线战事的结束工作。

不管怎样，在很长时期内，谋反者的所作所为自然在于尽可能多地拯救"属于他们的"德国。他们曾长时期地期待那个极其反常的反希特勒联盟的破裂。外交官乌尔里希·冯·哈塞尔④于1943年8月曾写道，实际上只需要一个"计谋"："让俄罗斯或者让美国明白，维持德国的继续存在符合他们的利益。在这场游戏中，我倾向与西方和

---

① 这次谈话未留下任何资料，具体内容无从考证。——译者
② 路德维希·贝克（Ludwig Beck, 1880—1944），1933—1939任陆军参谋总长，曾激烈批评希特勒的战争政策，被免职。之后，积极参加反战、反希特勒运动。——译者
③ 指纳粹德国国防军最高司令部所在地。之所以命名本德勒，系因为本德勒（Johann Christoph Bendler, 1789—1873）是一位砌砖工师傅，大楼所在这片土地最早是由他向柏林市政府申请而得。——译者
④ 乌尔里希·冯·哈塞尔（Ulrich von Hassell），曾任德国驻意大利大使。若反希特勒政变成功，据称拟出任德国外交部长。——译者

谈，但在危急情形下，也可以忍受与俄罗斯和解。"³ 多数谋反派试图寻求与西方接触，但症结在于"无条件投降"这一表述，这是反希特勒联盟在卡萨布兰卡达成的共识。

尽管美、英都排除同德国谋反派达成任何安排的可能性，但后者依然竭尽各种尝试手段。迪特里希·朋霍费尔（Dietrich Bonhoeffer）是一位反希特勒政权的认信教会①神学家，他于1942年在斯德哥尔摩通过奇切斯特主教乔治·贝尔（George Bell）与英国取得联系。军事谍报局特工贝恩德·吉斯维乌斯（Bernd Gisevius）同美国战略情报局官员在瑞士建立接触。外交官亚当·冯·特罗特·祖·索尔茨于1944年3月三赴斯德哥尔摩，与中间人、《瑞典日报》主编伊瓦尔·安德森（Ivar Anderson）见面。根据安德森的记录，特罗特最关心的问题是，如果成功谋反，英国是否还会继续空袭德国。如果是，德国人民就会"得出结论，英国针对的并不是希特勒，而是整个德国，意在彻底消灭德国"。⁴ 紧接着，安德森将上述讯息转告他的英国联系人、丘吉尔内阁的副大臣沃尔特·蒙克顿（Walter Monckton），后者回避正面回答，仅指出：盟军不会向德国国内政治派别做出妥协。

6月，特罗特再次也是最后一次奔赴斯德哥尔摩。在那里与一名英国人见面后，依旧没有结果。失望之余，特罗特又转而与苏联人接触，同样枉费心机。此时，吉斯维乌斯已同美国战略情报局开始合作，扬言特罗特和柏林谋反派本来可以同克里姆林宫达成默认共识：在德军东线防御撕开口子，为红军进军中欧打开大门。但是，华盛顿

---

① 亦译"宣信会"，1934年成立的德国基督教会，现已不存在。纳粹德国时代，希特勒企图把德国基督教变成纳粹的政治和宣传工具，结果引发起基督教抵抗运动。二战爆发后，认信教会的教士和基督徒大都应召入伍，但其抵抗活动仍有继续。——译者

没有轻信这些肤浅表面的把戏，认为这是有意逼迫西方采取行动。这样，德国反叛者试图以某种方式阻止德国走向灭亡的希望最终还是破灭了。一股深深的失落感在他们中间蔓延开来。

施陶芬贝格也受到了影响，尽管他比其他人的反叛意志更加坚定。此人身体残疾，缺少一只胳臂，剩余的另一只手又少了两根手指，但他坚称要炸死希特勒。刺杀行动之前，他同贝克（政变成功后将出任国家元首）、戈尔德勒和雷贝尔起草了倡议书，在他的参与下，还拟就了一份政府声明。可能受"克莱稍集团"的影响，该声明主张建立一个民主的社会福利国家，并宣布进行自由选举。这体现了施陶芬贝格的妥协性。1944年，他曾同兄长贝尔特霍德（Berthold）、友人鲁道夫·法尔纳（Rudolf Fahrner）共同许诺过一个不公开的誓言。在誓言中，施陶芬贝格阐述了自己对国家的设想，强调"德意志重生的各项原则"及德意志民族的"使命"，认为"领导西方民族迈向更好的生活"是德意志民族的责任义务，大肆抨击"平等谎言"。[5]

声明从一个侧面反映出，谋反者中的不少保守人士当年都曾大力扶持过希特勒和纳粹主义。他们视希特勒为伟大的修正主义者，有了他，就可以清除凡尔赛之耻、重建军队在国家中的突出地位。他们视这个褐色国家为老帝国的再生，这个纳粹德国较前更具现代化，充满了普鲁士社会主义的精神，正如奥斯瓦尔德·斯宾格勒[①]所描写的那样。霍法克尔在20世纪30年代就错误地以为"（国家）社会主义的

[①] 奥斯瓦尔德·斯宾格勒（Oswald Spengler, 1880—1936），德国著名哲学家、文学家，认为源起于腓特烈一世的普鲁士精神仍是未来德国谋求民族统一的道德基础。主张在德国将"社会主义"与"普鲁士精神"结合起来，为德国的国家主义意识形态找到法理上的依据。认为议会民主制乃是把英国的政治理想强加于德国人身上，英国式的民主和自由是极端个人主义的"成功的伦理"，与德意志民族的要求个人服从于整体利益的"责任的伦理"背道而驰。——译者

自制、简朴、坚强……都体面庄严地体现在元首一个人身上"[6]。他们也曾赞成排斥那些"侵入我们的公共生活，缺少任何应有自制（戈尔德勒语）"[7]的犹太人。但现在，他们过往的幻想成为一堆废墟。

施陶芬贝格一度丧失信心，他曾问特莱斯科夫，盟军已在西线登陆了，战争快结束了，推翻希特勒统治是否还有意义？特莱斯科夫的回答："刺杀希特勒必须进行，不惜一切代价。即使失败，也要尝试这场政变。重要的不是能否完成具体目标，而是要向世界、向历史证明德国抵抗运动敢于以生命孤注一掷。至于其他都是无关紧要的。"[8]

经历了三次失利，1944年7月20日中午，位于东普鲁士拉斯滕堡的元首大本营，施陶芬贝格走进一座木制营房，将一个装有炸弹的公文包放置于大型地图桌的下方，周围是希特勒、凯特尔、约德尔、豪辛格及其他19名将军，还包括海军上将、陆军上校以及速记员等。之后，施陶芬贝格离开营房，赶赴位于"狼穴"附近的机场乘机返回柏林。离开时，他听到了巨大的爆炸声，他以为希特勒这位独裁者毙命了。

在本德勒大楼，谋反派成员奥尔布里希特（Olbricht）根据"女武神[①]行动"[②]的计划发布了后备军动员令。维茨莱本向各防区指挥员发去电传，宣布国家进入紧急状态。已回到柏林的施陶芬贝格将有关情况报告位于巴黎的谋反派成员斯图普纳格尔，后者立即逮捕了巴黎的党卫队领袖。在柏林，大德意志警卫营准备封锁政府区。此时有消息传到柏林，称"元首还活着！"，起初大家都以为是谣言。那些谋反犹豫不决者，如后备军总司令弗里德里希·弗洛姆（Friedrich

---

[①] 又称"瓦尔基里"，北欧神话中的女神之一，决定人在战斗时的命运。她们在战场上赐予战死者美妙的一吻，并引领他们前往英灵殿。——译者
[②] 指"7·20刺杀希特勒行动"。——译者

Fromm）立即转变立场，以求保住性命。最后剩下的只是一小批言行一致、不怕牺牲的爱国者。贝克饮弹自尽。[①]7月20日当晚，弗洛姆将奥尔布里希特、默茨（Merz）、冯·海夫滕（von Haeften）以及施陶芬贝格等人枪毙于本德勒大楼内院，这些人都知晓弗洛姆本人也是谋反的知情者。当下令扫射予以击毙时，施陶芬贝格高喊："神圣的德意志万岁！"[9][②]

正如特莱斯科夫所说，重要的不是能否完成具体目标，而完全在于向世界、向历史证明德国抵抗运动敢于以生命铤而走险。尽管来得太晚，但他们走出了这一步，并为此付出了血的代价。对"这一小撮有野心、毫无良心同时又罪恶、愚蠢的军官"[10]，希特勒给予残暴的报复。他将这项任务交代给希姆莱（1943年秋始兼任内务部长）。主要谋反者立即被逮捕。维茨莱本、斯图普纳格尔、霍法克尔、德尔普、莫尔特克、霍普纳、约克等被罗兰·弗莱斯勒（Roland Freisler）的人民法庭判处死刑。在柏林普勒岑湖监狱[③]，他们被肉钩吊挂，以钢丝绞死。其他人，如军事谍报组织负责人威廉·卡纳里斯（Wilhelm Canaris）被送往集中营，死于战争结束之前。特莱斯科夫将军死于自杀。在比亚韦斯托克附近的森林，他用一颗枪榴弹结束了自己的生命。

[①] 贝克先是给自己开了一枪，受重伤，但仍清醒。自己又补了一枪，倒在地上失去知觉，但仍有呼吸。一位中士向他开了致命一枪。——译者
[②] "7·20刺杀希特勒行动"失败，对战后德国宪政体制影响重大。1968年德国《基本法》第20条增加了以下内容："如无其他可能的补救措施，所有德国人皆有权反抗所有企图破坏这一秩序之人。"条文中的"这一秩序"系联邦德国奉行的西方自由民主之秩序。《基本法》不容许任何人对这一秩序提出质疑。不论是谁，如果企图废除自由、民主或法治国家，都要明确考虑到公民的反抗。也就是说，如果再出现一个像希特勒这样的暴君，民主人士应予抵抗。如果其他手段不起作用，那么民主人士就应该发动每个个体来抵抗。——译者
[③] 位于柏林西北郊，现为纳粹抵抗运动纪念地。——译者

共有 19 名将军、26 名中校及大量政府官员,计 100 多人被执行死刑,其中包括弗洛姆以及克鲁格。克鲁格也是知情者,以为自己无路可逃。未等党卫队上门逮捕,他举枪自杀,留下一封绝笔信,信中仍称他效忠于元首,很可能是以此来保护他的家人。此时隆美尔已从重伤中有所恢复,直到最后他还以为自己会因为诺曼底防御战失败而被元首追究。但实际上,施派德尔、霍法克尔的招供已让隆美尔面临选择:要么自杀以保全尊严,要么交付人民法庭审判。① 极度灰心的隆美尔选择了前者。希特勒在乌尔姆为其举行国葬,伦德施泰特在追悼会上致辞称:"隆美尔的心一直属于元首。"[②11] 当战争结束后,人们将隆美尔与反希特勒抵抗运动相联系时,隆美尔的遗孀还表示了抗议。

约克伯爵在普勒岑湖监狱被处以绞刑,刑前留下最后一封信:"也许会有某个时刻,人们会对我们做出另外的评价;我们不会被当作骗子,而是被视为提醒者和爱国者。"[12] 约克要实现他的愿望还需要较长时间。尽管德国人疲于战争,也向往和平,但他们都认为这种抵抗就是叛变。二战结束后的数十年,多数德国人依然如此认为。在国外,几乎没有人关心 1944 年夏季这场"有良心的起义"。这场失败的政变仅仅象征着德国一步一踉跄,走向灭亡。

希特勒并不担心他的将领会弃他而去。这次暗杀死亡 4 人,他自己却活了下来,仅仅有些许擦伤,这反而赋予他极大的灵感。1939

---

① 希特勒唯独对隆美尔网开一面,允其服毒自杀,并予以国葬,是因为这位陆军元帅在德国民众中形象和声誉极佳,公众若得知其卷入谋杀行动,希特勒担心会动摇军心、扰乱民心。——译者
② 隆美尔之死,纳粹对外伪称是"伤重逝世"。伦德施泰特在国葬仪式上致悼词时,也许并不知道隆美尔死亡的真实原因。直到纽伦堡法庭上,他才有所了解。他在庭上作证时说:"我当时没有听到这种谣传,否则我会拒绝在国葬时做希特勒的代表;那简直是无法形容的丧尽廉耻的行为。"——译者

年 11 月，波兰战事已胜利结束，英国对德国宣战打乱了希特勒的整个战争计划，当时他躲过了埃尔泽的炸弹刺杀。现在的希特勒极度确定，这一切他唯独必须感谢"天意"。7 月 20 日下午，墨索里尼正好到访，两人会见。墨索里尼同样相信，"元首被拯救是上帝的旨意"，"以如此神妙的方式幸免于敌人的攻击，如此人物也一定能度过当前困难，走向胜利的结局……"[13]

1944 年 7 月 20 日，帝国领导层做了最后一次动员。戈培尔被任命为"全面战争全权总监"。这位宣传部长 1943 年 2 月在体育宫殿演讲中所宣布的一切，虽然来得迟了一些，但都成为现实。戈培尔采取了类似于实施内部紧急状态的做法，下令关闭所有与战争不相关的企业，大规模限制文化生活和新闻事业以及紧缩国家行政机构。通过大规模动员，又有几十万人拿起武器参加军队。希特勒还任命希姆莱为后备集团军总司令、陆军装备主管，后者招募组建了"人民步兵师"，并迅速投入前线。因为这些人缺少作战经验，装备又差，在前线遭遇毁灭性伤亡。

从前线传回的全是坏消息。西线登陆的盟军士兵总数此刻已达到 150 万。7 月 31 日，盟军突破阿夫朗什，直插法国腹地。西线德军的剩余装甲部队在法莱斯被围歼，德军从鲁昂、埃尔伯夫渡过塞纳河，一路向东撤退。德军驻巴黎城防司令迪特里希·冯·肖尔蒂茨[①]不战

[①] 迪特里希·冯·肖尔蒂茨（Dietrich von Choltitz），国防军上将。传统的普鲁士军人，对上级的命令无条件绝对执行，在对苏联、波兰战役中，不论进攻或撤退，肖尔蒂茨为完成任务，从未顾及过城市乡村和平民的损失，被称为"城市的毁灭者"。希特勒曾多次指示：如果必须放弃巴黎，那就把它变成一片废墟。但恰恰是肖尔蒂茨未履行希特勒的命令，保全巴黎免遭灭顶之灾。战后肖尔蒂茨未受追究，巴黎还赠以荣誉市民称号。——译者

而降。8月25日，美军以及戴高乐领导的自由法国军队以凯旋的姿态进驻巴黎。尽管戴高乐同诺曼底登陆、盟军进攻没有任何关系，但巴黎人以及多数法国人依然视他为解放者。（这其中的原因在于，是戴高乐将自由法国的不同派别结合在一起，置于由他本人创建的解放委员会的总框架之下。该解放委员会即为后来的法国临时政府。）首都巴黎解放的前数日，美军和戴高乐军队在法国南部的里维埃拉登陆，地点位于戛纳和土伦之间的地带。紧接着，希特勒下令德军从法国南部逐步撤退。同时，盟军于6月4日占领罗马，德国防军及党卫军退守至法诺—佩萨罗—里米尼一线作困兽之斗。在东南方向，希腊和爱琴海域，德国人也开始着手撤军。

在东线的北部，红军接近里加湾，进而切断了北部集团军群与德军前线部队的联系。"轴心"盟友芬兰退出反布尔什维克阵营，很快又同柏林断交，甚至宣布对德国宣战。在东线的中部，红军抵达维斯瓦河。在东线的南部，南方乌克兰集团军群被击溃后，红军进入罗马尼亚油田区、保加利亚，并向匈牙利方向前进。这引发严重的政治后果：8月底，安东内斯库被推翻，罗马尼亚宣布改换阵营。匈牙利的霍尔蒂宣布同苏联停战。萨拉希紧接着发动政变，他的军队同德国特种部队一起攻占布达佩斯城堡山，法西斯"箭十字党"上台。王国摄政霍尔蒂不得不收回与苏联的停战命令，而他本人被关押在德国。在南斯拉夫，铁托领导的"人民解放军"与德军进行顽强的游击战，也基本上控制了全境。

红军的快速推进在反希特勒联盟内部引发了影响。丘吉尔颇为怀疑苏联红军是否会从占领区撤军。8月在维斯瓦河中游两岸上演的事件令伦敦尤其诧异。在华沙，塔德乌什·科莫罗夫斯基（Tadeusz

Komorowski）伯爵率领波兰家乡军发动起义，攻击德国占领军，发出了建立一个独立波兰的信号。他们期望处在维斯瓦河东岸的红军能伸出援手，共同御敌。希姆莱派埃里希·冯·登·巴赫-热勒维斯基（Erich von dem Bach Zelewskis）赶赴华沙。波兰起义军同由热勒维斯基指挥的党卫军和警察军队顽强进行了长达数周的巷战，最终被镇压，而斯大林的红军在那一时期袖手旁观，毫无动静。共有18万波兰人死亡，其中多数是平民，6万被送往集中营。希特勒下令将华沙夷为平地，波兰仅存的一批民族和国家领导人也基本被消灭了。

这完全符合斯大林的意图。他实际上已为波兰准备了一个共产党政府，即"卢布林委员会"以及"波兰民族阵线"。英、美为波兰家乡军准备了运输机，满载援助物资，丘吉尔和罗斯福联名向斯大林发送消息，请求允许运输机降落在维斯瓦河东岸的军用机场，但斯大林未予积极回应。这一请求系丘吉尔提议，罗斯福迟疑一番后表示同意。斯大林的答复："一个犯罪集团在华沙策动了冒险行为，为的是攫取政权。这帮人滥用了华沙人民的信任，很多人没有任何武装就被置于德国大炮、坦克和飞机之面前。"[14]丘吉尔认为斯大林是在歪曲事实，建议罗斯福不要同苏联协商，立即派遣盟军飞机，给斯大林造成既成事实的局面。罗斯福回绝了丘吉尔的建议，英国无奈之下只得向苏联政府发出郑重的呼吁。但这没有任何结果。9月5日，罗斯福如释重负地告诉丘吉尔，华沙的事一切都过去了。他还不忘指出，对未能帮助波兰人感到"极度悲伤"。[15]不过，丘吉尔所说的华沙事件将会对反希特勒联盟内部关系带来"深刻和严重的影响"[16]，并没有出现。

罗斯福一如既往地重视与苏联的合作，英国人则将眼光转向东欧和东南欧。苏联人在那里日益推进苏维埃化，英国人必须做出回应。罗斯福考虑所有有争议的问题都搁置到战争结束以后解决，丘吉尔则显得焦急。10月9日他访问莫斯科，在美国驻苏联大使埃夫里尔·哈里曼[①]在场的情况下，英、苏就东欧及东南欧势力范围划分达成一个奇特的约定：希腊归英国；匈牙利和南斯拉夫，英、苏各占一半；保加利亚和罗马尼亚归苏联。

丘吉尔在莫斯科会谈的议题当然包括波兰，但不是已经被苏联拒绝的英国对华沙起义的援助问题，而是波兰的边境线。这是一个老问题。在德黑兰会议上，"三巨头"已达成一致，波兰的边境线应往西延展。寇松线作为波兰东部边界，罗斯福和丘吉尔原则上都予以认可。但是波兰与德国毗邻的西部边界走向，尚未得以确定。莫斯科备忘录指出："斯大林同志宣布，波兰必须归还东普鲁士、西里西亚。柯尼斯堡[②]及其周边区域归苏联。"对苏联上述明确设想，丘吉尔认为："这是正确的，同时上述地区的德裔居民必须移迁至德国国内。在盟国消灭了大约800万德国人后，现在他们在德国有足够的生存空间了。"[17]

无视英国的催逼，米科莱奇克（Mikotajczyk）和波兰流亡政府就是不愿接受寇松线。米科莱奇克跟丘吉尔说，在不征求波兰人民的意见之前，他不能就近一半的波兰领土问题做出决定。丘吉尔以威胁

[①] 埃夫里尔·哈里曼（Averell Harriman，1891—1986），其父是19世纪后期的美国铁路大王爱德华·亨利·哈里曼。1943—1946年任美国驻苏联大使。杜鲁门政府时期出任美国驻英国大使（1946年）、商务部长（1946—1948年）。——译者

[②] 今加里宁格勒。约13世纪建城。1701年，普鲁士首位国王弗里德利希一世在柯尼斯堡大教堂加冕，将柯尼斯堡定为普鲁士首都。1806年成为普鲁士国王逃难之地，也是普鲁士王国改革和复兴的起源地。——译者

的口吻说："那我就去问问别的波兰人，卢布林政府也许也能很好地工作。这个政府不会搞犯法的事，不会破坏盟友之间的团结。"[18] 醒悟过来的米科莱奇克转而谋求从德国身上榨取更多领土补偿。他和他的流亡政府要求得到奥得河以西的什切青、从布雷斯劳至尼斯河的格尔利茨的领土。他们这么做，多少有些刻意服务于斯大林的意图。但丘吉尔和罗斯福拒绝了波兰的领土诉求，因为这将造成大规模的人口迁移。

1944年9月中旬的第二次魁北克会议上，罗斯福和丘吉尔讨论了德国的未来。两位领袖达成了第一份占领德国区域记录。由美、英、苏三国代表组成的"欧洲咨询委员会"于1943年12月开始在伦敦开会，由它撰写的区域记录规定：吕贝克—黑尔姆施泰特—艾森纳赫一线以东划为苏联势力范围，柏林另作安排。魁北克会议还产生了一份塑造德国未来的报告，它由长期担任美国财政部长的亨利·摩根索①完成，即摩根索计划。

摩根索计划的产生并非华盛顿全面仇德政策的结果，而更多是美国对战后德国政策一片混乱所造成的。当时华盛顿有多个机构在研拟关于德国的政策方案。赫尔的国务院影响力式微，战争部和海军部亦是如此。外交和军方相互竞争，大家都争着向总统汇报对德国占领区的设想，试图实现自身的意图。导致的最终结果却是没有一套统一的美国方案。当然，这也同罗斯福马虎随意的执政风格有关。

西欧盟军最高司令艾森豪威尔（后来又担任德国美国占领区的军事长官）一直在徒然等待华盛顿的指示。他代表的是国务院，主张温

---

① 亨利·摩根索（Henry Morgenthau，1891—1967），美国政治家。——译者

和对待德国。1944年秋，他吩咐国务院下属的政策研究室拟订对德政策文件，不久《德国军政府手册》呈送华盛顿审批。摩根索阅读了以后决定另搞一套。这位财政部长了解犹太人大屠杀，有时会称德国人为"野兽"，他决定自己出台一份关于德国未来的文件——摩根索计划。该计划认为：肢解后的德国在长时期内仍是世界捣乱分子，应予消灭；英国、法国和比利时的经济实力应予加强；位于边境地区的西里西亚、萨尔等工业区域应割让给他国；拆卸鲁尔工业区；国家的整个经济置于联合国的监督之下。计划不惜以大规模失业为代价，将德国改造为农业国。而摩根索计划较早的版本甚至规定要将数百万德国人作为强迫劳工送往非洲。

强迫德国人做劳工最终没有被纳入摩根索计划。丘吉尔和罗斯福都已经对计划表示同意，之后计划又被收回，原因是美国有阁员对其提出猛烈批评。赫尔国务卿认为这是"盲目复仇的计划"[19]，战争部长亨利·刘易斯·史汀生（Henry L. Stimson）在日记中认为这是对德国人的"大规模报复"，迟早会再度引发战争。[20]确实，摩根索计划一经公布立即引发愤怒。纳粹宣传机器大肆辱骂。"丘吉尔和罗斯福搞了一套属于自己的犹大①杀人阴谋"[21]，其危害性"远超克里蒙梭，此人曾声称德国人有4000万，人口太多了！"，1944年9月《人民观察家报》如此宣传。[22]戈培尔有针对性地将摩根索计划与凡尔赛安排相提并论，刻意突出犹太人灭绝德国人的企图。史学家们认为，摩根索计划反而助长了德国人的战斗意志以及追随元首的动力。

---

① 《圣经》人物，耶稣十二门徒之一。据《新约》载，因为三十个银币将耶稣出卖给罗马政府。——译者

希特勒对摩根索计划却丝毫不觉奇怪，因为它可以同希特勒的种族世界观无缝对接。希特勒依然一厢情愿地认为，英国国内的反犹太人势力一定会取得最后胜利。此时不断有报告呈阅至希特勒，他感到东、西方盟国之间的矛盾在增多，这又坚定了他的主张。美、英盟国围绕伊朗的石油发生争吵。苏联进入保加利亚后，抵近土耳其，引起猜疑。迫于盟国压力，土耳其放弃了中立政策。苏联人公然觊觎战略地位重要的达达尼尔海峡①，希特勒认为敌方联盟的"大厦"即将崩塌。

为了迫使英国人改换阵营，希特勒对伦敦动用了V2武器。1944年9月8日，两枚V2导弹击中伦敦。之后，又发射了1357枚。戈培尔大肆吹嘘这一"神奇武器"可以让伦敦寸草不生。但是V2的准确度极差，所发挥的影响力很小。这些导弹如晴空霹雳一般，漫无目标地降落于伦敦城内和城外。总共有2724名伦敦市民被炸身亡，所产生的效应并不大。希特勒期待V2能对战争发挥关键作用，但很快就破灭了。

而且，V2极为不经济。丘吉尔在其回忆录中说，英国的轻型"蚊式"轰炸机"单机成本都很可能比导弹还低廉，……轰炸机的平均载弹量为125吨炸药、投弹准确度范围为1.5公里……而每一枚V2导弹携带炸药1吨，投弹准确度竟达25公里"。[23]不过，V2导弹仍是面向未来的创新产物。德国陆军实验研究所位于乌泽多姆岛上的佩内明德，工程师们研发的V2是世界上第一款弹道导弹。后来美国人在佛罗里达州卡拉维拉尔角发射了导弹，这些德国工程师功不可

---

① 连接马尔马拉海和爱琴海，该海峡对苏联的物资进出口至关重要。——译者

没，他们的 V2 为之打下了基础。

丘吉尔认为，德国人在导弹研发上付出大量精力，不失为一件幸事。确实，纳粹德国在后期集中力量研发新型喷气式飞机和导弹，却忽视了另一个极其重要的军备领域：核能开发。1939 年底，德国陆军装备部召集德国物理学家开会，成立了最高机密等级、事关战争大局的"铀团体"。该项目旨在研发原子弹，其科技带头人正是诺贝尔奖获得者韦尔纳·海森堡[①]，协助海森堡的是著名的威廉皇帝研究院的科学家们，尤其是卡尔·弗里德里希·冯·魏茨泽克（Carl Friedrich von Weizsäcker）。魏茨泽克发明了一套做法，"可以从 94 号元素中分离出中子和能量，进而产生巨大的爆炸能量"。[24] 然而，万事开头难。当德国科学家们真正意识到建造原子弹需要一座核反应堆时，时间已经消耗了不少。

很长一段时间，帝国的主要负责人没有认识到这种武器的重要性及其闻所未闻的破坏力。直到 1942 年 6 月，海森堡向米尔希、施佩尔做出情况汇报，局面才得到改变：得到一笔 1.5 万帝国马克的资金。然而，研究人员马上又面临一个新的问题。位于挪威尤坎的海德鲁铝业无法提供足够数量、建造核反应堆所必需的重水。英国实施了破坏行动，皇家空军进行轰炸，使那里的生产于 1943 年陷入停滞。同时，"铀机器"（德国人如此称呼核反应堆）建造及现有的重水先被转移至柏林，之后又转移至蒂宾根附近的海格尔洛。战争结束后，库尔特·维尔茨（Kurt Wirtz）等一批德国核物理学家曾被英国人关押

[①] 韦尔纳·海森堡（Werner Heisenberg，1901—1976），德国物理学家，量子力学的主要创始人之一，1932 年获得诺贝尔物理学奖。——译者

在剑桥附近的农庄园，根据英国人的窃听记录，维尔茨曾对魏茨泽克说："再加上一点点运气，我们就能在 1944 年冬天研制完成。"[25]

这听起来有点吹嘘。德国人研制原子弹带有搞"脏弹"的特点，它确实比人们预期得更久一些。后来，这些德国物理学家声称是他们付出努力阻止了希特勒拥有原子弹，然而，这种努力同美国人研发原子弹付出的费用相比微乎其微。1939 年 8 月，赫赫有名的爱因斯坦提醒罗斯福，希特勒德国可能正在造原子弹。罗斯福说，爱因斯坦提供的消息非常重要，他将为此组建一个相关委员会。由此，美国迈出了制造原子弹的第一步。1942 年美国有情报称，挪威尤坎的海德鲁铝业明显提升了重水的生产量，这又推动了美方研发进步。1942 年 12 月，美国国会为曼哈顿计划批准 25 亿美元资金，在恩利克·费米（Enrico Fermi）主持下，第一个核反应堆开始在芝加哥运行。在全美 4 个实验基地：橡树岭（田纳西州）、萨凡纳河（南卡罗来纳州）、汉福德（华盛顿州）以及洛斯阿拉莫斯（新墨西哥州），共 15 万多人，其中包括 1.4 万名科学家和工程师，在格劳维斯少将、物理学家奥本海默的领导下，正在研制三颗原子弹。

西方在核武研发上领先于德国，在战场的其他武器技术方面，德国却优先于西方。除了 V1 和 V2，国防军和党卫队的研发中心还推出了制导武器。1945 年初，德国人生产出第一架飞翼喷气式轰炸机，因具有隐身特点，敌方雷达不易捕捉。然而，由于原材料和生产能力受限，德方大多数研发项目只能停留于样机阶段。

德国之所以能不断推出新的"神奇武器"，诸如 V2、Me 262 或高功率 XXI 级潜艇（制造了 123 艘，但未投入战场），这与装备资源的集中调配有关。负责此项工作是一个新组建的名为"中心规划"的机构。该机构被称为"德国经济的真正战时内阁",参与者包括帝国装备和战时生产部部长施佩尔等。此时的施佩尔不断扩展其权力,成为德国军备扩充的核心人物。机构的参与者还有米尔希、军工企业的代表以及全德意志劳动力调配全权总代表弗里茨·绍克尔(Fritz Sauckel)。

为了躲避美、英空军的持续轰炸,汉斯·卡姆勒(Hans Kammler,希姆莱的亲信)负责的军备生产不断地转移至地下。Aggregat 4(德国技术人员对V2的称呼)的最后组装在位于诺德豪森附近的米特尔维克地下建筑体进行。新型喷气式飞机在图林根地区卡拉(代号"鲑鱼")的地下隧道里组装,通过直升电梯运送至地表,然后起飞。在奥伯阿默尔高(代号"策鲁伊斯特")以及古森附近的圣·格奥尔根,离毛特豪森集中营不远,有一个最现代化、规模庞大的地下飞机制造厂(代号"B8水晶"),制造Me 262。

纳粹从24座大型集中营专门为这些秘密的武器工厂调配劳动力,他们在工厂附近设立外置营地,配备以"人类生存的必需用品"。仅仅布痕瓦尔德集中营就有一百多个外置营地。其中一个营地位于诺德豪森,为V2的最后装配提供劳力(后来又演变成为独立的米特堡-朵拉集中营)。这些工人在非人道的工作环境下拼命地干活,受尽各种阴谋破坏的怀疑和死亡威胁。共有2万名劳工死亡。算上其他武器工厂及其附属的外置营地,死亡总计有10万人。

除了原材料紧缺以外,劳动力缺乏是德国战争经济的最突出问题。除了大规模使用所谓"民族同志"外,纳粹还在其占领区培训大量工人。起初对这些工人许以各种承诺,将他们引诱至德国,之后又强迫他们劳动。这些工人来自于德国占领下的欧洲,还包括西线的战俘，总人数大约700万，被迫为德国制造武器（也有部分从事农业），被迫服务于希特勒的"最终胜利"。

通过上述方式，1944年德国军备生产再一次得到提升。尽管军工厂面临困难加剧，当年德国飞机制造数量达3.4万（美国7.4万）。可是，战争物资的紧缺现象不断严重，其原因一是原材料缺少，二是制作生产中有人搞破坏，最关键的原因是不管付出多大努力，交货的件数太少，就像德国对战争进程的影响也已经很微弱。战争结束的时候，德国空军制造了1500架 Me 262，这一款歼击机性能虽然极其优越，但德国始终未能夺回制空权。面对受远程歼击机保护的庞大轰炸机群，几架 Me 262 发挥不了什么作用，更何况不少 Me 262 被用作"歼击轰炸机"。额外的问题还有，Me 262 设计复杂，德军缺少能操作的飞行员。

物质和人员方面无可挽回的劣势，给德国推进战争带来严重后果，同时反希特勒联盟的军队逼近帝国的边境。这种情况下，希特勒身边的几个大员尝试寻求通过政治途径，阻止必然战败的结局。外长里宾特洛甫又一次通过斯德哥尔摩，谋求与苏联建立对话渠道，希望同对方达成某种安排。这位最高级外交官以个人名义行事并承担责任，得到了希姆莱、舒伦堡及卡尔滕布伦纳（Kaltenbrunner）的默认支持。戈培尔试图在希特勒面前证明里宾特洛甫的无能，1944年9月20日他向希特勒上呈一份书信形式的备忘录。备忘录的要点如下：苏联和西方列强之间存在"利益冲突鸿沟"，共同对德作战是其唯一共同利益。这位全能型的纳粹干部在文件中赞成与斯大林寻求谈判，理由是与丘吉尔不同，斯大林"在内政上完全不受约束"。"如果斯大林知道，他早晚需要与西方人碰撞交手，他就没必要在东线做出大量流血牺牲,更不会允许任由英国人、美国人占有起关键作用的德国军工和人力资源,这样的斯大林就会进行一番冷酷的算计。"[26] 戈培尔在备忘录中称,必须要利用这个机会,同时他也不忘再次向希特勒保证他的忠诚。

显然,连最亲密的战友也在敦促希特勒:让意识形态归位于意识形态。希特勒终于点头同意建立斯德哥尔摩渠道,但是他并没有改变同死敌和谈的任何立场,全然不是其身边要员所期待的那样。借助斯德尔哥尔摩渠道,希特勒更多谋求在敌对阵营中播撒不和的种子。苏联人实际上根本不再有兴趣同德方进行任何形式的会谈,这一点他们已告知美、英。1944年秋天,反希特勒阵营已就如何因应德国求和达成一致。因此,希特勒的企图注定失败。

希特勒全然不知实情。为了不危及斯德哥尔摩谈判,他让人推迟宣布俄罗斯解放军的组建,这支解放军得到了里宾特洛甫和希姆莱的大力支持。尽管抱有种种疑虑,希特勒最后还是放弃了他的强烈反对意见,1944年9月16日,希姆莱会见了弗拉索夫。双方决定成立"俄罗斯人民解放委员会"并组建俄罗斯解放军的首批三支师。数周以后,第一支在施瓦本山脉的明辛根宣誓成立,第二支在豪伊贝格(Heuberg)成立。弗拉索夫的兵源主要招募自德国的苏军战俘营,他们明知德国取胜无望,却依然宣布与苏联为敌。实际上,弗拉索夫等人期待一场东西方的冲突,他们将希望完全寄托于美国人身上:指望在美国的支持下,与乌克兰独立军一道共同埋葬遭人痛恨的莫斯科政权。德国在这个问题上犯下了灾难性的判断失误。

希特勒看不上弗拉索夫,也避免同俄罗斯解放军有任何见面接触,否则就违背了他那套关于真正战争的理念。这导致希特勒与他的那些主要追随者分歧和矛盾增多，后者对局势的考虑越来越实际。德国占领乌克兰后，"乌克兰独立军"曾对德军进行游击战，现在苏联红军夺回乌克兰，"乌克兰独立军"又同苏联政权抗争，希姆莱甚至考虑要同"乌克兰独立军"进行合作。1944年7月，乌克兰运动领袖在喀尔巴阡山成立"乌克兰最高解放委员会"，它实际上是一个临时政府。

希姆莱受命组建"德意志人民冲锋队"，《元首公告》就此声称："众所周知，那些国际犹太敌人企图全面灭绝我们，为此我们必须动员我们所有的人力资源予以抗衡。"[27]冲锋队的筹备工作主要由希姆莱负责，鲍曼和戈培尔提供协助，队伍由各省党部头目负责组建和指挥。希姆莱试图证明自己才干，他亲自担任总司令，负责军事组织、训练和武装。这些由未成年、不适合作战者和老人组成的民兵从军事上讲毫无意义。1944年10月18日，这支新的军事力量在德国民众前亮相。对第一批上前线的冲锋队，希姆莱在巴尔滕施泰因发表演讲并通过帝国广播向全国播放，凯特尔、古德里安和埃里希·科赫（Erich Koch）悉数在场。演讲的时间和地点都是经过精心选择的。10月18日是莱比锡大会战的关键一日①，巴尔滕施泰因位于东普鲁士，红军刚刚跨越了东普鲁士的边境。

希姆莱在巴尔滕施泰因演讲的前两日，苏军占领了德国境内东部的艾德考（Eydtkuhnen）、斯塔卢佩年和戈乌达普，但之后又被击退。德国人发现内莫斯多夫镇的所有德国居民已被红军屠杀，戈培尔

---

① 莱比锡战役持续了四天，1813年10月16日至19日。拿破仑军队被普鲁士、奥地利和俄国的联军击败。经此一役，拿破仑对德意志的统治被终结。普鲁士从1807年《提尔西特和约》带来的屈辱中重新崛起。——译者

的宣传机器将此定性为"布尔什维克的真实嘴脸"。希特勒称俄国人为"亚洲草原的野兽",必须要由他来推行一场战争,以保卫"欧洲人民的尊严"。[28]他已彻底沉醉于其幻想世界。其间,希特勒一度生病,曾担心无法再完成其"具有世界史意义的使命"。病愈后,他将更多精力投入西线战场。

盟军在西线登陆后大举推进,一个月后不再穷追撤退的德军。这有多种原因。一是后勤跟不上,过多依赖于远在西海岸的人工港口。9月4日攻占的安特卫普港战略上很重要,但不能继续使用,因为德军占领着布雷斯肯斯这一桥头堡,11月中旬之前一直控制着斯海尔德河口。二是欧洲盟军最高司令艾森豪威尔与英国第21集团军群总司令蒙哥马利之间意见分歧增多,个人关系不佳。

作为阿拉曼战役的胜者,蒙哥马利打算在荷兰至亚琛区域(这是他负责的前线阵地)集中力量进攻鲁尔区、德国北部和柏林。艾森豪威尔则相反,他准备在更宽广的前线突进,渡过摩泽尔河、萨尔河,抵达莱茵河。蒙哥马利无意与最高司令保持一致,执意发动进攻。在一次空降行动中,他果敢指挥一支英国、加拿大伞兵部队于9月17日占领了位于艾恩德霍芬(Eindhoven)和阿纳姆之间的莱茵大桥。降落于阿纳姆的伞兵因为装备少被一支党卫军装甲部队制伏。在荷兰南部,一支英军一路推进,建立一条通至奈梅亨的走廊,确保好不容易夺得的阵地。总之,蒙哥马利指挥的"市场花园行动"是一次失败,尽管他事后并不承认。这次行动盟军共投入3.9万名伞兵,死亡、受伤及俘虏共1.7万名,而且并没有对盟军战局带来重大改观。

9月12日,美军在亚琛南部突破大西洋壁垒,跨越帝国边境线。经过激烈交战,10月21日美军占领亚琛。但是在许特根森林(亚琛以南），美军于11月初两次发动进攻试图突破德军防线，均告失败。发生在福森纳克附近的"万灵节之战"是二战美军各师在欧洲遭遇最惨重的失败。再往南，11月16日艾森豪威尔指挥的美军在鲁尔河发动进攻，依然未能取得如期的成功。由于美军内部缺乏充分协调，导致没有一处攻击点强大到足以取得关键性突破。6月6日至9月29日这段时期，德军在西线损失60万士兵，但同时也得到喘息机会。

受西线战局尤其是阿纳姆防御战获胜的激励，希特勒以为可以在最后时刻给予盟军关键一击，进而扭转败局。1944年8月19日，他下令筹集战争物资，组建一支崭新的西线军队。由于天气状况不佳剥夺了英、美盟军的空中优势，11月希特勒又想策划反攻。他亲自操办上述这一切，抛了主管部门——陆军总司令部。他不愿再听取这帮军事官僚的意见，后者一定会诉说一大堆顾虑。希特勒唯独对接替蔡茨勒任陆军参谋总长的古德里安①阐述了他的进攻计划。戈林制定"底盘行动"，许诺空军予以大规模空中掩护。"底盘行动"的具体考虑是，集中所有德国空军现有的力量发动一次闪电战，将停泊在荷兰南部、比利时和法国北部的盟国空军力量消灭，进而为地面部队创造必要的调遣空间。然而，由于与之相应的军队调动受到拖延，筹划的进攻也一拖再拖。其间，希特勒又忙着指挥在阿登、上莱茵、东普鲁士、库尔兰和匈牙利等进行毫无意义的防御战。12月初，红军已抵近布达佩斯近郊。

---

① 古德里安虽出任陆军总参谋长，但并无指挥实权。脾气暴躁的他与希特勒多次发生军事分歧，1945年3月再次被解职。——译者

第九章　帝国终局之战与希特勒之死
（1944年12月至1945年5月）

> 无论总统，还是我们当中的每个人，都毫不怀疑我们能与（俄罗斯人）共存共处，直至无限的未来。
>
> ——哈里·霍普金斯，1945年于雅尔塔

1944年12月16日，德军在霍亨韦恩（Hohen Venn）至卢森堡北部沿线发动其二战中最后一次大规模进攻。以1940年"镰刀收割"①行动为翻版，伦德施泰特率领三个军团向安特卫普突进，试图将敌军切割进而歼灭之。在波罗的海沿岸的库尔兰桥头阵地，一支德军陷入无尽的包围战，希特勒试图将装甲师团向东方调遣与被围困的德军会合。然而，1944年末，希特勒推进战事已毫无现实性可言，"相信一定会发生不可能之事"这一执念深植于他的内心。莫斯科战败后，他将希望寄托于1942年夏季的进攻，接着又指望与盟军在西线厮杀，现在他又策划了阿登反击战。伦德施泰特提出异议，认为德军应首先推进至马斯河，然后再做下一步决定，希特勒二话不说予以否决。小部分战果对他有什么意义呢？对他而言，要么赢得一切，要么输掉一切。②

---

① 指1940年6月德军实施"曼施坦因计划"占领法国。——译者
② 这一句话源于普鲁士军事学家克劳塞维茨对普鲁士国王腓特烈二世的评价。1757年12月，普、奥两军在洛伊滕会战，腓特烈二世挥师迎击奥军，克劳塞维茨称："他就像是个绝望的赌徒，决心要么输掉一切，要么赢回一切。"而希特勒本人亦十分推崇腓特烈二世。——译者

希特勒要求指挥员和战士据此做好相应准备。12月16日，伦德施泰特在日常命令中指出："你们伟大的时刻来临了！……这关系到所有。"[1] 伦德施泰特其实清楚地知道反击战不可能成功，早在1942年5月，他就曾对一位战友表示，"德国不可能赢得这场战争"[2]，但是这位元帅依然将他的战士派往前线，参与代号为"保卫莱茵河"的阿登反击战，将士们自以为在保卫家园，实际上都是去送死。这些高级将领能得到希特勒的垂青，对他们的士兵早就没有一丝的责任感了。他们沉迷于特权，甘心充当毫无理智、毫无廉耻的帮凶，不断鼓吹所谓战士就应勇于献出生命的宣传高调。

参加阿登反击战的士兵都分到一些传单，传单要求士兵"以腓特烈大帝的洛伊滕精神①"击败敌人，"不必顾及人员和武器的数量"[3]。战争末期，纳粹德国大肆渲染"坚持就是胜利"，似乎决定胜败的并非是军力多寡，而完全是意志。戈培尔还耗费巨资，着人拍了一部生动反映上述主题的历史影片——《科尔贝格》②。电影于纳粹掌权十二周年之际在两个地方首映，一是柏林，另一是位于圣纳泽尔的大西洋要塞，它同拉罗歇尔要塞一样，德军都坚持到最后一刻。

德军向安特卫普发射V1和V2导弹，拉开了阿登反击战的序幕。

---

① 原文"Leuthen-Geist"。洛伊滕村位于奥得河以西，今波兰境内。1757年12月，七年战争（1756—1763）期间普鲁士、奥地利在此以主战场会战。普军在腓特烈大帝指挥下，阵地战和运动战相结合，鏖战数日，最终以少胜多、扭转战局。德国军方将洛伊滕精神解读为日耳曼民族"坚韧不屈的精神"。——译者

② "Kolberg"，科尔贝格系波罗的海沿岸古城。第四次反法同盟期间，这里发生了经典的围城战：普鲁士名将格奈森瑙的部队，被大批法国军队重重包围在城内。在巨大的劣势之下，格奈森瑙指挥部队顽强死守，一直坚持到普鲁士与法国签署和约为止。电影于1943年10月战争期间开拍，耗费巨资和大量人力，戈培尔希望借助这部电影，向德国民众传播团结一致、对抗外敌的思想。——译者

由于后勤补给未予充分规划,德军遭到了不可避免的惩罚,这场反击战属于德军在整个二战期间筹备最差的一次进攻。不过,在进攻初期并不算太糟糕,英、美盟军着实受到惊吓,而糟糕的天气又抵消了盟军的空中优势(德军的"底盘行动"也被延误)。三个德国装甲军团迅速向西推进,数天后其前沿阵地从60公里拓展至约90公里。军团几乎快要逼近马斯河之际,在圣维特和巴斯托涅一带,军团在侧翼卷入了持久战。此时,希特勒将元首大本营迁至巴特瑙海姆[①]附近,面对上述战局,他又沉浸于对胜利的憧憬。

虽然宣传没完没了,但是很少有德国人会相信西线战局能得以扭转。位于上施瓦本地区的锡格马林根,聚集着形形色色的法国通德、亲德组织,这些人更加不相信。位于那里的霍亨索伦城堡[②](贝当偶尔单独一人居住在此),一些法国人辩论着法国的未来。斐迪南德·布里农(Ferdinand de Brinons)作为代言人负责协调各个组织,而至于极右翼政党(PPF)党魁多里奥(Doriot),德国外交部有意将其培养成今后法国傀儡政府的首脑。

通德组织各方共同的敌人——戴高乐彼时主持着获得英、美承认的法国临时政府,他正试图毫不留情地清算这些叛国通敌者,以树立他的威信。阿登反击战两周前,戴高乐访问莫斯科,与斯大林商谈签订同盟互助条约。戴高乐希冀斯大林同意法国获得鲁尔区和莱茵兰,而后者则期待法国能够承认"卢布林委员会"。戴高乐的任意武断曾多次让西方盟友难堪,此次他先是拒绝了斯大林的愿望,不过,

---

[①] 今位于德国黑森州境内,靠近法兰克福。——译者
[②] 普鲁士王室城堡,属于普鲁士霍亨索伦家族。位于德国巴符州的蒂宾根,见证了整个普鲁士王朝的崛起与衰落。——译者

《法苏同盟条约》最终还是于12月10日由莫洛托夫和皮杜尔签署。

锡格马林根的法国通敌组织期望跟随德军重新杀回法国，与戴高乐及其追随者一决高低。但是，这一期待泡汤了。阿登反击战陷于停滞，美军后援部队源源补充，而德军后勤补给又出现困难。临近圣诞节，战区天气放晴，盟军重新掌握制空优势。此时德国空军本应加以阻止，却迟迟未见其展开大行动。一直至1945年1月1日，德军1035架歼击机才以超低空飞行的方式，躲避敌方雷达，成功轰炸了17座盟军机场。此役盟军共479架飞机被炸毁，但德军自身亦严重受损。由于行动缺少协调，277架德军飞机约有三分之二被本方的高射炮所击落。

希特勒考虑在上莱茵河一带，向普法尔茨堡—扎本方向发动代号为"北风"的进攻，以推进陷入停滞的阿登反击战。由希姆莱任总司令的上莱茵河集团军群参与了此次进攻。12月28日，希特勒对参加"北风行动"的所有指挥官发表讲话，要求他们"以毫无保留的热情、能量和活力投入战斗。这是一场关键性战役，如能取胜，必定会有第二场乃至更多的胜利"。⁴ 这"第二场"胜利，希特勒指的是阿登反击战。显然，这次他依旧一事无成。上莱茵河的军事行动很快就中止了，阿登反击战陷入长达数周的消耗战，最终结果是德军前线恢复至进攻起初发动时的原样。美国人称这场发生于许特根森林的战争为"坦克大决战"，美军牺牲2万，创下二战中死亡之最。海明威称其为"死亡工厂"。

西线进攻受挫后，希特勒陷入临死的挣扎。以现实的眼光评判，德国已经输掉这场战争，希特勒早就认识到这一点。阿登反击战作为他的最后一次主动出击亦以失败而告终。现在，唯有寄希望于西方同盟的破裂方能扭转局面。每年1月30日①，希特勒都会对德国国民发表广播讲话。1945年1月30日，在戈培尔的多次劝说下，他才勉强同意讲话。在这次讲话中，希特勒向西方盟国发出信号。他自命受上帝所托，"7·20"事件也再次证明上帝赋予他重要使命。他自称是在为文明世界而斗争。这次斗争事关欧洲由谁来统治，如果苏俄取胜，那将是欧洲的"毁灭"。希特勒呼吁西方恢复"理性"，西方如果没有德国，就无法"管制"布尔什维克。他还公开宣布其"意志不可动摇"，"为拯救我的民族，即便面临整个时代最恐怖的命运亦无所畏惧"。[5]

"整个时代最恐怖的命运"，希特勒指的是来自东普鲁士的消息。1945年1月12日，苏联红军在梅梅尔至喀尔巴阡山漫长的前线发动冬季大进攻。德军的防御只坚持了数天即被突破。1月底红军逼近柯尼斯堡，1月26日对埃尔宾形成围困之势，并占领哈夫。东普鲁士已完全被分割包围。向南方向，红军占领了格涅兹诺、托伦，并向波森及法兰克福（奥得河畔）进军。1月21日，希特勒命令希姆莱率领维斯瓦集团军群在那里阻止苏军进攻，此时的希姆莱已不堪大用，无力完成任务。

在帝国东部区域，斯大林的军队对德国百姓进行报复，其残酷程度数倍于德军对俄罗斯人的犯罪。着眼于建立中东欧新秩序，为了让东普鲁士、波美拉尼亚和西里西亚的大片地区在种族上"保持干净"，苏联红军宣传家伊利亚·爱伦堡②要求战士们进行杀人害命。

---

① 1933年1月30日，兴登堡总统签署文件，任命希特勒为德国总理。——译者
② 伊利亚·爱伦堡（Ilja Ehrenburg，1891—1967），苏联犹太人作家。二战期间，苏联各大报纸及广播电台，几乎每天都发表和广播爱伦堡的反法西斯政论文章或通讯特写。——译者

一些宣传单声称："德国人是人渣！杀掉它们！""打碎日耳曼女人的种族自豪，将她们据为合法猎物！"[6]人们对不断逼近的红军深感恐惧，戈培尔宣称苏俄红军是"野兽一般的亚洲部落"，东部地区的数百万德国人被迫西逃，他们坐着马车或者徒步，冒着苏军低空轰炸的危险，组成了无穷无尽的迁徙队伍。从东普鲁士，经过结冻的哈夫一直行进至弗里施沙嘴，之后又向但泽出发，或者逃向皮拉乌港口，目的是在那里登上驶向西方的救援船只。

1月底，德国海军开始从皮拉乌港、但泽湾的港口陆续撤退。希特勒对德国难民的境遇没有丝毫的怜悯，依然固守其所谓的坚守战略，要求为德国土地的每一米"战斗至最后一口气"。此时德国海军采取了双重战略：一方面根据情况选择性支持德军毫无胜望的军事行动；另一方面又基于理性的形势分析，着手逐步撤退。于是，海军向库尔兰、东普鲁士和但泽等"海上桥头堡"提供后勤支持，以舰炮轰击红军，同时又借道波罗的海转移难民。到战争结束前，尽管有苏联潜艇的攻击，仍然有200多万难民和士兵得以运回西部。就在希特勒对德国国民做最后一次广播讲话的那一天，前KdF局①的"威廉·古斯特洛夫"号邮轮被鱼雷击沉。之后，"戈雅"号、"施托伊本"号和"阿科纳角"号同样遭此厄运。以上四起灾难中，共有2.5万多人在波兰拉尼亚海岸冰冷的海水中淹死。

战火燃烧至帝国本土的那几个星期，希特勒转而向其死敌——斯大林展示了敬意，这正是希特勒疯狂妄想世界观的特殊体现。他似乎很钦佩斯大林的残暴和冷酷，认为可以向其学习。因此，希特勒不

---

① "Kraft durch Freude"的字母缩写，意为"欢喜带来力量"，工会组织。——译者

愿意排除一种可能性，即有朝一日斯大林能从犹太人统治下解放俄罗斯。这些都是他向鲍曼做的口授内容。鲍曼于 1945 年 2 月初那些日子里写下的记录不仅揭示了希特勒的仇恨，而且再次充分证明：这位德国独裁者如此坚定不移地信守其种族的意识形态观，以及衍生而出了政治和军事战争。他彻彻底底地被那一套关于世界大战的强制理念所俘获，断言："历史上还从来没有一场战争如此纯粹地针对犹太人……如果赢下这场战争，我将终结犹太强权，是我给予他们致命一击。"[7]

遭遇"致命一击"的却是纳粹德国，无论是空中，还是陆地。1944 年 11 月英国空军元帅哈里斯再度出马，他指挥的皇家空军轰炸机编队曾在 18 个月内轰炸了德国 60 座大城市中的 45 座。现在，哈里斯的任务是摧毁其余尚未被袭扰的城市：马格德堡、哈勒、莱比锡及卡尔斯鲁厄，柏林和汉诺威必须继续予以轰炸。对普通民众进行地毯式轰炸实际上早已无任何战略意义，哈里斯的意图主要是对他所痛恨的德国人进行报复性惩罚。在英军总参谋部，有人称其为"屠夫哈里斯"。为继续实施轰炸计划，他甚至以皇家空军轰炸机司令部司令的身份提出了信任投票。哈里斯得偿所愿，他的轰炸理念与丘吉尔毫无二致。

在 2 月初的雅尔塔会议上，斯大林曾敦促丘吉尔，让英国空军对德国东部地区进行集中轰炸以支援苏军西进。紧接着，丘吉尔要求其空军部长辛克莱核实"除了柏林确定无疑外，是否还有别的德国大城市可以作为特别值得轰炸的目标"。[8]于是，德累斯顿进入了皇家空军轰炸机的目标视野。对于从布雷斯劳大区逃出的难民而言，经过拉蒂博尔（Ratibor）、尼斯河的南方铁路线是他们唯一的西进路线。数万难民涌向萨克森及其交通枢纽德累斯顿。正如丘吉尔所说，在这里，我们可以"把那些从布雷斯劳撤回来的德国人狠狠揍上一顿"。[9]

1945年2月13日晚至次日中午时分，约800架英、美轰炸机将萨克森都市德累斯顿夷为平地。二十多平方公里的城区被毁坏殆尽。英国空军元帅、枢密院成员罗伯特·桑德比（Robert Saundby）勋爵称共造成13.5万人死亡。高级党卫队及警察局局长埃尔贝（Elbe）在1945年3月15日的一份报告认为18375人在轰炸中丧生，而近期的研究表明应该有2.5万人。对德国其他城市的轰炸，还另外导致57.5万人丧命。同德累斯顿一样，上述死者绝大多数为妇女、儿童和老人。盟军空军共损失10万飞行员和机组人员，有数百人被俘后拷打致死。1944年5月底，鲍曼曾要求纳粹党的各省和大区负责人不得干涉酷刑、私刑。

丘吉尔获知对德累斯顿进行成功轰炸的消息时，他正在从雅尔塔赶回伦敦的路上。在克里米亚，1945年2月4日至11日，他同罗斯福和斯大林举行会晤，议题是关于欧洲和亚洲战后新秩序的待决问题以及联合国机构。尽管三方之间有诸多分歧，但日益临近的对德战争胜利掩盖了一切。这一胜利产生了某种共同的感情，只是着眼于未来，这种感情实际上根本不存在。"三巨头"之间竭尽相互谄媚之能事。丘吉尔说，他真诚地希望，"苏联人民的元帅能够安然无恙，继续帮助我们大家抵御这一段同昔日相比不怎么幸运的岁月"。[10]斯大林则为丘吉尔的健康举杯庆贺，称他是"百年一遇的政治家"。[11]罗斯福也不落下风。从雅尔塔会议的记录看，他时而流露出欲与斯大林试比高的兴趣，试图证明他同斯大林属于一类人。罗斯福的特别代表和顾问霍普金斯说:"我们大家绝对相信已经取得了第一场伟大的和平胜利。这里的我们指的是整个文明世界。俄罗斯人已经证明他们是理性和有远见的,无论总统,还是我们当中的每个人都毫不怀疑,我们能同他们共存共处,直至无限的未来。"[12]

1944年11月,罗斯福再度当选美国总统,并于次年1月20日就职。接着,他以其特有的轻率同亲切的"乔大叔"——斯大林展开了谈判。罗斯福这么做的首要动机是,他看到太平洋战争离结束仍然遥不可期,尽管日军在亚洲战场遭受沉重打击,且处于败退之中。1944年3月,日军和印度国民军从缅甸向阿萨姆进发,侵入印度东北部,试图支持那里的独立运动。但这支占领军在边境受阻,日本的企图没有实现。为争夺英帕尔城(Imphal),日本与英军陷入持久战,这场战争延续至6月,最终日军撤退。英帕尔一战是日军在二战中损失最为惨重的一场战役,此后东南亚盟军总司令路易斯·蒙巴顿(Louis Mountbatten)重新夺回了缅甸。

在中国南方,日军于1944年4月开始的作战行动进行较为顺利。日军迅速击败了作战能力较差的蒋介石军队,建立了自汉口至广东、延伸至印度支那的陆路通道。美军在中国衡阳等地设立了空军基地,以便能够攻击日本本土和首都东京,但日军陆路通道的打通又直接影响美军这些基地的投入使用,这对日本在战略上是有利的。一直等到美国海军占领马里亚纳群岛的塞班岛,美国空军才重新能够凭借B-29轰炸机空袭日本东京,进而扩大其在太平洋中部的制空权。战局不利导致东条内阁下台,继任内阁由小矶国昭任首相、米内光政任海军大臣。小矶内阁重新部署日本防线为:千岛群岛—日本本岛—琉球—中国台湾—菲律宾。

1944年10月19日，麦克阿瑟指挥美军登陆莱特岛，拉开占领菲律宾的序幕。这一行动得到美国海军的强力支援，除16艘航空母舰以外，还有7艘战列舰。美、日两军猛烈交锋，酿成史上最大规模的海空之战。结果是日本海军损失3艘战列舰和4艘航空母舰，丧失舰队主力。围绕莱特岛的血腥争夺又持续了数周，日本海军首次动用特殊作战手段，即所谓的神风特攻队，以自杀的方式驾驶携带导弹的战斗机撞向敌人的舰船。当罗斯福仍在雅尔塔停留的时候，美军开始攻夺马尼拉。日军在那里制造了疯狂的大屠杀，10万余平民丧生。直到1945年6月，美军才占领了整个菲律宾岛。

美军在远东的问题是海、空军占尽优势，但陆军则处于劣势。面对不怕死的疯狂的日本士兵，美国领导层预计，随着战事不断向日本本岛推进，在彻底战胜日本之前，还要付出更多的牺牲。因此，罗斯福认为绝对有必要说服苏联军事打击日本。至于相关的代价，在德黑兰会议上，美苏双方曾商议过。现在，双方签订了秘密协议：如果苏联在欧洲战事结束后的两至三个月内对日宣战，罗斯福向斯大林保证归还南萨哈林岛，归还日本吞并的千岛群岛，并享有满洲里的特权、大连港的国际化以及恢复沙俄时代签订关于旅顺港的租借条约。蒋介石被人蒙骗，而斯大林的野心得以满足，他在远东的权力地位进一步得到稳固。

罗斯福在诸多重大政治问题上向斯大林做出让步，首要原因是欧洲战事尚未结束。这种让步也体现于一个新的国际组织的运作模式。1944年8月底至10月初，英国、苏联、中华民国以及美国的专家们已聚集在敦巴顿橡树园，就该国际组织的架构和目标商议取得一致。联合国宪章、联合国大会和安理会、秘书处和国际法院等均可溯源于此次在华盛顿乔治敦庄园举行的会议。

安理会否决权这一关键问题，依旧悬而未决。在雅尔塔会议上，罗斯福总统向斯大林承认，大国若成为冲突一方，即可使用否决权。这就意味着，唯有在苏联或某个安理会成员不属于冲突一方的前提下，罗斯福所设想的管理"一个世界"的和平组织才能正常运转。1945年4月24日，旧金山会议商议了联合国宪章。凭借联合国这一新的国际组织，斯大林的扩张计划不再有阻力。作为维持世界和平的工具，联合国的功能被斯大林成功抵消。恰好是提出"一个世界"理念的罗斯福在雅尔塔为世界最终的一分为二打下了基础，这真是历史的悖论。

雅尔塔会议上，"三巨头"至少对波兰及东欧、东南欧诸国的未来重点安排达成了一致。今后的波兰政府应由伦敦流亡政府以及卢布林委员会共同组成。关于波兰西部边界，斯大林接受了宽泛的表述，即波兰在其北部和西部的领土"应该有一个可观的增加"。具体的边界走向，另行举办一次和平会议予以"最终确定"，但这一会议再也没有举行。斯大林之所以宽心地接受这种表述，乃是因为他完全可以造成各种既成事实。就在雅尔塔会议举行的时候，贝鲁特[①]正在致力于将波兰改造成苏联的附庸国，斯大林授权让他接管奥得—尼斯河一线以东的德国领土的民事行政权。也就是说，在未同西方盟友达成共识之前，苏联军管部门就已将纳粹德国东部各省的行政管理权交予波兰人。

英、美认可寇松线作为波兰的东部边界，以换取苏联同意波兰举

[①] 贝鲁特（1892—1956），波兰工人党创建者之一，波兰人民共和国第一任总统。——译者

行自由选举。西方拟就一份《欧洲解放之宣言》试图约束斯大林，并在红军占领的所有国家和地区予以推广实施。理论上，这份宣言意味着以西方为样式的民主能得以自动实施。从美国驻莫斯科使馆的电报中看，西方相当看重斯大林能否在此宣言上签字。哈里曼大使1月致电华盛顿称，苏联人虽然不敢直接吞并1941年6月21日边境线之外的他国，"但是，他们正在使用多种手段，确保这些国家的政权表面上是独立的、获得民众广泛支持，实际上其生存有赖于听从莫斯科的势力。这些手段包括占领军、秘密警察、地方共产党组织、工会、持同情心的左翼组织、受援助的文化团体以及经济施压"。[13]类似上述的提醒来自各个方向，但对罗斯福的政策却没有任何影响。

关于德国未来的问题并不显得紧迫，西方认为，"只要德国地下抵抗组织仍在活动"，局势尚且可控，德国问题可以再拖"一至两年"。[14]丘吉尔声称，大家虽然一致同意要将德国分割，"但这也是一件棘手的难题，五至六天的时间不足以敲定其具体细节"。罗斯福强烈敦促务必将"肢解"这一个概念纳入德国投降的文书。具体谈及将德国分割成多个占领区的正是斯大林，正如1944年秋欧洲咨询委员会所商定的那样。最终，"三巨头"稍做调整，达成如下共识：得益于丘吉尔的努力，法国在柏林也得到一个占领区。该区域从原属于英、美管控的区域划割出一块。法国由此升格为战胜国，并在盟军对德管制委员会中占得一席之地。

雅尔塔会议还商议了其他议题，比如战后对苏联赔偿问题，各方未取得一致意见。至于被解放的战犯和非战斗人员，各方认为应转移至他们的来源国，为此宜达成一项遣送协议。对于俄罗斯解放军成员而言，战争结束意味着死亡或进监狱。当美方强迫遣返这些人时，发生了难以置信的场景：许多成员自愿选择死亡。数万人消失在古拉格营。弗拉索夫及其他的将领接受审判。1946 年 8 月，他们被绞死于卢比扬卡大楼内，即臭名昭著的莫斯科内务部。

1945 年 2 月始，俄罗斯解放军共有 113 个营投入对苏作战，其中 71 个被放在东线，但他们对战局走向已毫无影响。就在 2 月，红军切断了下西里西亚及其首府布雷斯劳与帝国的联系。在东普鲁士，针对希特勒所称的柯尼斯堡要塞的包围圈日益缩小。在西线，美军在雷马根跨越莱茵河，进而建立桥头堡。稍稍往北，美军于 3 月 7 日进驻已成一片废墟的科隆。这个莱茵河畔的都城经历了 250 轮轰炸，最后一次大规模轰炸发生在美军进驻 5 天前。此前，针对普福尔茨海姆的突袭导致 1.7 万多人丧命。3 月中旬，美军轰炸了聚集大量难民的斯维内明德，英国皇家空军摧毁了维尔茨堡。希尔德斯海姆、帕德博恩之后亦遭此厄运。

眼看着帝国陷落，此时的希特勒经历了一番不可理喻的自我抗拒。1945 年 2 月 24 日，他对德国人民发表最后一次宣言，声称战争的最终胜利就发生在未来十个月。接着是一种狂妄错乱者的悲观主义论调。他试图表明，是他努力把这个地球从犹太人阴谋中拯救出来，但德国人民配不上他的努力。3 月 18 日，希特勒对装备部长施佩尔说："如果战争输了，德国人民也就输了。这是无法逆转的命运……这届人民已被证明是软弱的人民……"[15] 接着希特勒发布所谓的尼禄①命令，即下令摧毁帝国境内所有军事、交通、新闻、工业及供给设施，连同有价实物，不给敌人继续用于战争的机会。没有人认为尼

---

① 尼禄（37—68），古罗马帝王，以暴虐、挥霍、放荡出名。——译者

禄命令有任何意义，命令也未得以实施。施佩尔在战后自夸是他阻止了该命令的执行，这也使得他在纽伦堡审判中免于死刑。

作为希特勒的执行者，施佩尔还忙于将600万犹太人送向地狱。自从红军1944年挺进波兰总督府的领土后，施佩尔那些分布于全欧洲的集中营和灭绝营一个一个地解体。1月27日，苏军解放了奥斯维辛集中营。此前，已有数万囚犯从集中营遣散，但并未落在苏军手上。英、美军队从西线进入德国境内后也遇到同样情况。成群结队的集中营囚犯被党卫军看守驱赶至荒郊野地，人们称其为死亡行军，逾20万被活活累死，有的则被残酷杀害，比如1016名米特堡-朵拉集中营的囚犯，他们被赶进格德林根（Gardelegen）附近的一个农田仓库扫射而死。

剩余的集中营陷入完全混乱状态。党卫队刽子手们只顾自己活命。随着盟军临近，这些人撤退前任意处置囚犯或者干脆杀害。看来并不存在某种统一安排或"来自上层"的指示。希姆莱的亲信和按摩师，亦被称为"芬兰籍医务顾问"，此人借名费利克斯·凯斯滕（Felix Kersten）声称：正是在他的推动下，他的头儿①无视希特勒炸毁所有集中营囚犯以及党卫队看守的命令。如果希姆莱果真拒绝执行希特勒的命令，那可能是因为在希姆莱看来，集中营囚犯尤其是那些幸存犹太人可以作为可资利用的筹码，用于同英美进行谈判。1945年3月，他派遣奥斯瓦尔德·波尔（Oswald Pohl）奔赴多个集中营，以确保那些集中营的犹太人能得到妥善保护。

此时的希姆莱已经同福尔克·贝纳多特伯爵（Folke Graf Bernadotte）

---

① 指希姆莱。——译者

取得联系。后者是瑞典国王的侄子、瑞典红十字会副主席，希姆莱同他的首次碰面发生于 1945 年 2 月，由情报头子舒伦堡从中牵线安排。这次碰面达成以下共识：把所有位于斯堪的纳维亚半岛的集中营的囚犯集中于德国北部的一个营地，以便由瑞典红十字会提供照料。两人第二次见面时，希姆莱向伯爵保证，在盟军到来之前会确保所有集中营囚犯的安全。作为置换，希姆莱期望通过贝纳多特伯爵能安排他与艾森豪威尔的秘密会晤。然而，这一提议杳无音讯，接着希姆莱又通过伯爵转交了一个投降方案。4 月的最后几天，为扭转局面、获得盟军关注，经过凯斯滕的牵线，希姆莱还与世界犹太人大会的一名代表见面，向他保证释放拉文斯布吕克集中营的 1000 名妇女。

相比之下，希姆莱的前任参谋长沃尔夫做事更为有效。以意大利最高党卫军长官和警察总长的身份，沃尔夫与美国战略情报局欧洲负责人艾伦·杜勒斯（Allan Dulles）取得了联系。之后，双方在伯尔尼数次会面，重点商谈沃尔夫所率德军的部分投降事宜。根据双方达成的共识，美军实施了代号为"日出"的行动，盟军比预期早一周挺进至意大利波河，同时拯救了很多生命。沃尔夫是所有幸存者中获得"骷髅勋章"的最高党卫军长官之一，他也免于纽伦堡战争法庭的审判。

德国百姓都意识到败局无可避免。越来越多的人丧命于所谓的"走狗"，即令人闻风丧胆的党卫军宪兵队。民众不断从东线退逃至德国境内，唯有保护这些民众免遭苏军杀害的东线部队尚存在一些战斗精神。希特勒陷入了垂死挣扎，但时不时地，他还会发出阵阵狂喜，以为敌对联盟的瓦解指日可待，或被仇犹的长篇大论所鼓舞。此时的他时刻怀疑被人背叛。即便对无可指摘、勇猛作战的官兵，希特勒也辱骂他们胆小懦弱，进而对其缺席判处死刑，比如柯尼斯堡要塞的司令官奥托·拉施（Otto Lasch），经过数周的血腥交战，拉施最终于4月9日投降。再如，希特勒的老战友、忠贞炽热的纳粹分子塞普·迪特里希（Sepp Dietrich）曾担任"阿道夫·希特勒亲卫队"最高长官，他在匈牙利率军参加德军的最后一次进攻，战败后同残余装甲部队撤回德国，希特勒却对其予以一通贬损。4月7日，183架德国空军歼击机以载人炮弹的方式试图冲破美国空军构筑的空中堡垒，却统统葬身于施泰因胡德湖（亦称"狼人行动"）。对此类英勇范例，希特勒倒是备受鼓舞，认为其信仰得以发扬光大。接着，他开始编造新式神奇武器的谎言，声称研制出一种导弹，通过"核裂变"释放无比巨大的摧毁力，可以给纽约等美国大都市送去死亡和毁灭。稍晚时期同墨索里尼通话时，希特勒称之为"热核弹"，但这一切与现实没有关系。

罗斯福启动了美国核武器的研制工作，但是他既没有看到核武器完成，也没有等到战争的结束。1945年4月12日，他猝死于位于棕榈泉的乡间别墅。在生命的最后几天，他与斯大林闹得并不愉快。美国、英国驻莫斯科大使就苏联在波兰的行为发回电报，声称苏联在波兰政府组成问题上似乎抛开了所有约定，逮捕了波兰地下组织的前成员。丘吉尔敦促罗斯福对莫斯科进行干预。4月初，英、美两位领导人分别致电斯大林，劝告后者遵守雅尔塔决议。斯大林在答复中将责任推卸给美、英驻苏大使，指责他们试图取消卢布林政府，并将波兰事务引入了"死胡同"。此时，斯大林已知晓沃尔夫与杜勒斯在瑞士秘密谈判，借机对罗斯福施压。4月3日，他以严厉的口气指责罗斯福不忠诚，与德国人一起耍阴谋，如此一来，德国人会向英、美盟军敞开通向东方的大门。罗斯福的健康状况已不允许亲自做出回复，他委托马歇尔参谋长复信。美方的答复称："在付出由鲜血和财产组成的如此巨大的牺牲之后，胜利已离我们咫尺之遥，我们依然缺少互信、仍相互疑心，进而危及我们伟大的事业，那么这会是世界史上最大的悲剧之一。"16

在二战的最后几周里，斯大林最担心的莫过于西方盟国同德国人媾和。他以往对英、美伙伴耍弄两面派的担忧再度滋生。为此，斯大林欲全力避免苏联占领区落入英、美之手。他同艾森豪威尔进行沟通，诱使美军南下。1945年3月28日，这位盟军最高总司令告诉斯大林，他将率美军主力夺取德国的"阿尔卑斯山要塞"①，进而在埃尔富特—莱比锡一线向上易北河进军，之后他将率大军等候与苏联红军会合。彼时，两个美军军团已将位于莱茵河、鲁尔区和锡格（Sieg）的德国集团军群包围，而其余英、美联军已向德国北部进发。

受丘吉尔鼓励，蒙哥马利考虑向柏林突进。他的考虑是手中要掌握更多的筹码，以便使西方与斯大林交手时占据有利地位。但是，3月31日，蒙哥马利得到艾森豪威尔的命令，要求他停止向柏林进军。四天后，巴顿军团已渡过韦拉河，抵近苏联的德国占领区。显然，美方有意将夺取帝国首都柏林——这一极具象征意义的行动让给苏联人。当斯大林向罗斯福发来了粗鲁生硬的讯息时，美军已深入图林根地区，用16天的时间，美军占领了该地区。艾森豪威尔看重的是位于该地区的"神奇武器"生产基地，比如位于诺德豪森附近的米特堡-朵拉，同时还有其他目标，诸如位于比尔森的斯柯达工厂，以及制造最先进的党卫军武器的制造工厂。

---

① 实际上是德国宣传部门炮制出的一个空壳。二战后期德军日益陷入被动，本土遭到苏军和盟军两面夹击，戈培尔于是在奥地利境内制造一个所谓的阿尔卑斯山要塞，目的是将苏军和盟军的注意力转移出德国本土。——译者

生性猜疑的斯大林现在颇为担心，英、美是否会遵守雅尔塔关于瓜分德国的约定。一个强权会主动吐出它已经侵占的领土，这超出了他的想象。罗斯福死后，斯大林显得更加焦急，不断要求红军抢夺领地，造成更多确凿的既成事实。4月13日，苏联红军抵达维也纳，很快又通过摩拉维亚门户向布拉格进军，在那里捷克人迅速起义，反抗德国占领军。斯大林命令红军以最快的速度放手前进，并集结于奥得河和劳齐茨-尼斯河一带，以待随时进攻柏林。此时白宫的新主人——哈里·杜鲁门（Harry S. Truman）是否会继续遵守雅尔塔约定，在苏联看来极具不确定性。

罗斯福的死讯传到帝国总理府的元首地堡，被称为"世界性轰动消息"。希特勒和他的扈从以为这又是"天意"显灵。正如总参谋部一名军官所记录的那样，人们"几乎确信"敌对联盟正在瓦解[17]，当年普鲁士腓特烈大帝在最后一刻力挽败局的奇迹再次发生。当时，俄国女沙皇伊丽莎白之死，导致奥俄联盟解体①，相当于现在犹太人"死敌"②之死，也会引发西方"财阀统治"与布尔什维克之间联盟的终结。再一次受到上述事件的鼓动，希特勒相信，罗斯福之死也必然会有政治后果，他有必要对战士们做最后一次动员，以赢得时间。在一份致东线士兵的元首命令中，他呼吁"发起最后一次冲锋"，抵抗"犹太-布尔什维克死敌"。"历史上所有时代最残暴战争犯的命运，将从这个地球上予以剥夺，此时此刻我们将扭转战局"[18]。

------

① 七年战争（1756—1763）末期，1762年1月5日，俄国女沙皇伊丽莎白之死给腓特烈二世带来转机。新登基的沙皇彼得三世精神有问题，对腓特烈崇拜得五体投地，不理盟友奥地利，于同年6月单独与普鲁士媾和，缔结盟约。腓特烈得以摆脱绝境。——译者
② 指美国总统罗斯福。——译者

第二次世界大战欧洲战场的终局之战——柏林战役于1945年4月16日正式打响。14日晚上，英军战略轰炸机已将普鲁士德国军国主义的象征——波茨坦炸为废墟。16日凌晨，先是从奥得—尼斯河的前线阵地对柏林发动长达一小时的连续又集中的大炮、火箭炮射击，接着朱可夫、伊万·科涅夫两位苏军元帅统领各大集团军群，共250万大军、41600门大炮、6250辆坦克，在7000余架飞机的支援下，向柏林突进。然而，盟军空中轰炸和苏军的地面进攻并未得到充分协调，西方以为红军要等到5月中旬才会对柏林发起总攻，这也是斯大林告诉艾森豪威尔的时间。

德国国防军的最后殊死抵抗以及俄罗斯解放军的并肩战斗，都未能阻挡苏联红军的强大进攻。先是在屈斯特林，接着在别的地方，红军突破了德国奥得河西岸的防线，对柏林形成包围之势。戈培尔的宣传机器继续鼓动德国人不惜代价、奋起抵抗。在最后一篇社论中，戈培尔要求"男孩和女孩们"，"从窗户和地下室洞口射击，完全不必顾及存在的风险"。[19] 戈培尔的全面战争之理念极度反常，现在他企图对其做最后一次升格，这显然不再是纯粹的宣传。果不其然，纳粹党寄宿学校的女孩们被送上战场。在最后几个星期，党卫军将希特勒青年团送进国防军训练营，教他们学会使用卡宾枪和火箭筒，随即投入柏林战役。这些人大多是12至15岁之间的童子兵，他们战斗于哈弗尔河或帝国运动场，很多人丢了性命。

鲍曼等一些人一直尝试说服希特勒躲进阿尔卑斯山。戈林已经在那里了。同戈林完全不同，戈培尔称得上是希特勒最忠实的扈从。4月21日，帝国政府迁移至普伦的苏尔（Suhrer）湖畔一处名为"鳟鱼"的木制营房，但戈培尔待在了柏林。着眼于后世后代，这位宣传部长和纳粹党柏林大区长官始终认为，元首必须在帝国首都决战到底。为展示自己不受幕僚的唆使催劝，4月22日戈培尔还把自己那位同样狂热的妻子以及他们所有的孩子都带进了元首地堡。在那里，这对夫妇同元首并肩战斗。

1945年4月25日，美军和苏联红军在易北河的托尔高会合，相互握手。同一天，红军完成了对柏林的合围。此前，以凯特尔和约德尔为首的最高统帅部已从柏林撤至德国西北部的莱茵斯贝格，从那里，他们指挥第9、第12两个军团试图增援柏林，而实际上这两个军团根本不存在。但他们依然发起了进攻。豪泽尔率领其残余部队向柏林东北方向挺进，温克的部队在易北河东岸进行最后一次集结，往西南开进，目标指向波茨坦。苏军的包围圈甚至被温克撕开几公里，但之后德军的进攻又被迫中止。当一切都已输个精光时，4月29日下午稍晚时分，希特勒通过无线电绝望地向最高统帅部发声："温克的尖头部队在哪里？他何时发起进攻？……"[20]

在柏林郊外，苏联红军与仓促集结的德国国防军以及人民冲锋队猛烈交火，进而一步步逼近满目疮痍的柏林的心脏地带。党卫军查理曼师、北欧师驻守柏林内城，他们是阿尔萨斯人和斯堪的纳维亚人，他们要保护的是欧洲免受布尔什维克的侵犯，而非即将沉沦的希特勒帝国。为了每一幢房屋、每一条街道、每一座桥梁而血腥交战，最后战斗至帝国议会大厦的废墟，已离帝国总理府和元首地堡只有咫尺之遥。在议会大厦，又毫无意义地死了数千人。

在戈培尔的怂恿下，希特勒坚定留守柏林的意志，直至死亡。若有人试图叛变而逃命，他会报之以极度的蔑视。戈林从贝希特斯加登致电希特勒，询问元首是否还有能力继续统领帝国，他担心希特勒已丧失了行动自由。这位吗啡成瘾的帝国元帅对局势评估完全失误，他自以为能同美国人达成某种交易。希特勒对戈林基本不抱指望。不过，希姆莱称得上是自啤酒馆政变以来希特勒一直的忠实追随者，两人世界观相同，关系十分紧密。4月28日，当他获悉希姆莱的所作所为①后极度震惊，立即召唤希姆莱在大本营的副手赫尔曼·菲格莱因。菲格莱因并不在地堡，希特勒下令搜捕并枪毙了他。这一切都无济于事，那个曾经无比强大的元首在地堡的声望与日削减。对红军进入柏林，身处地堡的将军们反应冷漠，有的盘算着如何逃出柏林。所有人都在等待希特勒的终结，只有戈培尔和他的妻子对元首信守不渝，不惜将自己孩子送上黄泉，也要同希特勒坚守至最后一刻。

在1945年4月29日《政治遗嘱》中，希特勒最后一次对世界犹太人阴谋的病态笃信进行自我辩护和推责。但他并没有抨击其死敌——斯大林领导的"犹太-布尔什维克"。对斯大林以及德国在东线的灭绝战争，希特勒只字未提。遗嘱更多地表达了希特勒对英国的严重失望。他谈及，1939年9月英国对德国的宣战是他实施战争计划的关键前提，给他带来重大创伤。希特勒强调他已穷尽所有手段，欲与英国维持和平。之所以没有成功，乃是因为"英国政治主流期待这场战争。有的是因为有生意可图，有的则是受国际犹太人控制的宣传所驱使"。[21] 1928年第二册书中，希特勒还没有把握断定"犹太人"能在英国获胜，因为"入侵的犹太势力将会遭遇英国传统力量的抵抗"。[22] 但现在，这个问题已有了最终答案。而欧洲的命运同样如此，因为希特勒视自己为欧洲最后的希望。

---

① 指战争末期希姆莱背着希特勒单独和英、美媾和谈判，企图取代元首地位。——译者

希特勒在《政治遗嘱》中再次强调，他毫不怀疑，"那些国际资本和金融阴谋家正在把欧洲各民族当作大宗股票加以蹂躏，这种杀戮性掠夺的真正罪犯就是犹太人，它必须遭到问责清算"。[23] 现在的他毫不怀疑其行为的正确性，在遗嘱的末尾，他呼吁未来的德国领导人"要不折不扣地严格遵守种族法，毫不留情地对抗世界各民族的投毒者——国际犹太人"。作为增补，他又补充，"为德国人民赢得东方空间"依旧是国家目标。即便面对灾难性失败，希特勒仍不忘各种誓言，足见他有多么沉醉于其那一套理论。

希特勒赞扬前线战士们达成了"无法估量的成就"，声称如果元首的地位保不住，他将自愿选择死亡。他还宣布了一系列对未来毫无意义的决定，正如他那些冗长乏味的种族言论。希特勒将戈林和希姆莱开除出党，并解除其所有公职，任命西里西亚省党部头目、负责防御布雷斯劳的卡尔·汉克（Karl Hanke）为新的党卫军帝国领袖，任命慕尼黑和上巴伐利亚省党部头目保罗·吉斯勒（Paul Giesler）为内务部长，任命戈培尔接替帝国总理一职。海军总司令、北部战区司令官邓尼茨被希特勒任命为国家元首和国防军总司令，唯独这一委任与战后德国投降有某种关联。

1945 年 4 月 30 日，希特勒的最后数小时用于与其女友埃娃·布劳恩（Eva Braun）结婚，后者亦更名为埃娃·希特勒，仪式在地堡内举行，墙上悬挂着腓特烈大帝的油画像①。大帝的坚守意志备受希

---

① 腓特烈二世的油画是希特勒地下碉堡办公区内悬挂在墙上的唯一装饰品。在整个战争期间，希特勒反复将自己同腓特烈大帝进行比较，正是腓特烈大帝的"英雄主义"熏染着普鲁士并使其历史性崛起。1945 年 2 月底，希特勒对装甲军团司令古德里安说："每当战败的消息企图击垮我时，我总是能从这幅画中找到新的力量。"——译者

特勒推崇。之后，希特勒举枪自尽。戈培尔在最后一刻仓促地尝试同苏联人媾和，遭到拒绝后，全家都命归西天。5月1日下午，鲍曼向邓尼茨通报了地堡内发生的事情，之后他开始逃亡，死于柏林中心。此前，4月29日墨索里尼的死讯已传至地堡。意大利游击队员在科摩湖小城栋戈抓获并枪决了墨索里尼及其情妇克拉拉·贝塔西（Clara Petacci）。受凌辱的两具尸体被运到米兰，倒吊着示众。

5月1日晚上22时26分，德国民众才知道希特勒已死，帝国广播电台播放的消息称："今天下午，我们的元首阿道夫·希特勒在他的帝国总理府指挥部与布尔什维克战斗至最后一刻，牺牲了。"[24]这当然是错误的说法，因为希特勒死于前一日下午，而且也不能说是"牺牲"。不过，从1919—1920年就开启的"同国际犹太人的斗争"一直持续至他最后的结局时刻。正如希特勒所预料的，这个结局就是：德国要么成为世界强国，要么什么也不是。

第十章　铁幕与日本投降

（1945年5月至9月）

当时根本没有谈及，是否有必要使用原子弹。

　　　　　　　　　　—— 温斯顿·丘吉尔《1953回忆录》

希特勒一死，西线的战事也基本中止。在他死的前几天，西线盟军的前进就没有遭遇什么抵抗，完全不是人们所担心的那样。所谓的"狼人"地下抵抗运动或死命坚守的"阿尔卑斯山要塞"只不过存在于戈培尔的宣传论调中。大多数德国民众尽管被灌输了褐色思想[①]，但他们对进驻的英、美军队并不抱敌对情绪。元首的画像被摘下，象征统治权力的物件被扫入垃圾堆，德国人的表现就好像希特勒根本未曾出现过一样。

这种局面的出现乃是因为德国人对英、美抱有希望。他们相信，英、美不会接受俄罗斯人的暴行以及在欧洲中部建立一个苏联式制度的国家，这就意味着英、美就是他们的伙伴。人们以为，希特勒已不复存在了，德与美、英组成联盟就再也没有不可逾越的障碍。片刻前还在同西方列强进行殊死搏斗，在对方眼里还是令人憎恨的死敌，如今这一切都从民众的意识中抹除。战争临近结束时所发生的全部事情以及每一个体的日常自我生存，使得没有人关心过去，更谈不上对战

[①] 指纳粹种族主义思想。——译者

争进行反思。"当下"决定着一切。这个"当下"指的就是各方都害怕今后落入苏联的统治,都要抵御俄罗斯人。

这也是邓尼茨上任一开始的政策导向。他被希特勒任命为帝国元首。1945 年 5 月 1 日开始接管帝国,着手组建新政府。当天,他发表讲话评价死去的元首,声称他从来都不赞成希特勒的种族思想,希特勒认识到"布尔什维克带来的巨大危险",元首的"毕生"都致力于同布尔什维克进行斗争。正如希特勒以前所称,邓尼茨亦高声强调同布尔什维克的斗争事关"欧洲和整个文明世界"。这是在间接呼吁西方盟国,停止对德国作战,一致对付苏联。邓尼茨接着称:"我的首要任务是,从挺进的布尔什维克敌人手中解救更多的人。我们继续战争也仅仅出于上述目的。如果英国人、美国人阻挠我们完成这一任务,我们对他们的战争也就必须继续下去。这样,英国人、美国人推行这场战争不再是出于自身利益,而是纯粹要在欧洲推广布尔什维克。"[1]

5 月 2 日,帝国旧政府及军队高层的多数成员辞职,邓尼茨和这批人都待在普伦(位于石勒苏益格-荷尔斯泰因地区)。当听到传言称英、美与苏联的同盟已处于崩溃边缘,这些人相当期待。当日,帝国广播公司还播送了前财政部长鲁茨·什未林·冯·科洛希克伯爵(Lutz Graf Schwerin von Krosigk)所做的演讲,演讲的主要信息也与上述吻合。作为"首席部长",科洛希克受命组建新内阁。他要求联合国(4 月底始在旧金山开会)开启同苏联的战争、勿再同德国交战,因为正是这个德国"运用其独一无二的最后力量,进行英勇斗争,构筑了抵御红潮的欧洲乃至世界堡垒"。按照科洛希克的说法,德国发动的进攻和灭绝战反而被诠释成德国付出了自我牺牲。为进一步强调这一点,科洛希克还借用了戈培尔使用的一个概念,即"铁幕",称铁幕已不断逼近,在铁幕之后,"落入布尔什维克暴政之手的民众将要被杀戮"。[2]

4月底始,人们就开始在弗伦斯堡附近筹建米尔维克特别区域;5月5日,邓尼茨政府在此宣告成立,以凯特尔和约德尔为首的最高统帅部也转移至此。正如事先安排,"首席部长"科洛希克出任外交部长和财政部长,施佩尔任经济部长,威廉·施图卡特(Wilhelm Stuckart)任内务和文化部长。这三位都有过内阁经验,都不属于狂热的纳粹分子,邓尼茨显然试图与纳粹摆脱干系。接着,邓尼茨又解除了已不见踪影的希姆莱、罗森堡等人的职务。希姆莱,这个希特勒大屠杀的执行者,试图用假证件逃脱惩罚,在不来梅福尔德的英军检查站被抓获并确认身份。5月23日,他在吕讷堡服用氰化钾胶囊自杀。

在弗伦斯堡政府组成之前,邓尼茨就已经委派海军上将冯·弗里德堡(von Friedeburg)率高级军官团前往蒙哥马利司令部(位于吕讷堡),其任务是与英方达成部分投降协议,说服英方同意将东线德军撤回至英方管控区域,并在英方区域内投降。这个投降协议没有实现,不过,5月4日德、英双方签署了德军在德国西北部、荷兰和丹麦区域的投降协议,并于次日生效。德军在这一区域的投降和军权移交,其前提条件是所有陆军和空军不解除武装,且仍归德国军方指挥。弗伦斯堡政府将此解读为:英、美为首的西方很快将明确地同苏联东方阵营进行对抗。此外,有谣言称将组建德国、英国和波兰三国部队,更加重了这一解读。对蒙哥马利如此无原则处理德军的做法,艾森豪威尔提出了警告,认为这只会给盟军内部造成分裂。

当约德尔、冯·弗里德堡来到兰斯签署投降协议时,邓尼茨仅仅授权他们与西方盟国签署部分投降协议。邓尼茨，这位没有帝国的帝国元首还在指望敌对联盟的瓦解，企图争取更多的时间，将位于东线的德军更多撤回英、美控制线以内（经常出现下述情况：已向美军投降的德军，比如温克的残余部队已一路打通至易北河畔，又被调回对付苏军）。但是，盟军要求德军全面投降，按照雅尔塔会议所商定的那样。1945 年 5 月 7 日 2 时 41 分，在位于兰斯的盟国远征军最高统帅部，艾森豪威尔、蒙哥马利以及法国、苏联代表均在场，约德尔和冯·弗里德堡签署了相关文件。德国投降于 1945 年 5 月 9 日 0 时 01 分、欧洲中部时间 5 月 8 日 23 时 01 分正式生效。此时，可能是出于尊严考虑，苏联坚持要求在已被占领的德国首都柏林重新签署投降协议，于是，5 月 9 日 0 时 16 分，凯特尔、冯·弗里德堡和施通普夫（Stumpff）分别代表德国国防军、海军和空军，同朱可夫、泰德（Tedder）元帅又一次签署一份投降文件。[①] 有报道称，凯特尔赶赴柏林-卡尔斯霍斯特签署第二份投降协议时，沿途所见战争给柏林城造成的毁坏，他感到极度震惊。

第二次世界大战欧洲战场正式结束了。当然，零星的交火依然持续。在不少地方，国防军士兵仍试图以武力突破盟军控制区域。作为最后的努力，邓尼茨想尽办法通过波罗的海撤出 4 万多人。5 月 8 日至 9 日凌晨以及 9 日早上，赫拉半岛和博恩霍姆半岛之间的海域布满了各种船只。乘载 75 名伤员、25 名妇女和儿童以及 35 名士兵的最后一艘运输船于 5 月 14 日抵达弗伦斯堡。这些身穿军装的伤员和士

[①] 投降书正式生效时间系莫斯科时间 5 月 9 日凌晨 2 时 16 分，因而 5 月 9 日被苏联（俄罗斯）视为真正的卫国战争胜利日。——译者

兵都属于在战后最后几天离开苏军控制区的德国东线战士，但是数万士兵沦为苏军战俘，命运悲惨。5月10日至14日期间，德国最后几支大军团在库尔兰、东普鲁士投降。

在反希特勒阵营的各国首都，数百万人庆祝着胜利，此时德国人经历着"零点时刻"①。他们的城市被持续空袭轰炸成了废墟，国家的基础设施遭到毁坏，国家陷入无序，占领区政权管理进展缓慢。整个国家犹如一个大型铁路站场。从东普鲁士、西普鲁士，从东波美拉尼亚、东勃兰登堡，以及从苏台德地区、波希米亚和摩拉维亚地区，约有500万德国人由东向西进入德国。这股难民潮当中也包括了因为盟军空袭大城市而不得不迁移至农村地区的德国人。庞大的"流亡者"人群中，还有返回家乡的德国陆军战俘以及被强迫的劳工。除了上述这些人以及集中营幸存者之外（需要补充说明的是，纳粹在集中营留下的遗产令久经世面的盟国军方震惊不已），极少有人以为自己是在德国被解放的。确实，战争终于结束了，幸存下来的人们感到喜悦，但是他们生活艰难，困境、贫穷和不确定性始终存在，315万德国战俘中有111万无法回到家乡。尽管如此，大家对更好未来的期待始终没有熄灭。

令人讶异的是，此刻以德国辩护人身份出现的正是斯大林。在战胜希特勒法西斯的一次演讲中，他反对肢解德国，主张维持德国的完整。4月中旬始，斯大林的仇德宣传就开始降调。在接受《真理报》采访时，他甚至谈到，将希特勒集团等同于德国人民、德国国家是可

---

① 本是一个军事术语，1945年之后被用于形容德国社会在经历战争失败与纳粹政权崩溃后普遍出现的希望重新开始的情绪。——译者

笑的。苏联的宣传机器再度鼓吹 1943 年 2 月伟大领袖曾宣称的论调，即希特勒来了又走了，但德国人民一直存在。苏联宣传家爱伦堡一直称德国人为"野兽"，但随着苏联与西方矛盾逐渐凸显，斯大林认为有必要拉拢"属于他的"那些德国人。苏军对德国百姓的侵犯（保守估计约有一百多万妇女被强奸）慢慢地趋于消退。4 月末至 5 月初，在梅克伦堡的德明，红军制造了暴力行为，他们一路抢劫、奸污女性，约有一千名居民因此自杀。

早在 4 月 30 日，"乌尔布里希特团队"就已乘机抵达柏林。这个团队是斯大林所设想的新德国的先锋队和核心。乌尔布里希特——士兵委员会前成员、斯巴达克同盟成员、共产党帝国议员——作为全国委员会的创建者之一，之后担任民主德国的统一社会党总书记。除他以外，团队还有 36 名共产党人，他们都曾为苏联做过事情，比如共产国际前新闻和信息部门负责人卡尔·马龙（Karl Maron）、共产国际总书记季米特洛夫的前秘书里夏德·居普特纳（Richard Gyptner）以及全国委员会广播电台前编辑沃尔夫冈·莱昂哈德（Wolfgang Leonhard，之后又与共产主义决裂）。如名单所示，这个团队分三个小组，分别负责萨克森、柏林和什切青（!）。他们同朱可夫元帅领导的、无所不管的庞大机构——苏联驻德军事管理委员会密切合作，迅速着手在苏联占领区建立共产党政权。

西方盟国未做妥协，盟军管制委员会亦渐渐成形，多少让德国人意识到形势的严重性，但是在弗伦斯堡的德国人仍抱着些许期待。战争结束之际，邓尼茨在广播讲话中宣布："德国被占领后，权力属于占领国。我本人及由我组建的政府是否能够运作，取决于你们占领国之手。"[3] 米尔维克已成一块飞地，从当时的文件和备忘录中可得知，这里的德国政府抱持极其不切实际的幻想。约德尔一如既往地每天主持形势分析会，他甚至制定了德国、英国和美国组成联盟对付苏联的方案。1945 年 5 月 13 日，凯特尔被逮捕，彻底结束了这一切。在苏联的敦促下，10 天以后，邓尼茨政府全体成员及最高统帅部、部分军队的高级将领亦被拘押。1945 年 6 月 5 日，艾森豪威尔、蒙哥马利、朱可夫以及德·拉特尔·德·塔西尼①在《柏林宣言》中宣布结束邓尼茨政府对德国的执政权，盟军对德管制委员会（军政府）接管最高执政权。

5 月在红军占领的苏占区，朱可夫还允许政治党派继续存在，做出推行民主的假象。实际上，在"反法西斯民主革命"等一系列口号的背后是坚定不移地推行苏联模式。为了加以遮掩，斯大林授意德国共产党发布公告称："我们认为，将苏联模式强加于德国是错误的……"[4] 当时在反希特勒联盟内部，很多关于德国未来的事务尚未得到安排，比如莫斯科希望英、美军尽快撤出苏占区等一系列其他问题，均未达成共识。俄罗斯与西方的交界处毕竟与其他苏占区有所不同，斯大林显然有意摆出实施民主的样子。

在波兰，不断提及的所谓"民主"向前迈进了一大步。莫斯科的傀儡政府及斯大林情报机构的幕后人员强硬对付波兰民族势力。与此同时，虽然战胜国的西部边境线还根本没有确定，但将德国人从奥得河和尼斯河一带驱逐的行动明显加快。苏联人谋求获得更多的既得利益。根据法令，3 月就已经有约 500 万停留在家园的德国人被剥夺

---

① 德·拉特尔·德·塔西尼（de Lattre de Tassigny，1889—1952），法国陆军高级将领，死后被追封为元帅。——译者

财产。他们还必须承受更大的恐怖：成批被枪杀、私刑处死或被流放至拉姆斯多夫（Lamsdorf）、格罗特考（Grottkau）营地，从记事日程看，在那里又有上千人死去。针对德国人的清算也牵累了不少波兰人，这一切都是螺旋式暴力的结果。它起始于《凡尔赛和约》，和约引发近 150 万德国人从划归为波兰的波森省、西普鲁士地区被驱逐，而残酷的高潮则是希特勒在东方推行的定居和征服政策。在捷克斯洛伐克的苏台德地区，苏联的朋友——贝奈斯从莫斯科流亡后回到国内执掌政权，德国人的遭遇如出一辙。

英国始终以波兰的保护国自居，但此时的丘吉尔日益沦为美国的小伙伴。波兰形势的发展让丘吉尔改变了对斯大林的立场。以前他曾认为，在所有分歧点上，西方均可以同这位苏联强人达成妥协，但现在他不再这么认为。5 月 4 日，他在一份备忘录中分析欧洲形势：担心俄军穿越德国直至易北河导致"可怕事件"发生。"美军打算撤回……这意味将会呈现一大片 500 至 600 公里长、200 公里宽的俄罗斯统治范围。若真的成为现实，将是世界史上的悲痛事件。这一幕剧本若结束，整片领土又被俄罗斯占领，那么波兰将被俄占区所包围、埋葬……如此一来，苏联的势力范围将包括波罗的海沿岸、整个德国直至规定的占领区边界线、整个捷克斯洛伐克、奥地利的大部分、整个南斯拉夫、匈牙利、罗马尼亚和保加利亚，一直延伸至尚不稳固的希腊的边境"。[5]

丘吉尔打算利用英、美控制下的苏占区作为筹码，说服杜鲁门对斯大林采取更强硬的政策。起初，他对形势预计乐观，因为在 4 月底确定联合国宪章的旧金山会议上，杜鲁门拒绝承认卢布林政府作为波兰的合法代表与会。此外，在德国投降的当天，杜鲁门大幅限制租借法，减少对苏联物资援助。5月12日，丘吉尔（几天前曾倡议举行英、美、苏三方首脑会议）致电白宫称："只要我们尚有足够能力，我们牢牢掌控着局势，欧洲就能免受一场新的血洗。否则，我们的胜利成果将统统被骗取，意在阻止领土侵略和未来战争的世界组织未等起锚即已沉没。"丘吉尔还指出：一个"铁幕"正在徐徐降下，如果由于"莫斯科向欧洲心脏挺进"而导致苏占区能够得以清除，那么"铁幕"就可以进一步推向东方。在电报中，丘吉尔还表示："在我们的军队变得虚弱、撤回自己的占领区之前，与俄罗斯达成谅解关乎我们的性命。"[6]

丘吉尔不断干预杜鲁门政策，并没有带来预期效果。美国行政当局内部政策已相对固定，即欧洲事务应更多让欧洲人自己解决，美国将把可用力量集中用于战胜日本。无视英国小伙伴的多次提醒，美国从欧洲撤出了其空军和陆军主力部队。此时的法国很虚弱，也"难以打交道"（丘吉尔之语）[7]，斯大林因而受到鼓舞，加速在其影响力受限的欧洲地区推进苏联模式，比如南斯拉夫。雅尔塔会议商定奥地利应恢复为一个独立国家，像德国一样，也被分割为四个占领区，但是苏联红军牢牢占据了本应属于美军占领的区域。

丘吉尔意图对抗苏联，华盛顿日益感到不快，杜鲁门打算在举行三方会晤之前先单独同斯大林见面，并将此告之丘吉尔。丘吉尔深感受到侮辱，在一份备忘录中，他表示出不解，这也导致杜鲁门放弃了有关打算。杜鲁门派遣他的特别顾问霍普金斯赴莫斯科，霍普金斯受到"十分热情"的接待，而且斯大林还宣布，正如雅尔塔会议所商定，同意两名在伦敦波兰流亡政府的代表加入未来的波兰"民族团结政府"（原本该政府内几乎全是斯大林的人）。斯大林微小的、说到底毫无实质性的让步，以及宣布有可能赦免部分被拘押的波兰民族地下组织抵抗者，产生了巨大的效果。杜鲁门由此认为丘吉尔的疑虑缺少依据。无奈之下，丘吉尔不得不向华盛顿发电报，表示"僵局"很可能已经克服。

1945 年 6 月 1 日，杜鲁门告知丘吉尔，他同斯大林已商定于 7 月 15 日举行下一次三方会晤。丘吉尔的对策是要么将会晤日期提前，要么要求美军推迟从苏占区的撤出。他打定主意，要在会议举办地——波茨坦同斯大林谈判时取得优势地位，为此 6 月 4 日他再次向杜鲁门提出相应诉求。但后者拒绝了英国小伙伴的要求，理由是"如果我们在 7 月会晤之前无所作为"，将会严重影响美国与苏联的关系。[8]

7 月初，美、英军队均撤出了苏占区。同时，美、英、法三国军队进驻各自的柏林占领区，各方以口头承诺达成占领区的相互通行。管制委员会的总部设在前柏林分庭法院。在这里，人民法庭庭长弗莱斯勒于 2 月在一次轰炸中丧命。四名军事长官负责签署适用于所有占领区的管制委员会法律和指令。但随着矛盾日益突出，各方很快只能在自己占领区及柏林相关区域制定政策安排。

从萨克森、勃兰登堡及梅克伦堡的部分地区和图林根的全部撤军，意味着西方面对斯大林白费了一张王牌，错失了逼迫斯大林做出某种妥协的机会。丘吉尔明白这一点。7 月 16 日，三方首脑在波茨坦切齐琳宫开始会晤。在会上，丘吉尔多次以大规模人口迁移及带来的后果作为理由，强烈要求波兰应满足于奥得河以东的领土。他说可以向该地区"移植 825 万人"（丘吉尔以战前波兰人口为依据），"如果远超出这个数目，我也愿意支持"。[9] 斯大林则以一套杜撰的结论反驳，总是说在波兰地区根本没有德国人生活，他们要么死了，要么逃走了。杜鲁门扮演了调停人的角色，欢迎波兰政府代表加入波茨坦会议相关谈判，这实际上帮了丘吉尔的倒忙。

波兰西部边界的争夺尚在激烈进行，此时丘吉尔在 7 月 26 日英国下院选举中落败，这进一步加强了斯大林的谈判优势。克莱门特·艾德礼（Clement Attlee）接替丘吉尔继续参加波茨坦会议。在斯大林面前，这位工党领导人力所不能及，乏善可陈。杜鲁门则继续保持克制，他甚至对其新任国务卿贝尔纳斯抱怨："我很遗憾，我们这个阵营没有能够团结一致。似乎每个人都认为，我们必须在奥得河—尼斯河边界线问题上做出妥协。"[10] 英、美最终做出让步，但为保持脸面，与斯大林达成的是"暂时"安排，而且将议题推迟至下一个和平会议，这一会议再也没有举行过。这样，东普鲁士北部及其首府柯尼斯堡就归入苏联的控制。"从波罗的海的斯维内明德直接往西，再从那里沿奥得河，直至与尼斯河西岸合流处，接着沿着尼斯河西岸直至捷克边境，此线以东"即为波兰政府行政管辖的领土。[11] "但泽自由市"亦归波兰。因落选而受伤的丘吉尔事后颇为恼怒，他认为自己或艾登绝不会同意这样的边界划分。

尽管所有安排都只是"暂时"的，但波茨坦会议批准了早已开始的从波兰等地驱逐德裔居民的行动，甚至形成某种持久性的安排。《波茨坦议定书》第 13 条称："三方政府从所有角度商讨了这一问题，认为滞留在波兰、捷克斯洛伐克和匈牙利的德裔居民及其组成部分应运送至德国境内。"议定书当然也强调，德裔居民的"运送"应以"有序且人道的方式"进行。[12] 但是纸面文件在落实时完全没有任何监督。因此，这些从东方回来的德裔居民必须为希特勒的战争付出最沉重的代价：约1200万人失去家园，其中200万人丧生。①

波茨坦会议还确定了盟军管制委员会所负责德国四占区的下一步运作方式。在占领期间，各方默认要保持并遵守德国的"经济统一"。规定组合实施非军事计划和赔偿计划，通过关闭和拆卸德国战时工业设施，以削减德国发动战争的潜力。关于对苏联的赔偿，各方同意只要是在苏联占领的国家或区域内，三分之一的商船和战舰均归属苏联。此外，在西线区域也将向苏联赔偿，但是各方未将数额达成一致。

杜鲁门沿袭了罗斯福的政策，推迟解决所有欧洲问题，这很可能无意识地认可了斯大林的领土要求。会议期间，杜鲁门忙于处理一项紧急事务：原子弹的使用。会议开始前，杜鲁门就已得到在新墨西哥州的沙漠地带成功引爆了一枚原子弹的消息。此类"特殊炸弹"共有三颗，很快第二、第三颗被运输至太平洋马里亚纳的天宁岛。在首枚原子弹试爆之前，美国领导层就已决定要将"特殊炸弹"用于对付日本。

后来，艾森豪威尔对此予以确认。英国也参与了曼哈顿计划，因此有关原子弹的消息也通报了丘吉尔。他在回忆录中写道："梦魇现在终于算是结束了，取而代之的是光明和令人宽慰的前景，一至两次毁灭性打击即可结束战争……是否有必要使用原子弹，当时根本没有谈及。"[13] 在当时知晓内幕的人眼里，这类炸弹也就是一件寻常武器，只是具有极不平常的爆炸力。只有一些参与曼哈顿

---

① 文字背后隐藏着简单粗暴的现实，波茨坦会议关于德裔居民问题的决议是德国人心头之痛。以苏台德问题为例，1938年希特勒以苏台德地区德裔受迫害为名，迫使当时的捷克斯洛伐克将苏台德地区割让给德国。二战末期，捷克依据《贝奈斯法令》驱逐280万苏台德德裔人。——译者

计划的物理学家存有道德疑虑，他们知晓原子弹的摧毁力和放射性辐射。

将原子弹尽快用于日本，这对美国主要军政高层来说是显而易见的，尽管事后美方一些人对此予以否认。促成动用原子弹的部分原因，显然也是因为数月来日军的顽强抵抗导致美军伤亡不断增加，1945 年 2 月 19 日美军夺取硫磺岛就是例证。4 月 1 日，逾 45 万美军开启冲绳岛登陆战，日军号称战斗至最后一人。面对美军轰炸，日本人采取大规模的自杀性攻击，以此抵消美军优势。这种自寻死亡的做法不只局限于日本军队，当败局已定，数千名日本平民从白色石灰岩石上纵身跳入太平洋。冲绳一战，日军丧命 10 万余人，美军死亡 12510 人、受伤约 39000 人。鉴于上述伤亡，盟军政策规划部门估计，若攻占日本主岛将导致 25 万士兵牺牲。使用原子弹既可以加速日本投降，又可以大幅减少美军伤亡。

杜鲁门的"特殊炸弹"未能在波茨坦打动斯大林，也未能测试出他的反应。在会议前，杜鲁门以不经意的方式告诉斯大林，说美国拥有了一种巨大爆炸力的新式武器。令杜鲁门感到失望的是，斯大林对此反应冷淡，只是说他对此感到高兴，并希望美国人能好好利用它对付日本人。在场的丘吉尔事先了解"炸弹"，从几米开外观察斯大林的反应，之后他写道，他相信，"（斯大林）对（杜鲁门）所说的完全予以忽略……对这一惊人的研发进程一无所知……"[14] 丘吉尔错了。实际上，苏联情报人员已将新墨西哥州成功试爆的消息告知斯大林。就在当天，他让莫洛托夫向莫斯科相关负责人发出命令，要加快苏联自己的核武器研发。

当时杜鲁门无意将核武器作为针对斯大林的施压工具，但是以此对付日本并智取斯大林，杜鲁门确有此意。此前他的前任罗斯福就认为美国需要苏联，因此一直希望苏联能够对日本宣战。在侵占日本以及美国盟友——蒋介石政府的领土利益的前提下，斯大林对此也有承诺。但是，斯大林会满足于此吗？欧洲的经验告诉杜鲁门，只要红军占领的地方，苏联就不会再拱手相让。苏联发动对日战争的筹备工作正在进行。1945年4月5日，克里姆林宫废除苏日中立条约，小矶内阁倒台。同月，在阿拉斯加最南端的科尔德湾，美国向苏联太平洋舰队转交多艘战舰，双方约定的援助计划正式启动。同时，苏联红军在远东集结待命。就在波茨坦会议期间，美、英、苏三军总参谋长还商议了如何攻占日本本岛本州岛。此时的杜鲁门深信，投下两颗"特殊炸弹"会"让日本人在俄罗斯进攻之前就认输"。[15]

　　同大多数人一样，杜鲁门并不了解投掷原子弹带来的巨大影响，但是他清楚这一定会加快日本投降，日本的堡垒一个接一个倒下。蒙巴顿率领的英国军队占领了缅甸的仰光和婆罗洲。在棉兰老岛，英军击溃了日本有组织的抵抗。B29"超级空中堡垒"战略轰炸机编队不断袭扰日本本岛，给日本带来严重打击。从马里亚纳群岛的天宁岛、塞班岛和关岛等地方，美国空军对东京发动攻击。东京建筑以木结构为主，3月9日至10日，一场大火使其四分之一建筑化为灰烬，83000多人死亡、40000多人受伤。在经历轮番轰炸后，7月初日本政府通过广播要求民众撤出东京。7月18日，盟军2000架轰炸机再次轰炸东京。此外，大阪、名古屋及其他城市也遭到毁灭性轰炸，这些轰炸既针对民众，也针对日本的军工业。

　　1945年7月9日，日本驻苏联大使佐藤尚武向苏联（此时苏联和日本仍处于中立状态）外交人民委员转达愿望：日本政府希望与正在波茨坦开会的西方领袖举行和谈。除了天皇尊严不得触犯外[①]，东京愿意接受苛刻条件。日本驻莫斯科使馆还得到东京指示："如果美国和英国坚持要求日本无条件投降，那么我们将深感遗憾并为维护我们的尊严和民族的延续而鏖战至最后一刻。"[16]

佐藤尚武大使以为他面前的莫洛托夫是一个诚实的掮客。实际上，斯大林已没有兴趣促成美、英与日本的快速和解，否则他也就失去了此前同罗斯福已协商达成的猎物。7月18日，斯大林向杜鲁门转达了日本的请求，同时又置评称，不必重视日本的愿望。斯大林只字不提与日本和谈，反而"充满热情地（大谈）……俄罗斯对日本将发起猛如潮水般的进攻，其规模受到限制，仅仅是因为跨西伯利亚铁路运输能力有限"。[17]斯大林谋求填补日本在满洲里和朝鲜溃败后出现的权力真空。此时在中国，蒋介石领导的国民党部队经过多年战争已筋疲力尽，毛泽东领导的中国人民解放军一路凯歌。

杜鲁门曾辱骂日本人为"野蛮人，丧尽天良、毫无人性、狂热极端"。[18]他强烈主张对日本使用"特殊炸弹"。7月25日，他向驻扎在天宁岛的美国战略空军司令斯帕茨下达命令，要求他于8月3日前做好投掷准备。至于投掷目标，华盛顿已选中了日本多个大城市。到底摧毁哪一座城市，杜鲁门将这个任务交给了斯帕茨。斯帕茨选定了拥有25.5万人口的广岛。7月26日，杜鲁门、丘吉尔和蒋介石以三国名义向日本政府发表公告，苏联之所以没有参与，是因为其与日本未处于交战状态。莫洛托夫曾请求三国公告再缓一缓，之后再予

[①] 天皇处于日本社会最高层，是国体的象征，被认为是天照大神的直接后裔，赋予他的后代永远统治的权力。——译者

弥补,但未被采纳。公告以最后通牒的方式要求日本政府立即无条件投降,称"欺骗及错误领导日本人民使其妄欲征服世界者之威权及势力,必须永久剔除"。若不投降,不仅"日本军队完全毁灭",而且日本本土"亦必终归全部残毁"。[19]杜鲁门从一开始就清楚,这样一份公告与日本的自傲和自我定位完全抵触。如果选择相对谨慎的措辞,避免使用"无条件投降"这一说法,日方的反应一定会有所不同。在日本人看来,天皇发动的神圣战争必须延续,但是杜鲁门这位美国总统,想展示美国的强大肌肉。

正如各方所预期,7月27日,日本首相、海军大将铃木宣布日本对波茨坦公告"置之不理",这给驻扎于天宁岛的美军三架B29"超级空中堡垒"发出启动信号。1945年8月6日早上,经过四个半小时的飞行,三架B29抵达广岛上空。8时16分,"艾诺拉·盖"号B29轰炸机在10公里高空投下一枚四吨重的原子弹。在600米高空,原子弹爆炸,其闪光亮度强于太阳一千倍。广岛上空升起巨大蘑菇云,地表建筑被压力波彻底摧毁,烽火爆使整座城市化为灰烬。7万至8万人立即丧命。几分钟后,那些幸存者遭遇核辐射降雨,经过一段较长时期,大多数也相继死亡。

8月9日晨,另一架B29轰炸机在两架伴机护送下从马里亚纳群岛起飞。轰炸机承载着第二颗原子弹,其爆炸力相当于第一颗的两倍(22000吨TNT)。轰炸机飞抵小仓市,这座城市拥有大量军工企业,但城市上空云层很厚,于是轰炸机机长掉转航向,取道备用轰炸地点——长崎市。上午11时02分,广岛的悲剧在长崎重演。长崎人对轰炸毫无所知,一如既往地生活着。又有7万至8万人立即丧命,74909人受伤,更多的人遭到辐射。

就在同一时刻，红军开进满洲里和朝鲜，登陆日本千岛群岛。就在前一天，苏联对日本宣战。突袭日本帝国的灾难促使天皇裕仁不顾国内反对声音决定向盟军递交投降方案。关于天皇地位，杜鲁门和艾德礼保证不干涉日本今后政体，在此前提下东京于 8 月 14 日接受无条件投降。1945 年 9 月 2 日，日本外务大臣重光葵同美国太平洋最高司令麦克阿瑟在"密苏里"号战列舰签署投降书。第二次世界大战落下帷幕，一个新时代宣告开始。①

---

① 9 月 2 日，日本正式签署投降书。1951 年 8 月 13 日，周恩来总理签署通告，确定抗日战争胜利日为 9 月 3 日。2014 年 2 月，全国人大常委会通过决议，确定每年 9 月 3 日为"抗日战争胜利纪念日"。——译者

注 释

序

1 Zit. nach: Furet, Francois/Nolte, Ernst: Feindliche Nähe. Kommunismus und Faschismus im 20. Jahrhundert. Ein Briefwechsel, München 1998, S. 91
2 Grey, Edward: Fünfundzwanzig Jahre Politik. Memoiren 1892-1916. München 1926, Bd. 2, S. 18
3 Hitler, Adolf: Mein Kampf. Eine kritische Edition, 2 Bde., herausgegeben von Christian Hartmann, Thomas Vordermayer, Othmar Plöckinger, Roman Töppel, im Auftrag des Instituts für Zeitgeschichte, München/Berlin 2016 (weiterhin zit.: Mein Kampf), Bd. 2, S. 1657

第一章

1 Jessen-Klingenberg, Manfred: Die Ausrufung der Republik durch Philipp Scheidemann am 9. November 1918, in: Geschichte in Wissenschaft und Unterricht. 19. Jg. 1968, S. 649 – 656, hier S. 653
2 Rindl, Peter: Der internationale Kommunismus, München 1961, S. 19
3 Nolte, Ernst: Die Weimarer Republik. Demokratie zwischen Lenin und Hitler, München 2006, S. 57
4 Gellinek, Christian: Philipp Scheidemann. Eine biographische Skizze, Köln/Weimar/Wien 1994 (weiterhin zit.: Gellinek, Scheidemann), S. 60
5 Schwabe, Klaus (Hrsg.): Quellen zum Friedensschluss von Versailles, Darmstadt 1997, S. 156 ff.
6 Versailles 1919. Aus der Sicht von Zeitzeugen, München 2002 (weiterhin zit.: Versailles, Zeitzeugen), der Wortlaut des Vertrages ist von S. 112 ff. an abgedruckt, hier S. 222
7 Keynes, John Maynard: Die wirtschaftlichen Folgen des Friedensvertrages, München/Leipzig 1920, S. 184 f.
8 Smuts, Jan C.: «Brief an Wilson vom 30. Mai 1919», in: Versailles, Zeitzeugen, S. 100 ff., hier S. 102
9 Gellinek, Scheidemann, S. 61
10 Jäckel, Eberhard/Kuhn, Axel (Hrsg.): Hitlers sämtliche Aufzeichnungen 1905–1924, Stuttgart 1980 (weiterhin zit.: Jäckel/Kuhn, Aufzeichnungen), Oktober 1923, S. 1024
11 Mein Kampf, Bd. 2, S. 1657
12 Jäckel/Kuhn, Aufzeichnungen, 25. 9. 1919, S. 80
13 Wenzel, Otto: 1923. Die Geschichte der deutschen Oktoberrevolution, Münster 2003, S. 205
14 Mein Kampf, Bd. 2, S. 1581
15 Bayerlein, Bernhard H.: Stalin und die Kommunistische Partei Deutschlands in der Weimarer Republik, in: Der Rote Gott. Stalin und die Deutschen, Berlin 2018, S. 13 ff., hier S. 15
16 Mein Kampf, Bd. 1, S. 231

第二章

1. Hitler. Reden. Schriften. Anordnungen, Februar 1925 bis Januar 1933, Bd. II A, Außenpolitische Standortbestimmung nach der Reichstagswahl, Juni bis Juli 1928, herausgegeben von Gerhard L. Weinberg, Christian Hartmann und Klaus A. Lankheit, München/New Providence/London/Paris 1995 (weiterhin zit.: Zweites Buch), S. 185 f.
2. Ebd., S. 186
3. Ebd.
4. Ebd.
5. Mein Kampf, Bd. 2, S. 1637
6. Zweites Buch, S. 112
7. Ebd., S. 112 f.
8. Ebd., S. 134
9. Daily Mail, 17. 9. 1936
10. Ribbentrop, Joachim von: Zwischen London und Moskau, Leoni a. Starnberger See, S. 88 f.
11. Treue, Wilhelm: Hitlers Denkschrift zum Vierjahresplan 1936, in: Vierteljahrshefte für Zeitgeschichte 3 (1955), S. 184 ff.
12. Der Prozeß gegen die Hauptkriegsverbrecher vor dem Internationalen Militärgerichtshof, Nürnberg 1948 (weiterhin zit.: IMT), Bd. XXV, Dok. 386-PS, S. 403 ff.
13. Hossbach, Friedrich: Zwischen Wehrmacht und Hitler 1934–1938, Göttingen 1965, S. 219
14. Völkischer Beobachter, 13. 3. 1938
15. Ebd., 21. 9. 1938
16. London Times, 1. 10. 1938
17. Wörner, Hansjörg: Rassenwahn–Entrechtung–Mord, in: Zeitgeschehen. Erlebte Geschichte–Lebendige Politik, hrsg. v. Elmar Krautkrämer u. Paul-Ludwig Weinacht, Freiburg i.Br. 1981, S. 29
18. Domarus, Max: Hitler, Reden und Proklamationen 1932–1945, Zwei Halbbände, Wiesbaden 1973 (weiterhin zit.: Domarus, Hitler), Bd. II. 1, 30. 1. 1939, S. 1058
19. Reuth, Ralf Georg: Hitler. Eine politische Biographie, München 2003 (weiterhin zit: Reuth, Hitler), S. 437
20. Ebd.
21. Burckhardt, Carl Jacob: Meine Danziger Mission 1937–1939, München 1960, S. 348
22. Hillgruber, Andreas (Hrsg.): Staatsmänner und Diplomaten bei Hitler; Bd. I u. II, Frankfurt a. Main 1967 und 1970 (weiterhin zit.: Hillgruber, Staatsmänner), Bd. I, S. 78, Anm. 3
23. Akten zur Deutschen Auswärtigen Politik, Serie D, 1937–1945, Baden-Baden, 1950 ff. (weiterhin zit.: ADAP, S. D), Bd. VII, Nr. 265, S. 239
24. Ebd., Nr. 192, S. 167 ff.
25. Hill, Leonidas E. (Hrsg): Die Weizsäcker-Papiere 1933–1950, Berlin/Frankfurt a. Main 1974, S. 162

第三章

1. Domarus, Hitler, Bd. II. 1, 1. 9. 1939, S. 1312
2. Schwarzmüller, Theo: Zwischen Kaiser und Führer. Generalfeldmarschall August von Mackensen. Eine politische Biographie, Paderborn 1995, S. 363
3. Schmidt, Paul: Statist auf diplomatischer Bühne 1923–1945, Bonn 1950, S. 463 f.
4. IMT, Bd. X, S. 583
5. Bayerlein, Bernhard H. (Hrsg.): Georgi

Dimitroff. Tagebücher 1933–1943, Berlin 2000, 7. 9. 1939, S. 273
6 Hürter, Johannes: Hitlers Heerführer. Die deutschen Oberbefehlshaber im Krieg gegen die Sowjetunion 1941/42, Quellen und Darstellungen zur Zeitgeschichte, hrsg. v. Institut für Zeitgeschichte, München 2006, Bd. 66, S. 190
7 IMT, Bd. XXVI, 864-PS, S. 379
8 Kellerhoff, Sven Felix: So antisemitisch war Polen vor dem Holocaust, in: Die Welt, 9. 3. 2018
9 IMT, Bd. X, S. 583
10 Domarus, Hitler, Bd. II. 1, 6. 10. 1939, S. 1390
11 Reuth, Hitler, S. 464
12 Salewski, Michael: Die deutsche Seekriegsleitung, 2 Bde., Frankfurt a. Main 1970 u. 1975 (weiterhin zit.: Salewski, Seekriegsleitung), Bd. I, S. 116
13 Zoller, Albert: Hitler privat. Erlebnisbericht einer Geheimsekretärin, Düsseldorf 1949, S. 181
14 Reuth, Hitler, S. 474
15 Hartmann, Christian: Halder. Generalstabschef Hitlers 1938–1942, Paderborn/München/Wien/Zürich 1991 (weiterhin zit.: Hartmann, Halder), S. 197
16 Warlimont, Walter: Im Hauptquartier der deutschen Wehrmacht 39–45. Grundlagen, Formen, Gestalten, München 1978 (weiterhin zit.: Warlimont, Hauptquartier), S. 112
17 Ebd., S. 114, Anm. 9
18 Lukacs, John: Churchill und Hitler. Der Zweikampf. 10. Mai – 31. Juli 1940, Stuttgart 1992, S. 127
19 Churchill, Winston S., Der Zweite Weltkrieg, 16 Bde., Bern/München/Wien 1953/54 (weiterhin zit.: Churchill, Weltkrieg), Bd. II.1, S. 42
20 Badoglio, Pietro: Italien im Zweiten Weltkrieg. Erinnerungen und Dokumente, München/Leipzig 1957, S. 32
21 Reuth, Ralf Georg: Entscheidung im Mittelmeer. Die südliche Peripherie Europas in der deutschen Strategie des Zweiten Weltkrieges 1940–1942, Koblenz 1985 (weiterhin zit.: Reuth, Mittelmeer), S. 19
22 Jasch, Hans-Christian: Staatssekretär Wilhelm Stuckart und die Judenpolitik: Der Mythos von der sauberen Verwaltung, Berlin 2012, S. 294
23 Die Tagebücher von Joseph Goebbels. Im Auftrag des Instituts für Zeitgeschichte und mit Unterstützung des Staatlichen Archivdienstes Rußlands, hrsg. von Elke Fröhlich, 26 Bde., München u. a. 1987–2001 (weiterhin zit.: Goebbels Tagebücher), Teil I, Bd. 8, 17. 8. 1940, S. 276. Siehe auch: Joseph Goebbels Tagebücher 1924–1945, 5 Bde., hrsg. von Ralf Georg Reuth, München/Zürich 1992 (weiterhin zit.: Auswahl-Edition), Bd. 4, S. 1466
24 Ebd., 3. 7. 1940, S. 202. Goebbels-Auswahl-Edition Bd. 4, S. 1445
25 Domarus, Hitler, Bd. II.1, 19. 7. 1940, S. 1558
26 Evening Standard, 17. 9. 1937
27 Gellermann, Günther W.: Geheime Wege zum Frieden mit England. Ausgewählte Initiativen zur Beendigung des Krieges 1940/1942, Bonn 1995, S. 32
28 Reuth, Hitler, S. 485

第四章

1 Hartmann, Halder, S. 215
2 Sir Winston Churchill, Great War Speeches. KG, OM, CH, MP. A unique Collection of the finest and most stirring speeches by one of the greatest Leaders in our time, London 1957, The First Year. A Speech to the House of Commons, August 20, 1940, S. 52 ff., hier S. 60
3 Loßberg, Bernhard v.: Im Wehrmachtführungsstab, Hamburg 1949, S. 59
4 Kriegstagebuch des Oberkommandos der Wehrmacht (Wehrmacht-führungsstab), Bd. I–IV, hrsg. v. Percy Ernst Schramm, München 1982 (weiterhin zit.: KTB OKW), Bd. I, 30. 8. 1940, S. 54
5 Reuth, Mittelmeer, S. 22
6 Hildebrandt, Klaus: Deutsche Außenpolitik 1939–1945, Stuttgart/Berlin/Köln/Mainz 1980, S. 62
7 ADAP, S. D, Bd. IX, 24. 9. 1940, S. 146 f.
8 Hillgruber, Staatsmänner, Bd. I, 24. 10. 1940, S. 278
9 Halder, Franz: Kriegstagebuch. Tägliche Aufzeichnungen des Chefs des Generalstabes des Heeres 1939–1942, hrsg. v. Arbeitskreis für Wehrforschung, Bd. I–III, Stuttgart 1962–1964 (weiterhin zit.: Halder KTB), Bd. II, 4. 11. 1940, S. 165
10 Kotze, Hildegard v. (Hrsg.): Heeresadjutant bei Hitler. Aufzeichnungen des Major Engel, in: Schriftenreihe der Vierteljahrshefte für Zeitgeschichte, Nr. 29, Stuttgart 1974 (weiterhin zit.: Engel, Heeresadjutant), 15. 11. 1940, S. 91
11 Hubatsch, Walther: Hitlers Weisungen für die Kriegführung 1939–1945. Dokumente des Oberkommandos der Wehrmacht, Koblenz 1983 (weiterhin zit.: Hitlers Weisungen), S. 84
12 Engel, Heeresadjutant, 18. 12. 1940, S. 92
13 Ebd.
14 Halder KTB, Bd. II, 28. 1. 1941, S. 261
15 Wegner, Bernd: Hitlers Besuch in Finnland. Das geheime Tonprotokoll seiner Unterredung mit Mannerheim am 4. Juni 1942, in Vierteljahrshefte für Zeitgeschichte, 1993, S. 135
16 ADAP, S. D, Bd. XI. 2, 10. 11. 1940, S. 538
17 Reuth, Mittelmeer, S. 49
18 KTB OKW, Bd. I, 28. 1. 1941, S. 283
19 Reuth, Ralf Georg: Rommel. Das Ende einer Legende, München/Zürich 2004 (weiterhin zit.: Reuth, Rommel), S. 61
20 Ebd., S. 108
21 Ebd., S. 110
22 Churchill, Weltkrieg, Bd. III. 1, S. 122
23 Hillgruber, Staatsmänner, Bd. I, 11. 5. 1941, S. 541
24 Reuth, Hitler, S. 507
25 Überschär, Gerd R.: Der deutsche Angriff auf die Sowjetunion 1941, Darmstadt 1998, S. 141 f.
26 Ebd.
27 Gorodetsky, Gabriel (Hrsg.): Die Maiski-Tagebücher. Ein Diplomat im Kampf gegen Hitler 1932–1943, München 2016 (weiterhin zit.: Maiski-Tagebücher), 13. 6. 1941, S. 531
28 Ebd., 18. 6. 1941, S. 534
29 Domarus, Hitler, Bd. II. 2, 22. 6. 1941, S. 1731
30 Reuth, Hitler, S. 519

第五章

1 Bieberstein, Johannes Rogalla v.: «Jüdischer Bolschewismus». Mythos und Realität, Dresden 2002, S. 281

2　Adolf Hitler. Monologe im Führerhauptquartier 1941–1944. Die Aufzeichnungen Heinrich Heims hrsg. von Werner Jochmann, Hamburg 1980 (weiterhin zit.: Hitler, Monologe), 21. 10. 1941, S. 99

3　Halder KTB, Bd. II, 30. 3. 1941, S. 335

4　Römer, Felix: Der Kommissarbefehl. Wehrmacht und NS-Verbrechen an der Ostfront 1941/42, Paderborn/München/Wien/Zürich 2008 (weiterhin zit.: Römer, Kommissarbefehl), S. 77

5　Rürup, Reinhard (Hrsg.): Der Krieg gegen die Sowjetunion 1941–1945. Eine Dokumentation, Berlin 1991 (weiterhin zit.: Rürup, Krieg), S. 85

6　Ebd., S. 141

7　Maiski-Tagebücher, 22. 6. 1941, S. 540

8　Ebd., 9. 5. 1941, S. 523

9　Halder KTB, Bd. III, 3. 7. 1941, S. 38

10　Longerich, Peter (Hrsg.): Die Ermordung der europäischen Juden. Eine umfassende Dokumentation des Holocaust, München 1989, S. 118 f.

11　Hitlers Weisungen, S. 136 f.

12　Jacobsen, Hans-Adolf: Der Weg zur Teilung der Welt. Politik und Strategie von 1939 bis 1945, Koblenz/Bonn 1979 (weiterhin zit.: Jacobsen, Teilung der Welt), 14. 8. 1941, S. 157

13　Reuth, Ralf Georg: Hitlers Judenhass, Klischee und Wirklichkeit, München/Zürich 2009 (weiterhin zit.: Reuth, Judenhass), S. 302

14　Römer, Kommissarbefehl, S. 233

15　Rürup, Krieg, S. 122

16　Montefiore, Simon Sebag: Stalin. Am Hof des roten Zaren, Frankfurt a. Main 2005, S. 431

17　Jacobsen, Teilung der Welt, 22. 6. 1941, S. 155

18　Churchill, Weltkrieg, Bd. III. 2, S. 18

19　Goebbels Tagebücher, Teil II, Bd. 1, 19. 8. 41, S. 259 ff. (Reuth, Auswahl-Edition, S. 1653 ff.)

20　Ebd.

21　Reuth, Judenhass, S. 304

22　Cüppers, Martin: Wegbereiter der Shoa. Die Waffen-SS, der Kommandostab des Reichsführer-SS und die Judenvernichtung 1939–1945, Darmstadt 2005, S. 183

23　Longerich, Peter: Heinrich Himmler. Biographie, München 2008, S. 709

24　Reuth, Hitler, S. 541 f.

25　Goebbels Tagebücher, Teil II. Bd. 1, 24. 7. 1941, S. 116 (Auswahl-Edition Bd. 4, S. 1640)

26　Ebd., 19. 8. 1941, S. 269 (Ebd., S. 1658 f.)

27　Longerich, Peter: Die Ermordung der europäischen Juden. Eine umfassende Dokumentation des Holocaust, München 1989, S. 81

28　Goebbels Tagebücher, Teil. II, Bd. 1, 24. 9. 1941, S. 482 (Auswahl-Edition, Bd. 4, S. 1671)

29　Reuth, Hitler, S. 538

30　Hitler, Monologe, 26. u. 27. 10. 1941, S. 110

31　Ebd.

32　Halder KTB, Teil III, 19. 11. 1941, S. 295

33　Hillgruber, Andreas/Hümmelchen, Gerhard: Chronik des Zweiten Weltkrieges. Kalendarium militärischer und politischer Ereignisse 1939–45, Düsseldorf 1978 (weiterhin zit.: Hillgruber/Hümmelchen, Zweiter Weltkrieg), 1. 12. 1941, S. 107

34　Der Dienstkalender Heinrich Himmlers 1941/42. Im Auftrag der Forschungsstelle für Zeitgeschichte in Hamburg bearbeitet, kommentiert u. eingeleitet von Peter Witte u. a., Hamburg 1999, 17. 11. 1941, S. 265

35 Reuth, Judenhass, S. 309

第六章

1 Domarus, Hitler, Bd. II, 2, 11. 12. 1941, S. 1828 f.
2 Hitler, Monologe, 5., 6. 1. 1942, S. 180
3 KTB OKW, Bd. I, 26. 12. 1941, S. 1086
4 Eichholtz, Dietrich: Geschichte der deutschen Kriegswirtschaft, München 2013, S. 484
5 Hillgruber, Andreas: Der 2. Weltkrieg 1939–1945, Stuttgart/Berlin/Köln/Mainz 1982, S. 89
6 Reuth, Rommel, S. 111 f.
7 Reuth, Mittelmeer, S. 144
8 Salewski, Seekriegsleitung, Bd. II, S. 80
9 Reuth, Mittelmeer, S. 145
10 Hitler, Monologe, 7. 1. 1942, S. 183
11 Hillgruber, Staatsmänner, Bd. II, 11. 2. 1942, S. 48
12 Hassell, Ulrich v.: Die Hassel-Tagebücher 1938–1944. Aufzei-chnungen vom Anderen Deutschland, hrsg. von Friedrich Hiller von Gaertingen, Berlin 1988, S. 253
13 Reuth, Mittelmeer, S. 145
14 Tharoor, Shashi: The ugly Briton, Time, 29. 11. 2010
15 Motadel, David: Das heftige Werben um die Muselmanen, Frankfurter Allgemeine Zeitung, 7. 11. 2017
16 Reuth, Mittelmeer, S. 178
17 Ebd., S. 200
18 Hitlers Tischgespräche, 27. 6. 1942, S. 416
19 KTB OKW, Bd. II, 4. 7. 1942, S. 474
20 Hitlers Weisungen, S. 194 f.
21 Maiski-Tagebücher, 5. 3. 1941, S. 605
22 Jacobsen, Teilung der Welt, 26. 5. 1942, S. 171
23 Goebbels Tagebücher, Teil II, Bd. 3, 27. 3. 1942, S. 561 (Auswahl-Edition, Bd. 4, S. 1776 f.)
24 Armeebefehl des Armeeoberkommandos 6 vom 16. 8. 1942, Bundesarchiv-Militärarchiv, RG 20–6/197, Bl. 267
25 Diedrich, Torsten: Paulus. Das Trauma von Stalingrad. Eine Biographie, Paderborn/München/Wien/Zürich 2008, S. 232
26 Engel, Heeresadjutant, 8. 9. 1942, S. 126 f.
27 Heusinger, Adolf: Befehl im Widerstreit, Tübingen/Stuttgart 1950, S. 201
28 Domarus, Hitler, Bd. II.2, 8. 11. 1942, S. 1938
29 Reuth, Rommel, S. 73 f.
30 Hillgruber, Staatsmänner, Bd. II, 18. 12. 1942, S. 161
31 Reuth, Hitler, S. 583
32 Hellbeck, Jochen: Die Stalingrad Protokolle. Sowjetische Augenzeugen berichten aus der Schlacht, Frankfurt a. Main 2014, S. 305

第七章

1 Reuth, Ralf Georg: Goebbels, München Zürich 1996 (weiterhin zit.: Reuth, Goebbels), S. 518 f.
2 Goebbels Tagebücher, Teil II, Bd. 7, 8. 2. 1943, S. 296
3 Longerich, Ermordung, S. 222
4 Goebbels Tagebücher, Teil II, Bd. 7, 31. 1. 1943, S. 227
5 Stalin, Josef W.: Über den Großen Vaterländischen Krieg der Sowjetunion, Berlin 1946, S. 49 f.
6 Reuth, Hitler, S. 593
7 Warlimont, Hauptquartier, S. 335
8 KTB OKW, Bd. III, 15. 4. 1943, S. 1425
9 Jacobsen, Teilung der Welt, 11. 6. 1943, S. 305 f.
10 Haberl, Othmar Nicola: Kommunistische Internationale. In: Pipers Wörterbuch zur

Politik, Band 4, Sozialistische Systeme, München/Zürich 1981, S. 216

11 Jacobsen, Teilung der Welt, 13. 7. 1943, S. 314 f.
12 Ebd., 21. 4. 1943, S. 314
13 Ebd.
14 Guderian, Heinz: Erinnerungen eines Soldaten, Stuttgart 1994, S. 283
15 Domarus, Hitler, Bd. II. 2, 10. 9. 1943, S. 2036
16 Hillgruber/Hümmelchen, Zweiter Weltkrieg, 27. 8. 1943, S. 181
17 Goebbels Tagebücher, Teil II, Bd. 9, 10. 9. 1943, S. 464 (Auswahl-Edition, Bd. 5, S. 1949 f.)
18 Jacobsen, Teilung der Welt, 10. 8. 1943, S. 317
19 Franklin D. Roosevelt's Fourth Inaugural Address, 20. 1. 1945, siehe: inauguralclock.com/inaugural-addresses/franklin-delanoroosevelt
20 Churchill, Weltkrieg, Bd. V. 2, S. 50
21 Jacobsen, Teilung der Welt, 1. 12. 1943, S. 323
22 Ebd., ohne Datum, S. 325
23 Hitlers Weisungen, 3. 11. 1943, S. 233
24 Goebbels Tagebücher, Teil II, Bd. 12, 18. 4. 1944, S. 129 (Auswahl-Edition, Bd. 5, S. 2033 f.)
25 Reuth, Rommel, S. 87
26 Speer, Albert: Erinnerungen, Frankfurt a. Main/Berlin/Wien 1969, S. 357
27 Schlacht um Sprit, in: Der Spiegel, 14/64, 1. 4. 1964
28 Ebd.
29 Hillgruber, Staatsmänner, Bd. II, 5. 8. 1944, S. 494
30 Ebd., 23. 3. 1944, S. 392
31 Ebd., 16. 4. 1943, S. 245
32 Pätzold, Kurt/Schwarz, Erika: «Auschwitz war für mich nur ein Bahnhof». Franz Nowak – der Transportoffizier Adolf Eichmanns, in: Dokumente, Texte, Materialien, veröffentlicht vom Zentrum für Antisemitismusforschung der Technischen Universität Berlin, Bd. 13, Berlin 1994, S. 145
33 Rotte, Ralph: Die Außen- und Friedenspolitik des Heiligen Stuhls: Eine Einführung, Wiesbaden 2014, S. 265
34 Albrecht, Dieter: Der Vatikan und das Dritte Reich, in: Kirche im Nationalsozialismus, hrsg. v. Geschichtsverein der Diözese Rottenburg Stuttgart, Sigmaringen 1984, S. 42
35 news.bbc.co.uk/onthisday/hi/dates/stories/···/17/···/3547151.stm

第八章

1 Hillgruber, Staatsmänner, Bd. II, 25. 3. 1944, S. 390
2 Warlimont, Hauptquartier, S. 457
3 Reuth, Ralf Georg: Vielleicht wird man uns einmal als Patrioten sehen, Welt am Sonntag, 18. 7. 2004 (weiterhin zit.: Reuth, Patrioten)
4 Ebd.
5 Hoffmann, Peter: Claus Schenk Graf von Stauffenberg und seine Brüder, Stuttgart 2004 (weiterhin zit.: Hoffmann, Stauffenberg), S. 396
6 Reuth, Patrioten
7 Reuth, Hitler, S. 609
8 Hoffmann, Staufenberg, S. 388
9 Ebd., S. 443
10 Domarus, Hitler, Bd. II. 2, 20. 7. 1944, S. 2118
11 Reuth, Rommel, S. 254
12 Reuth, Patrioten
13 Hillgruber, Staatsmänner, Bd. II., 21. 7. 1944, S. 468
14 Churchill, Weltkrieg, Bd. VI. 1, S. 168
15 Ebd., S. 176
16 Ebd., S. 167

17　Reuth, Ralf Georg (Hrsg.): Deutsche auf der Flucht. Zeitzeugenberichte über die Vertreibung aus dem Osten, Augsburg/Hamburg 2007 (weiterhin zit.: Reuth, Flucht), S. 14
18　Ebd.
19　Hull, Cordell: Memoirs, 2 Bde., New York 1948, Bd. 2, S. 1601
20　Plan der Rache, Der Spiegel, 51/1967, 11. 12. 67
21　Völkischer Beobachter, 26. 9. 1944
22　Ders., 16. 9. 1944
23　Churchill, Weltkrieg, Bd. VI.1, S. 74 f.
24　Reuth, Ralf Georg: Weizsäckers Atombomben-Patent, Welt am Sonntag, 20. 3. 2005
25　Deutsche Geschichte in Dokumenten und Bildern, Bd. 7. Deutschland unter der Herrschaft des Nationalsozialismus, 1933–1945. Heimlich aufgezeichnete Unterhaltungen deutscher Kernphysiker auf Farm Hall (6./7. August 1945), siehe: http://germanhistorydocs.ghi-dc.org/pdf/deu/German101ed.pdf
26　Goebbels Tagebücher, Teil II, Bd. 13, S. 539
27　Seidler, Fritz W.: Deutscher Volkssturm. Das letzte Aufgebot 1944/45, München/Berlin 1989, S. 48
28　Reuth, Hitler, S. 621

第九章

1　Hohenstein, Adolf/Trees, Wolfgang: Die Hölle im Hürtgenwald. Die Kämpfe vom Hohen Venn bis zur Rur September 1944 bis Februar 1945, Aachen 1981, S. 229 f.
2　Neitzel, Sönke: Abgehört. Deutsche Generäle in britischer Kriegsgefangenschaft 1942–1945, Berlin 2007, S. 62
3　Ebd., S. 230

4　Warlimont, Hauptquartier, S. 524
5　Domarus, Hitler, Bd. II. 2, 1. 1. 1945, S. 2187
6　Reuth, Ralf Georg: Nehmt die Frauen als Beute, Welt am Sonntag, 20. 2. 2005
7　Hitlers politisches Testament. Die Bormann-Diktate vom Februar und April 1945. Mit einem Essay von Hugh R. Trevor-Roper, ohne Ort und Erscheinungsjahr, 3. 2. 1945, S. 65 f.
8　Reuth, Ralf Georg: Erstickt, verkohlt, zerstückelt, Welt am Sonntag, 6. 2. 2005
9　Ebd.
10　Churchill, Weltkrieg, Bd. VI.2, S. 25
11　Ebd.
12　Reuth, Ralf Georg: Das Ende der Illusionen, Welt am Sonntag, 31. 7. 2005
13　Jacobsen, Teilung der Welt, 10. 1. 1945, S. 398 f.
14　Churchill, Weltkrieg, Bd. VI.2, S. 12
15　KTB OKW, Bd. IV, 29. 3. 1945, S. 1582 f.
16　Churchill, Zweiter Weltkrieg, Bd. VI. 2, S. 126
17　Reuth, Hitler, S. 632
18　KTB OKW, Bd. IV, 15. 4. 1945, S. 1590
19　Reuth, Goebbels, S. 598
20　Gellermann, Günther W.: Die Armee Wenck–Hitlers letzte Hoffnung, Koblenz 1984, S. 177
21　Jacobsen, Teilung der Welt, 29. 4. 1945, S. 410
22　Zweites Buch, S. 186
23　Jacobsen, Teilung der Welt, 29. 4. 1945, S. 410
24　Ansprache von Karl Dönitz, 1. 5. 1945/Deutsches Rundfunk-Archiv, Wiesbaden B 4621748

第十章

1　Ansprache von Karl Dönitz, 1. 5. 1945/Deutsches Rundfunk-Archiv, Wiesbaden B 4621748
2　Buddrus, Michael: Wir sind nicht am Ende,

sondern in der Mitte eines großen Krieges. Eine Denkschrift aus dem Zivilkabinett der Regierung Dönitz vom 16. Mai 1945, Vierteljahrshefte für Zeitgeschichte, 1996, S. 607

3   Rundfunkansprache von Großadmiral Dönitz zur Kapitulation des Deutschen Reiches, 8. 5. 1945, Deutsches Rundfunk-Archiv. Wiesbaden B 004625657

4   Donth, Stefan: Stalins Deutschland –die Durchsetzung der kommunistischen Diktatur in der sowjetischen Besatzungszone, in: Engwert, Andreas/Knabe, Hubertus: Der Rote Gott. Stalin und die Deutschen, Berlin 2018, S. 55 ff., hier S. 57

5   Jacobsen, Teilung der Welt, 4. 5. 1945, S. 411

6   Churchill, Weltkrieg, Bd. VI. 2, S. 262

7   Ebd., S. 461

8   Ebd., S. 297

9   Ebd., S. 356

10 Reuth, Flucht, S. 19 f.

11 Jacobsen, Teilung der Welt, 2. 8. 1945, S. 421

12 Ebd.

13 Churchill, Weltkrieg, Bd. VI. 2, S. 335

14 Ebd., S. 371

15 Sommer, Theo: Entscheidung in Potsdam, in: Zeit online, 21. 7. 2005

16 Siehe Hirohito in: Deacademic.com

17 Churchill, Weltkrieg, Bd. VI. 2, S. 370

18 Schmitt, Uwe: Der Zweite Weltkrieg endete in nur zehn Minuten, in: Welt online, 2. 9. 2015

19 Jacobsen, Teilung der Welt, 26. 7. 1945, S. 434

参考书籍（日记、回忆录）

Akten zur Deutschen Auswärtigen Politik 1918–1945, Serie D, 1937–1945, Baden-Baden 1950

Aly, Götz u. a. (Hrsg.): Die Verfolgung und Ermordung der europäischen Juden durch das nationalsozialistische Deutschland 1933–1945. 14 Bde. Herausgegeben im Auftrag des Bundesarchivs, des Instituts für Zeitgeschichte und des Lehrstuhls für Neuere und Neueste Geschichte an der Albert-Ludwigs-Universität Freiburg, München 2008 bis 2017

Badoglio, Pietro: Italien im Zweiten Weltkrieg. Erinnerungen und Dokumente, München/Leipzig 1957

Bayerlein, Bernhard H. (Hrsg.): Georgi Dimitroff. Tagebücher 1933–1943, Berlin 2000

Böthig, Peter; Walther, Peter (Hrsg.): Die Russen sind da. Kriegsalltag und Neubeginn 1945 in Tagebüchern aus Brandenburg, Berlin 2011

Buddrus, Michael: Wir sind nicht am Ende, sondern in der Mitte eines großen Krieges. Eine Denkschrift aus dem Zivilkabinett der Regierung Dönitz vom 16. Mai 1945. In: Vierteljahrshefte für Zeitgeschichte, Jg. 44 (1996), Heft 4

Burckhardt, Carl Jacob: Meine Danziger Mission 1937–1939, München 1960

Churchill, Winston S.: Der Zweite Weltkrieg, 6 Bde., Bern/München/Wien 1953/54

Ciano, Galeazzo: Tagebücher 1939–1943, Bern 1946

Internationaler Militärgerichtshof Nürnberg (Hrsg.): Der Prozeß gegen die Hauptkriegsverbrecher vor dem Internationalen Militärgerichtshof, Nürnberg 14. November 1945–1. Oktober 1946, 24 Bde., Nürnberg 1949, Nachdruck München/Zürich 1984

Dönitz, Karl: Zehn Jahre und zwanzig Tage, Koblenz 1997

Quellenbände–Tagebücher–Erinnerungen–Domarus, Max: Hitler, Reden und Proklamationen 1932–1945, Zwei Halbbände, Wiesbaden 1973

Eberle, Henrik; Uhl, Mathias (Hrsg.): Das Buch Hitler. Geheimdossier des NKWD für Josef W. Stalin. Zusammengestellt aufgrund der Verhörprotokolle des Persönlichen Adjutanten Hitlers, Otto Günsche, und des Kammerdieners Heinz Linge, Moskau 1948/49, Bergisch Gladbach 2005

Eisenhower, Dwight D.: Kreuzzug in Europa, Amsterdam 1948

Fischer, Alexander (Hrsg.): Teheran – Jalta – Potsdam. Die sowjetischen Protokolle von den Kriegskonferenzen der Großen Drei, Köln 1985

Fröhlich, Elke (Hrsg.): Die Tagebücher von Joseph Goebbels. Im Auftrag des Instituts für Zeitgeschichte und mit Unterstützung des Staatlichen Archivdienstes Rußlands, 26 Bde., München u. a. 1987–2001

Gorodetsky, Gabriel (Hrsg.): Die Maiski-Tagebücher. Ein Diplomat im Kampf gegen Hitler 1932–

1943, München 2016

Sir Winston Churchill: Great War Speeches. KG, OM, CH, MP. A unique Collection of the finest and most stirring speeches by one of the greatest Leaders in our time, London 1957

Grey, Edward: Fünfundzwanzig Jahre Politik. Memoiren 1892–1916, Bd. 2, München 1926

Guderian, Heinz: Erinnerungen eines Soldaten, Stuttgart 1994

Halder, Franz: Kriegstagebuch. Tägliche Aufzeichnungen des Chefs des Generalstabes des Heeres 1939–1942, hrsg. v. Arbeitskreis für Wehrforschung, Bd. I-III, Stuttgart 1962–64

Hassell, Ulrich v.: Die Hassel-Tagebücher 1938–1944. Aufzeichnungen vom Anderen Deutschland, hrsg. von Friedrich Hiller von Gaertingen, Berlin 1988

Heinisch, Gertrude; Hellwig, Otto (Hrsg. und Übersetzer): Die offiziellen Jalta-Dokumente des U. S. State Departments, Wien/München/Stuttgart/Zürich 1955

Hartmann, Christian u. a. (Hrsg.): Hitler. Mein Kampf. Eine kritische Edition, 2 Bde., München/Berlin 2016

Hartmann, Christian u. a. (Hrsg.): Hitler. Reden. Schriften. Anordnungen, Februar 1925 bis Januar 1933, kommentiert von Christian Hartmann, Klaus A. Lankheit, Clemens Vollnhals, Bärbel Dusik, Constantin Goschler (Institut für Zeitgeschichte), 5 Bde., München/New Providence/London/Paris 1992–1998

Hellbeck, Jochen (Hrsg.): Die Stalingrad-Protokolle. Sowjetische Augenzeugen berichten aus der Schlacht, Frankfurt a.M. 2012

Heusinger, Adolf: Befehl im Widerstreit. Schicksalsstunden der deutschen Armee 1923–1945, Tübingen/Stuttgart 1950

Hill, Leonidas E. (Hrsg): Die Weizsäcker-Papiere 1933–1950, Berlin/Frankfurt a.M. 1974

Hillgruber, Andreas (Hrsg.): Staatsmänner und Diplomaten bei Hitler; Bd. I u. II, Frankfurt a.M. 1967 und 1970

Hitlers politisches Testament. Die Bormann Diktate vom Februar und April 1945. Mit einem Essay von Hugh R. Trevor-Roper, ohne Ort und Erscheinungsjahr

Hossbach, Friedrich: Zwischen Wehrmacht und Hitler 1934–1938, Göttingen 1965

Hubatsch, Walther: Hitlers Weisungen für die Kriegführung 1939–1945. Dokumente des Oberkommandos der Wehrmacht, Koblenz 1983

Hull, Cordell: Memoirs, 2 Bde., New York 1948

Hürter, Johannes (Hrsg.): Notizen aus dem Vernichtungskrieg. Die Ostfront 1941/42 in den Aufzeichnungen des Generals Heinrici, Darmstadt 2016

Jäckel, Eberhard; Kuhn, Axel (Hrsg.): Hitlers sämtliche Aufzeichnungen 1905–1924, Stuttgart 1980

Jacobsen, Hans-Adolf: Der Weg zur Teilung der Welt. Politik und Strategie von 1939 bis 1945, Koblenz/Bonn 1979

Jochmann, Werner (Hrsg.): Adolf Hitler. Monologe im Führerhauptquartier 1941–1944. Die Aufzeichnungen Heinrich Heims, Hamburg 1980

Keynes, John Maynard: Die wirtschaftlichen Folgen des Friedensvertrages, München/Leipzig 1920

Kotze, Hildegard v. (Hrsg.): Heeresadjutant bei Hitler. Aufzeichnungen des Major Engel. In: Schriftenreihe der Vierteljahshefte für

Zeitgeschichte, Nr. 29 (1974) Loßberg, Bernhard v.: Im Wehrmachtführungsstab, Hamburg 1949

Manstein, Erich v.: Verlorene Siege, Koblenz 2009

Neitzel, Sönke: Abgehört. Deutsche Generäle in britischer Kriegsgefangenschaft 1942–1945, Berlin 2007

Pätzold, Kurt; Schwarz, Erika: «Auschwitz war für mich nur ein Bahnhof». Franz Nowak –der Transportoffizier Adolf Eichmanns. In: Dokumente, Texte, Materialien, veröffentlicht vom Zentrum für Antisemitismusforschung der Technischen Universität Berlin, Bd. 13, Berlin 1994

Reuth, Ralf Georg (Hrsg.): Deutsche auf der Flucht. Zeitzeugenberichte über die Vertreibung aus dem Osten, Augsburg/Hamburg 2007

Reuth, Ralf Georg (Hrsg.): Joseph Goebbels Tagebücher 1924–1945, 5 Bde., München/Zürich 1992

Ribbentrop, Joachim v.: Zwischen London und Moskau, Leoni a. Starnberger See 1953

Rürup, Reinhard (Hrsg.): Der Krieg gegen die Sowjetunion 1941–1945. Eine Dokumentation, Berlin 1991

Ruge, Friedrich: Rommel und die Invasion. Erinnerungen, Stuttgart 1959

Schmidt, Paul: Statist auf diplomatischer Bühne 1923–1945, Bonn 1950

Schmiedel, David: «Du sollst nicht morden». Selbstzeugnisse christlicher Wehrmachtssoldaten aus dem Vernichtungskrieg gegen die Sowjetunion, Frankfurt a.M. 2017

Schramm, Percy Ernst (Hrsg.): Kriegstagebuch des Oberkommandos der Wehrmacht (Wehrmachtführungsstab), Bd. I–IV, München 1982

Schwabe, Klaus (Hrsg.): Quellen zum Friedensschluss von Versailles, Darmstadt 1997

Speer, Albert: Erinnerungen, Frankfurt a.M./ Berlin/Wien 1969

Stalin, Josef W.: Über den Großen Vaterländischen Krieg der Sowjetunion, Berlin 1946

Hart, Basil H.L. (Hrsg.): The Rommel Papers, London 1953

Treue, Wilhelm: Hitlers Denkschrift zum Vierjahresplan 1936. In: Vierteljahrshefte für Zeitgeschichte 3 (1955)

Truman, Harry S.: Memoirs by Harry S. Truman: 1945 Year of Decisions, ohne Ort 1999

Uhl, Mathias u. a. (Hrsg.): Verhört. Die Befragungen deutscher Generale und Offiziere durch die sowjetischen Geheimdienste 1945–1952, Berlin 2015

Haffner, Sebastian: Versailles 1919. Aus der Sicht von Zeitzeugen, München 2002

Warlimont, Walter: Im Hauptquartier der deutschen Wehrmacht 39–45. Grundlagen, Formen, Gestalten, München 1978

Wegner, Bernd: Hitlers Besuch in Finnland. Das geheime Tonprotokoll seiner Unterredung mit Mannerheim am 4. Juni 1942. In: Vierteljahrshefte für Zeitgeschichte 4 (1993)

Welzer, Harald; Neitzel, Sönke; Gudehus, Christian (Hrsg.): «Der Führer war wieder viel zu human, viel zu gefühlvoll». Der Zweite Weltkrieg aus der Sicht deutscher und italienischer Soldaten, Frankfurt a.M. 2011

Witte, Peter; Wildt, Michael; Vogt, Martina: Der Dienstkalender Heinrich Himmlers 1941/42. Im Auftrag der Forschungsstelle für Zeitgeschichte in Hamburg bearbeitet, kommentiert u. eingeleitet von Peter Witte u. a., Hamburg 1999

参考文献

Albrecht, Dieter: Der Vatikan und das Dritte Reich. In: Kirche im Nationalsozialismus, hrsg. v. Geschichtsverein der Diözese Rottenburg-Stuttgart, Sigmaringen 1984

Bayerlein, Bernhard H.: Stalin und die Kommunistische Partei Deutschlands in der Weimarer Republik. In: Der Rote Gott. Stalin und die Deuts-chen, Berlin 2018

Benz, Wolfgang: Der Holocaust, München 2008

Besymenski, Lew: Stalin und Hitler. Pokerspiel der Diktatoren, Berlin 2002

Bieberstein, Johannes Rogalla v.: «Jüdischer Bolschewismus». Mythos und Realität, Dresden 2002

Brakel, Alexander: Der Holocaust. Judenverfolgung und Völkermord, Berlin 2008

Cüppers, Martin: Wegbereiter der Shoa. Die Waffen-SS, der Kommandostab des Reichsführer SS und die Judenvernichtung 1939–1945, Darms-tadt 2005

Das Dritte Reich und der Zweite Weltkrieg. Herausgegeben vom Militärgeschichtlichen Forschungsamt, Stuttgart 1979–2008

Bd. 1: Deist, Wilhelm; Messerschmidt, Manfred; Volkmann, Hans-Erich; Wette, Wolfram: Ursachen und Voraussetzungen der deutschen Kriegspolitik

Bd. 2: Maier, Klaus A.; Rohde, Horst; Stegemann, Bernd; Umbreit, Hans: Die Errichtung der Hege-monie auf dem europäischen Kontinent

Bd. 3: Schreiber, Gerhard; Stegemann, Bernd; Vogel, Detlef: Der Mittelmeerraum und Südosteuropa – Von der «non belliganza» Italiens bis zum Kriegseintritt der Vereinigten Staaten

Bd. 4: Boog, Horst; Förster, Jürgen; Hoffmann, Joachim; Klink, Ernst; Müller, Rolf-Dieter; Ueberschär, Gerd R.: Der Angriff auf die Sowjetunion

Bd. 5.1: Kroener, Bernhard R.; Müller, Rolf-Dieter; Umbreit, Hans: Organisation und Mobilisierung des deutschen Machtbereichs: Kriegsverwaltung, Wirtschaft und personelle Ressourcen 1939 bis 1941

Bd. 5.2: R. Kroener, Bernhard; Müller, Rolf-Dieter; Umbreit, Hans: Organisation und Mobilisierung des deutschen Machtbereichs: Kriegsverwaltung, Wirtschaft und personelle Ressourcen 1942 bis 1944/45

Bd. 6: Boog, Horst; Rahn, Werner; Stumpf, Reinhard; Wegner, Bernd: Der globale Krieg – Die Ausweitung zum Weltkrieg und der Wechsel der Initiative 1941 bis 1943

Bd. 7: Boog, Horst; Krebs, Gerhard; Vogel, Detlef: Das Deutsche Reich in der Defensive – Strategischer Luftkrieg in Europa, Krieg im Westen und in Ostasien 1943 bis 1944/45

Bd. 8: Frieser, Karl-Heinz; Schmider, Klaus; Schönherr, Klaus; Schreiber, Gerhard; Ungváry,

Krisztián; Wegner, Bernd: Die Ostfront 1943/44 – Der Krieg im Osten und an den Nebenfronten Bd. 9.1: Blank, Ralf; Echternkamp, Jörg; Fings, Karola u. a.: Die deutsche Kriegsgesellschaft 1939 bis 1945. Politisierung, Vernichtung, Überleben Auswahlliteratur

Bd. 9.2: Chiari, Bernhard u. a.: Die deutsche Kriegsgesellschaft 1939 bis 1945. Ausbeutung, Deutungen, Ausgrenzung

Bd. 10.1: Müller, Rolf-Dieter (Hrsg.): Der Zusammenbruch des Deutschen Reiches 1945 und die Folgen des Zweiten Weltkrieges. Die militärische Niederwerfung der Wehrmacht

Bd. 10.2: Müller, Rolf-Dieter (Hrsg.): Der Zusammenbruch des Deutschen Reiches 1945 und die Folgen des Zweiten Weltkrieges. Die Auflösung der Wehrmacht und die Auswirkungen des KriegesDiedrich, Torsten: Paulus. Das Trauma von Stalingrad. Eine Biographie, Paderborn/München/Wien/Zürich 2008

Donth, Stefan: Stalins Deutschland – die Durchsetzung der kommunistischen Diktatur in der sowjetischen Besatzungszone. In: Engwert, Andreas; Knabe, Hubertus: Der Rote Gott. Stalin und die Deutschen, Berlin 2018

Dower, John W.: Embracing Defeat. Japan in the Wake of World War II, New York 1999

Dräger, Kathrin: Hiroshima und Nagasaki als Endpunkte einer Konflikteskalation. Ein Beitrag zur Debatte über die Atombombenabwürfe, Marburg 2009

Eberle, Henrik: Hitlers Weltkriege. Wie der Gefreite zum Feldherrn wurde, Hamburg 2014

Edmonds, Robin: Die großen Drei: Churchill, Roosevelt, Stalin, Berlin 1998

Eichholtz, Dietrich: Geschichte der deutschen Kriegswirtschaft, München 2013

Engwert, Andreas; Knabe, Hubertus (Hrsg.): Der Rote Gott. Stalin und die Deutschen, Berlin 2018

Frank, Richard B.: Downfall. The End of the Imperial Japanese Empire, New York 2001

Furet, François; Nolte, Ernst: Feindliche Nähe. Kommunismus und Faschismus im 20. Jahrhundert. Ein Briefwechsel, München 1998

Gellermann, Günther W.: Die Armee Wenck – Hitlers letzte Hoffnung, Koblenz 1984

Gellermann, Günther W.: Geheime Wege zum Frieden mit England. Ausgewählte Initiativen zur Beendigung des Krieges 1940/1942, Bonn 1995

Gellinek, Christian: Philipp Scheidemann. Eine biographische Skizze, Köln/Weimar/Wien 1994

Haberl, Othmar Nicola: Kommunistische Internationale. In: Pipers Wörterbuch zur Politik, Band 4, München/Zürich 1981

Hamby, Alonzo: Man of the People: A Life of Harry S. Truman, New York 1995

Hartmann, Christian: Halder. Generalsta-bschef Hitlers 1938–1942, Paderborn/München/Wien/Zürich 1991

Hildebrandt, Klaus: Deutsche Außenpolitik 1939–1945, Stuttgart/Berlin/Köln/Mainz 1980

Hillgruber, Andreas; Hümmelchen, Gerhard: Chronik des Zweiten Weltkrieges. Kalendarium militärischer und politischer Ereignisse 1939–45, Düsseldorf 1978

Hillgruber, Andreas: Der 2. Weltkrieg 1939–1945, Stuttgart/Berlin/Köln/Mainz 1982

Hillgruber, Andreas: Hitlers Strategie. Politik und Kriegführung 1940–1941, Koblenz 1982

Hillgruber, Andreas: Deutsche Großmacht-

und Weltpolitik im 19. und 20. Jahrhundert, Düsseldorf 1977

Hoffmann, Peter: Claus Schenk Graf von Stauffenberg und seine Brüder, Stuttgart 2004

Hohenstein, Adolf; Trees, Wolfgang: Die Hölle im Hürtgenwald. Die Kämpfe vom Hohen Venn bis zur Rur. September 1944 bis Februar 1945, Aachen 1981

Huber, Florian: Kind, versprich mir, dass du dich erschießt. Der Untergang der kleinen Leute 1945, Berlin 2015

Hürter, Johannes: Hitlers Heerführer. Die deutschen Oberbefehlshaber im Krieg gegen die Sowjetunion 1941/42. In: Quellen und Darstellungen zur Zeitgeschichte, hrsg. v. Institut für Zeitgeschichte, München 2006

Jasch, Hans-Christian: Staatssekretär Wilhelm Stuckart und die Juden?politik: Der Mythos von der sauberen Verwaltung, Berlin 2012

Jessen-Klingenberg, Manfred: Die Ausrufung der Republik durch Philipp Scheidemann am 9. November 1918. In: Geschichte in Wissenschaft und Unterricht, 19. Jg. 1968

Junker, Detlef: Franklin D. Roosevelt. Macht und Vision: Präsident in Krisenzeiten, Göttingen 1979

Kellerhoff, Sven Felix: Berlin im Krieg. Eine Generation erinnert sich, Berlin 2011

Kellerhoff, Sven Felix: Die NSDAP: Eine Partei und ihre Mitglieder, Stuttgart 2017

Kennedy, Paul: Die Casablanca-Strategie. Wie die Alliierten den Zweiten Weltkrieg gewannen, München 2011

Kershaw, Ian: Das Ende. Kampf bis in den Untergang–NS-Deutschland 1944/45, München 2011

Kershaw, Ian: Höllensturz. Europa 1914 bis 1949, München 2016

Kershaw, Ian: Hitler, Bd. 1 1889–1936, Bd. 2 1936–1945, Stuttgart 1998/2000

Kolb, Eberhard: Der Frieden von Versailles, München 2011

Longerich, Peter (Hrsg.): Die Ermordung der europäischen Juden. Eine umfassende Dokumentation des Holocaust, München 1989

Longerich, Peter: Heinrich Himmler. Biographie, München 2008

Lukacs, John: Churchill und Hitler. Der Zweikampf. 10. Mai–31. Juli 1940, Stuttgart 1992

Montefiore, Simon Sebag: Stalin. Am Hof des roten Zaren, Frankfurt a.M. 2005

Müller, Rolf-Dieter: Der Feind steht im Osten. Hitlers geheime Pläne für einen Krieg gegen die Sowjetunion im Jahr 1939, Berlin 2011

Nolte, Ernst: Die Weimarer Republik. Demokratie zwischen Lenin und Hitler, München 2006

O'Brien, Phillips: How the War was won. Air-Sea Power and Allied Victory in World War II, Cambridge 2015

Overy, Richard: Der Bombenkrieg: Europa 1939–1945, London 2014

Pahl, Magnus: Fremde Heere Ost. Hitlers militärische Feindaufklärung, Berlin 2012

Platthaus, Andreas: Der Krieg nach dem Krieg. Deutschland zwischen Revolution und Versailles, Berlin 2018

Quinkert, Babette: Deutsche Besatzung in der Sowjetunion 1941–1944. Vernichtungskrieg, Reaktionen, Erinnerung, Paderborn 2014

Reuth, Ralf Georg: Entscheidung im Mittelmeer. Die südliche Peripherie Europas in der deutschen Strategie des Zweiten Weltkrieges 1940–1942, Koblenz 1985

Reuth, Ralf Georg: Goebbels, München/Zürich 1990

Reuth, Ralf Georg: Hitler. Eine politische Biographie, München 2003

Reuth, Ralf Georg: Hitlers Judenhass, Klischee und Wirklichkeit, München/Zürich 2009

Reuth, Ralf Georg: Rommel. Das Ende einer Legende, München/Zürich 2004

Richter, Heinz A.: Operation Merkur. Die Eroberung der Insel Kreta im Mai 1941, Mainz 2011

Rindl, Peter: Der internationale Kommun-ismus, München 1961

Römer, Felix: Der Kommissarbefehl. Wehrmacht und NS-Verbrechen an der Ostfront 1941/42, Paderborn/München/Wien/Zürich 2008

Rohwer, Jürgen; Hümmelchen, Gerhard: Chronik des Seekrieges 1939–1945, Herrsching 1991

Rotte, Ralph: Die Außen- und Friedenspolitik des Heiligen Stuhls: Eine Einführung, Wiesbaden 2014

Salewski, Michael: Die deutsche Seekriegs-leitung, 2 Bände, Frankfurt a.M. 1970 u. 1975

Scherer, Klaus: Nagasaki. Der Mythos der entscheidenden Bombe, Berlin 2015

Schwarzmüller, Theo: Zwischen Kaiser und Führer. Generalfeldmarschall August von Mackensen. Eine politische Biographie, Paderborn 1995

Seidler, Fritz W.: Deutscher Volkssturm. Das letzte Aufgebot 1944/45, München/Berlin 1989

Stargardt, Nicolas: Der deutsche Krieg: 1939–1945, Frankfurt a.M. 2015

Süß, Dietmar: Tod aus der Luft. Kriegsgesellschaft und Luftkrieg in Deutschland und England, München 2011

Töppel, Roman: Kursk 1943. Die größte Schlacht des Zweiten Weltkriegs, Paderborn 2017

Überschär, Gerd R.: Der deutsche Angriff auf die Sowjetunion 1941, Darmstadt 1998

Urban, Tobias: Katyn 1940. Geschichte eines Verbrechens, München 2015

Weber, Thomas: Wie Adolf Hitler zum Nazi wurde: Vom unpolitischen Soldaten zum Autor von «Mein Kampf», Berlin 2016

Weinberg, Gerhard L.: Eine Welt in Waffen. Die globale Geschichte des Zweiten Weltkrieges, Stuttgart 1995

Wenzel, Otto: 1923. Die Geschichte der deutschen Oktoberrevolution, Münster 2003

Westemeier, Jens: Himmlers Krieger. Joachim Peiper und die Waffen-SS in Krieg und Nachkriegszeit, Paderborn 2012

Winkler, Heinrich August: Geschichte des Westens. Die Zeit der Weltkriege 1914–1945, München 2011

Wörner, Hansjörg: Rassenwahn-Entrechtung-Mord. In: Zeitgeschehen. Erlebte Geschichte-Lebendige Politik, hrsg. v. Elmar Krautkrämer u. Paul-Ludwig Weinacht, Freiburg i.Br. 1981

地名索引

（索引中页码为外文原著页码，即本书边码）

Aachen 亚琛 312f.
Agram (Zagreb) 阿格拉姆（萨格勒布）143
Alexandria 亚历山大 143, 150, 199, 211
Andamanen (Inselgruppe) 安达曼群岛 203
Ankara 安卡拉 270f.
Antwerpen 安特卫普 312, 315f.
Apenninen-Halbinsel 亚平宁半岛 260f.
Archangelsk 阿尔汉格尔斯克 158, 173, 208f., 246
Arnheim 阿纳姆 312f.
Athen 雅典 144
Augsburg 奥格斯堡 151
Avranches 阿夫朗什 296
Bad Nauheim 巴特瑙海姆 317
Bagdad 巴格达 148f.
Baku 巴库 200, 223
Bardia 巴比迪亚 140
Bartenstein 巴尔滕施泰因 311
Basel 巴塞尔 88
Basra 巴士拉 200f.
Bastogne 巴斯托涅 317
Belgorod 别尔哥罗德 247
Belzec 贝尔赛克 220
Benghasi 班加西 141, 198f., 226
Berchtesgaden 贝希特斯加登 149, 287, 341
Bergen 卑尔根 98, 103
Berlin 柏林 16f., 22, 25, 31, 33, 36, 41f., 48, 64, 67f., 83, 86, 101, 115, 126, 131, 135f., 145, 149, 153f., 161, 165, 182, 188, 206, 218, 232f., 251, 288, 290, 292f., 297, 300, 305, 312, 316, 322f., 330, 337-342, 344, 350, 352, 357f.
Bern 伯尔尼 334
Białystok 比亚韦斯托克 293
Birmingham 伯明翰 75
Bizerta 比塞大 227
Bobruisk 博布鲁伊斯克 287
Bordeaux 波尔多 111
Borneo (Insel) 婆罗洲（岛屿）363
Bornholm (Insel) 博恩霍姆 350
Borrisow 鲍里索夫 240
Braunau 布劳瑙 66
Braunschweig 不伦瑞克 273
Bremervörde 不来梅福尔德 347
Brenner 布伦纳 132
Breskens 布雷斯肯斯 312
Breslau 布雷斯劳 300, 322f., 331, 343
Brest-Litowsk (heute Brest) 布雷斯特－立陶夫斯克（今布雷斯特）91, 198
Brindisi 布林迪西 261
Brjansk 布良斯克 181f., 214
Bucht von Scapaflow 斯卡帕湾 23, 101
Budapest 布达佩斯 142, 297, 314
Bukarest 布加勒斯特 142
Cambridge 剑桥 305
Cannes 戛纳 296
Casablanca 卡萨布兰卡 129, 226, 233f., 243f., 250, 257, 273, 290
Ceylon 锡兰 203
Charkow 哈尔科夫 181, 213, 247

Chemnitz 开姆尼茨 322
Chicago (Illinois) 芝加哥（伊利诺斯州）76, 306
Cholm 霍尔姆 193, 230
Cold Bay(Alaska) 科尔德湾（又译冷湾，阿拉斯加州）363
Compiègne 贡比涅 16, 20, 25, 104, 111f.
Coucy 库希 118
Coventry 考文垂 126
Cyrenaika 昔兰尼加 198, 200, 207, 210
Dakar 达喀尔 129, 133
Danzig 但泽 22, 36, 54, 78, 81, 83, 86, 320f., 359
Delhi 德里 204
Demmin 德明 352
Demjansk 德米扬斯克 193, 230, 247
Derna 德尔纳 211
Desna 杰斯纳河 262
Dieppe 迪耶普 218
Dnjepr 第聂伯河 163, 262
Don 顿河 202, 214, 223, 228f., 240
Donez 顿涅茨克 181, 213
Donezbecken 顿涅茨克盆地 169, 209, 247, 262
Dongo 栋戈 344
Dortmund 多特蒙德 258
Dover 多佛 124, 282
Dresden 德累斯顿 322-324
Dubno 杜布诺 240
Düna 杜纳河 163
Dungavel House 邓盖夫尔庄园 151
Dünkirchen 敦刻尔克 106-108, 110, 226
Eindhoven 艾恩德霍芬（又译埃因霍温）312
Eisenach 艾森纳赫 300
El Agheila 阿格海拉 141, 198
El-Alamein 阿拉曼 312
Elbe 易北河 337, 340f., 349, 354
Elbeuf 埃尔伯夫 296

Elbing 埃尔宾 320
Erfurt 埃尔富特 337
Essen 埃森 258
Evian 埃维昂 73, 115
Eydtkuhnen 艾德考 311
Falaise 法莱斯 296
Falmouth 法尔茅斯 118
Fano 法诺 296
Farm Hall 农庄园 305
Feltre 费尔特雷 259
Flensburg 弗伦斯堡 347f., 352
Florenz 佛罗伦萨 134
Fort Bir Hacheim 比尔哈凯姆要塞 210
Frankfurt/Oder 法兰克福（奥得河畔）320
Gardasee 加尔达湖 261
Gardelegen 格德林根 333
Gibraltar 直布罗陀 128f., 133, 138f., 256
Gironde 吉伦特河 282
Glasgow 格拉斯哥 151
Gnesen 格涅兹诺 320
Gołdap 戈乌达普 311
Golf von Salerno 萨莱诺海港 261
Görlitz 格尔利茨 300
Grosni 格罗兹尼 223
Große Syrte 锡尔特湾 199
Grotkau (Kriegsgefangenenlager) 格罗特考（战俘营）354
Guam 关岛 196, 363
Guatalcanal 瓜达尔卡纳尔 213
Guernica 格尔尼卡 61
Gusen 古森 307
Haigerloch 海格尔洛 305
Halberstadt 哈尔伯施塔特 273
Halle 哈勒 322
Hamburg 汉堡 33, 258

Hanford (Washington) 汉福德（华盛顿州）306
Hankow 汉口 326
Hannover 汉诺威 269, 322
Hastings 海斯廷斯 282
Havel 哈韦尔河 340
Hawaii 夏威夷 189, 191, 203
Hela 赫拉半岛 350
Helmstedt 黑尔姆施泰特 300
Helsinki 赫尔辛基 98
Hendaye 昂代伊 132
Hildesheim 希尔德斯海姆 332
Hiroshima 广岛 7, 365-367
Hongkong 香港 188, 196
Ilmensee 伊尔门湖 193
Imphal 英帕尔城 325
Inn 因河 66
Isthmus von Korinth 科林斯地峡 144
Istra 伊斯特拉 184
Iwojima 硫磺岛 361
Jalta 雅尔塔 322f., 325f., 328, 331, 336, 338, 349, 356
Java 爪哇岛 200
Kahla 卡拉 307
Kairo 开罗 211, 266-268, 274
Kalatsch 卡拉奇 223, 228
Kalinin 加里宁 193
Kamenez-Podolski 卡缅涅茨-波多利斯基 179
Kandalaschka 坎达拉克沙 216
Kanton 广东 326
Kap Canaveral 卡拉维拉尔角 304
Kap Matapan 马塔潘角 143
Karlshorst 卡尔斯霍斯特 350
Karlsruhe 卡尔斯鲁厄 322
Karpaten 喀尔巴阡山脉 274, 319
Katyn 卡廷 92, 255
Kaukasus 高加索 169, 195, 200-202, 213, 215f., 223f., 247
Kaunas 考纳斯 185
Kielce 凯尔采 88f.
Kiew 基辅 161, 169, 179f.
Klessheim bei Salzburg 克莱斯海姆（萨尔茨堡）249, 274
Klin 克林 184
Koblenz 科布伦茨 322
Kock 科克 89
Kokura 小仓市 367
Köln 科隆 257, 331
Königgrätz 柯尼希格雷茨 182
Königsberg 柯尼斯堡 299, 319, 331, 335, 359
Korsika 科西嘉岛 227, 263
Krakau 克拉考 89, 94
Krasnogorsk 克拉斯诺戈尔斯克 252
Kreta 克里特岛 134, 138, 144, 146-148, 198, 207
Krim 克里米亚 169, 213, 287, 323, 329
Kristiansund 克里斯蒂安松 103
Kronstadt 喀琅施塔得 162
Kuibyschew 古比雪夫 182
Kulmhof 海乌姆诺集中营（又译库尔姆集中营）221f.
Kurilen 千岛群岛 326f., 367
Kursk 库尔斯克 181, 214, 247, 250, 256
Küstrin 屈斯特林 339
KZ Auschwitz-Birkenau 奥斯维辛-比尔克瑙集中营 221f., 276, 278, 332
KZ Buchenwald 布痕瓦尔德集中营 307
KZ Mitelbau-Dora 米特堡-朵拉集中营 307, 333, 338
KZ Ravensbrück 拉文斯布吕克集中营 334
La Roche Guyon 拉罗什吉永 272, 288
La Rochelle 拉罗歇尔 316
La Spezia 拉斯佩齐亚 261

地名索引

Ladogasee 拉多加湖 202
Lamsdorf (Kriegsgefangenenlager) 拉姆斯多夫（战俘营）354
Landsberg 兰茨贝格 10, 149f.
Laon 拉昂 110
Leipzig 莱比锡 322, 337
Lemberg 利沃夫 92, 164
Leningrad 列宁格勒 162f., 169, 180, 202, 216, 224, 247, 262, 271
Leyte 莱特岛 326
Linz 林茨 66f.
Lissabon 里斯本 150
Livny 利夫内 193
Locarno 洛迦诺 35-37, 55
Lodz 罗兹 94
London 伦敦 11, 21, 47, 53f., 56, 59, 62, 64, 66, 68f., 76f., 81, 83f., 95, 97f., 114, 116-118, 126f., 131, 133, 142, 149, 151, 153, 155, 161-163, 168, 202f., 205, 254, 266, 268, 278, 282, 286, 297, 300, 303, 328, 336, 342, 357
Los Alamos (New Mexico) 洛斯阿拉莫斯（新墨西哥州）306
Lübeck 吕贝克 257, 300
Lublin 卢布林 89, 94, 256, 300, 328, 336, 355
Lüneburg 吕讷堡 347
Lüttich 列日 105
Lyme Regis 莱姆里杰斯 124
Maas 马斯河 106, 315, 317
Madrid 马德里 59, 131, 139
Magdeburg 马格德堡 273, 322
Maikop 迈科普 223f.
Mailand 米兰 63, 249, 344
Majdanek 马伊达内克 221f.
Manila 马尼拉 326
Margival 马吉瓦尔 287

Marne 马恩河 110f.
Marsah Matruk 马萨马特鲁克 212
Mauthausen (KZ) 毛特豪森（集中营）307
Memel 梅梅尔 319
Merseburg 梅泽堡 273
Mers-el-Kébir 米尔斯克比尔港 113, 118, 226
Midwayinseln 中途岛 213
Mindanao 棉兰老岛 363
Minsk 明斯克 176, 185
Mogilew 莫基廖夫 287
Monowitz 莫诺维茨 278
Monte Cassino 蒙特卡西诺 261
Montevideo 蒙得维的亚 70
Montoire-sur-le-Loir 卢瓦尔河畔蒙图瓦尔 132-134
Mosel 摩泽尔 312
Moskau 莫斯科 19, 29, 32f., 35, 41f., 52, 55, 59, 61, 75, 78f., 89-92, 98, 121, 131, 135, 142, 153, 156, 160-163, 169, 172, 180-184, 188, 215, 218, 224, 233, 235, 242, 252, 254-256, 265, 269, 299, 310, 315, 317, 330f., 336, 353f., 356, 362, 364
Mossul 摩苏尔 149
München 慕尼黑 10, 19, 25, 28, 30, 34, 69-71, 81, 101, 182, 226, 277, 322, 341, 343
Münzingen 明辛根 310
Murmansk 摩尔曼斯克 173, 202, 208f., 216f., 246
Mzensk 姆岑斯克 193
Nagasaki 长崎 7, 367
Nagoya 名古屋 363
Nangjing 南京 76f., 266
Narva 纳尔瓦 271
Narvik 纳尔维克 98, 103
Narew 纳雷夫河 80
Neapel 那布勒斯 261, 287
Neiße 尼斯河 300, 323, 329, 338f., 354, 358f.
Nemmersdorf 内莫斯多夫 311

New York 纽约 37, 198, 336

Nil 尼罗河 206, 210

Nimwegen 奈梅亨 313

Nomonhan 诺门罕 131

Nordhausen 诺德豪森 307, 338

Norfolk 诺福克郡 198

Nürnberg 纽伦堡 88, 95, 258, 287, 322, 332, 335

Oak Ridge 橡树岭 306

Oberammergau 奥伯阿默尔高 307

Oder 奥得河 269, 300, 329, 338f., 354, 358f.

Okinawa 冲绳 326, 361

Omaha-Beach 奥马哈海滩 285

Omsk 鄂木斯克 166

Oradour 奥拉杜尔 286

Oran 奥兰 226

Orel 奥廖尔 181

Orne 奥恩河 284, 287

Orscha 奥尔沙 287

Osaka 大阪 363

Oschersleben 奥舍斯莱本 273

Oslo 奥斯陆 98, 102

Ostaschkow 奥斯塔什科夫 193

Ostrow 奥斯特罗夫 271

Paderborn 帕德博恩 332

Paris 巴黎 20, 32, 36f., 47, 55, 59, 66, 68, 72, 79, 81, 95, 98, 111, 284, 288, 292, 296

Pas de Calais (Meerenge) 加莱海峡 272f., 282f.

Pearl Harbor 珍珠港 187, 189-191

Peenemünde 佩内明德 304

Peipussee 楚德湖 271

Pesaro 佩萨罗 296

Petsamo 佩特萨莫 218

Pfalzburg 普法尔茨堡 318

Pforzheim 普福尔茨海姆 331

Pillau 皮拉乌 320

Pilsen 比尔森 338

Pissa 皮萨河 80

Pleskau 普斯科夫 271

Ploesti 普洛耶什蒂 121, 139

Plön 普伦 340, 346

Plymouth 普利茅斯 118

Po 波河 335

Port Arthur 旅顺港 327

Port Darwin 达尔文港 200

Port Moresby 莫尔兹比港 203

Portsmouth 朴茨茅斯 118

Posen 波森 177, 320

Potsdam 波茨坦 44, 339, 341, 357-359, 361, 363-365

Prag 布拉格 76, 78, 84, 338

Pripjet 普里普耶 176

Pruth 普鲁特河 274

Punta Stilo 庞塔斯提洛 127

Quebec 魁北克 264, 300

Radom 拉多姆 94

Rangun 仰光 363

Rapallo 拉巴洛 32, 36, 52

Rastenburg 拉斯滕堡 258, 261, 263, 292

Ratibor (polnisch: Racibórz) 拉蒂博尔（波兰的拉齐布日）323

Regensburg 雷根斯堡 258

Reims 兰斯 348f.

Remagen 雷马根 331f.

Remscheid 雷姆沙伊德 258

Rhein 莱茵河 20, 23, 312, 314, 318, 331, 337

Rheinsberg 莱茵斯贝格 340

Riga 里加 185, 296

Rimini 里米尼 296

Rjukan 尤坎 305f.

Rom 罗马 51, 62, 114f., 138, 141, 145, 188, 205, 221, 260f., 287, 296

Romney 罗姆内 282
Rostow 罗斯托夫 247
Rouen 鲁昂 296
Ruhr 鲁尔河 337
Rur 鲁尔河 313
Saar 萨尔 312
Saint-Germain 圣日耳曼 21, 30
Saint-Nazaire 圣纳泽尔 316
Saint-Vith 圣维特 317
Saipan 塞班岛 326, 363
Salo 萨洛 261
Saloniki 塞萨洛尼基（又译萨洛尼卡）144
Salzburg 萨尔茨堡 207
Sanfrancisco 旧金山 328, 347, 355
San 桑河 80, 88
Sandomierz 桑多梅日 89
Sandwich 桑德威奇 282
Sankt Petersburg 圣彼得堡 33
Savannah River 萨凡纳河 306
Schelde 斯海尔德河 312
Schitomir 日托米尔 179
Schweinfurt 施魏因富特 258
Sedan 色当 106
Seine 塞纳河 110, 296
Sereth 锡雷特河 274
Sewastopol 塞瓦斯托波尔 213, 228
Shanghai 上海 76
Shefeld 谢菲尔德 126
Sidi Barani 西迪·巴拉尼 212
Sieg 锡格 337
Sigmaringen 锡格马林根 317f.
Sizilien 西西里亚 146, 198, 259, 263f.
Smolensk 斯摩棱斯克 168f., 181, 255
Sobibor 索比堡 220-222
Soissons 苏瓦松 287

Southampton 南安普敦 126
St. Georgen (bei Gusen) 圣·格奥尔根（位于古森附近）307
Stalingrad 斯大林格勒 216, 223, 225, 228f., 231f., 235, 237, 239, 241, 243, 247, 252, 258, 266
Stallupönen (russisch:Nesterow) 斯塔卢佩年（俄译：涅斯捷罗夫）311
Stetin 什切青 300, 352
Stockholm 斯德哥尔摩 97f., 233, 251, 263, 290, 308-310
Stresa 斯特雷萨 55
Suchumi 苏呼米 224
Sues 苏伊士 138, 146, 201f.
Sues-Kanal 苏伊士运河 113, 128, 139, 200, 206
Swinemünde 斯维内明德 359
Tannenberg 坦能堡 122
Tarent 塔兰托 138, 261
Teheran 德黑兰 266-268, 270, 299, 327
Theresienstadt 特勒西亚城（今泰雷津）177
Thorn 托伦 320
Tichwin 季赫温 193
Tilsit 提尔西特 218
Tim 季姆 193
Tinian 天宁岛 360, 363, 365
Tobruk 托布鲁克 141, 146, 198f., 207, 210f., 226
Tokio 东京 63f., 77, 82, 130f., 166f., 184, 188f., 204, 266f., 326, 361-365, 367
Torgau 托尔高 340
Toulon 土伦 113, 227, 296
Treblinka 特雷布林卡 220
Tripolis 的黎波里 141f., 144, 226, 228
Tröglitz 特罗格利茨 273
Trondheim 特隆赫姆 208
Tula 图拉 193
Tunis 突尼斯 227

Turin 都灵 249
Ufa 乌法 182
Ulm 乌尔姆 294
Ural 乌拉尔山脉 165
Verdun 凡尔登 111, 133
Versailles 凡尔赛 21, 23-25, 27, 29-32, 35-38, 41, 43, 49f., 53f., 67, 75, 80, 93, 98, 105, 112, 143, 192, 291, 302
Vichy 维希 115f., 132f., 139f., 149, 227
Vossenack 福森纳克 313
Wake 威克岛 196
Palm Springs (Georgia) 棕榈泉（佐治亚州）336
Warschau 华沙 37, 72, 83, 88-90, 93, 239, 297-299, 328, 358
Washington, D.C. 华盛顿特区 77, 105, 118, 152f., 161, 166-168, 172, 188, 191, 195, 218, 227, 244, 250, 253f., 266, 278, 291, 300f., 327f., 330, 336, 356f., 363, 365
Weichsel 维斯瓦河 80, 88, 297f., 320
Weimar 魏玛 15, 18, 26, 41, 67
Werra 韦拉河 337
Wien 维也纳 22, 66f., 72, 182, 338
Witebsk 维捷布斯克 287
Wjasma 维亚济马 181f.
Wladiwostok 符拉迪沃斯托克 246
Wolchow 沃尔霍夫河 193
Wolga 伏尔加河 158, 182, 202, 215f., 223, 231, 235, 243
Wolhynien 沃里尼亚 271
Wuppertal 伍珀塔尔 258
Würzburg 维尔茨堡 332
Yokohama 横滨 131
Zabern 扎本 318

人名索引

（索引中页码为外文原著页码，即本书边码）

al-Gailani, Rashid Ali 拉希德·阿里·盖拉尼 148f., 205

al-Husseini, Amin 阿明·阿尔-侯赛尼 205

Anderson, Ivan 伊瓦尔·安德森 290

Antonescu, Ion 扬·安东内斯库 274f., 297

Arnim, Hans-Jürgen von 汉斯-尤尔根·冯·阿尼姆 228, 249

Atlee, Clement 克莱门特·艾德礼 358, 367

Auchinleck, Claude 克劳德·奥金莱克 147

Bach-Zelewski, Erich von dem 埃里希·冯·登·巴赫-热勒维斯基 297f.

Badoglio, Pietro 彼得罗·巴多格利奥 113, 260-262

Baldwin, Stanley 斯坦利·鲍德温 56, 64

Bandera, Stephan 斯捷潘·潘德拉 161

Beck, Ludwig 路德维希·贝克 68, 240f., 288, 291, 293

Bell, George, Bischof von Chichester 乔治·贝尔（奇切斯特主教）290

Beneš, Edvard 爱德华·贝奈斯 69, 75, 354

Bernadote, Folke Graf 福尔克·贝纳多特伯爵 333f.

Bidault, Georges 乔治·皮杜尔 318

Bierut, Bolesław 波莱斯瓦夫·贝鲁特 329

Bismarck, Oto von 奥托·冯·俾斯麦 44

Blomberg, Werner von 韦尔纳·冯·布隆贝格 49, 65f.

Blum, Leon 莱昂·勃鲁姆 59

Bock, Fedor von 费多尔·冯·博克 106, 181, 184, 215

Bonaparte, Napoleon 拿破仑·波拿巴 194, 253

Bonhoeffer, Dietrich 迪特里希·朋霍费尔 290

Boris III., Zar von Bulgarien 鲍里斯三世，保加利亚国王 221, 274f.

Bormann, Martin 马丁·鲍曼 158, 311, 322f., 340, 344

Bose, Chandra 钱德拉·博斯 203, 267

Brauchitsch, Walter von 瓦尔特·冯·布劳希奇 66, 87, 101, 137, 168f., 194

Braun, Eva (zuletzt Eva Hitler) 埃娃·布劳恩（后称埃娃·希特勒）344

Briand, Aristide 阿里斯蒂德·白里安 36

Brinons, Ferdinand de 斐迪南德·布里农 317

Brüning, Heinrich 海因里希·布吕宁 38, 42

Bucharin, Nikolai Iwanowitsch 尼古拉·伊万诺维奇·布哈林 68

Burckhardt, Carl Jacob 卡尔·雅各布·布尔克哈特 81, 277

Bussche, Axel von dem 阿克塞尔·冯·德姆·布舍 240

Byrnes, James F. 詹姆斯·弗朗西斯·贝尔纳斯 358

Canaris, Wilhelm 威廉·卡纳里斯 293

Chamberlain, Neville 尼维尔·张伯伦 46, 69, 75f., 78, 83, 96, 150

Choltitz, Dietrich von 迪特里希·冯·肖尔蒂茨 296

Christian X., König von Dänemark 克里斯蒂安十世，丹麦国王 102

Chruschtschow, Nikita 尼基塔·赫鲁晓夫 92, 120

Chuichi, Nagumo 南云忠一 189-191

Churchill, Winston 温斯顿·丘吉尔 78, 97, 110f.,

116, 118f., 121, 125-127, 143, 147, 149-153, 155, 162, 167, 171f., 178, 195f., 201, 203-206, 217f., 233, 243f., 250f., 254f., 257, 259, 264, 266-270, 290, 297-300, 302-304, 309, 322-324, 330, 336f., 345, 354-360, 362, 365
Ciano, Galeazzo Graf 加莱阿佐·齐亚诺伯爵 62f., 229, 233
Clausen, Frits 弗里茨·克劳森 58
Clemenceau, Georges 乔治·克雷蒙梭 22, 302
Cripps, Richard S. 理查德·克里普斯 203
Daladier, Édouard 爱德华·达拉第 59, 69, 83, 98
Darlan, François 弗朗索瓦·达尔朗 149, 227
de Gaulle, Charles 夏尔·戴高乐 106, 116, 279, 296, 317f.
Degrelles, Léon 莱昂·德格勒尔 58
Delp, Alfred 阿尔弗雷德·德尔普 236, 293
Dietl, Eduard 爱德华·迪特尔 103
Dietrich, Sepp 塞普·迪特里希 335
Dimitro□, Georgi 格奥尔基·季米特洛夫 89, 352
Dohna-Schlobiten, Heinrich Graf zu 海因里希·格拉夫·多纳—施洛比滕伯爵 230
Dönitz, Karl 卡尔·邓尼茨 100, 178, 197, 208, 245, 343f., 346-348, 350, 352f.
Doriot, Jacques 雅克·多利奥特 58, 317
Douglas-Hamilton, Angus 安格斯·道格拉斯-汉密尔顿 150f.
Drexler, Anton 安东·德雷克斯勒 27
Dschugaschwili, Jakow 雅科夫·朱加什维利 171
Dulles, Allan 艾伦·杜勒斯 334, 336
Ebert, Friedrich 弗里德里希·艾伯特 17f.
Eckart, Dietrich 迪特里希·埃卡特 28
Eden, Anthony 安东尼·艾登 155, 162, 218, 253f., 268, 278f., 359
Ehrenburg, Ilja 伊利亚·爱伦堡 315, 320, 351
Eichmann, Adolf 阿道夫·艾希曼 72, 115, 178f.,

185, 219, 276
Einstein, Albert 阿尔伯特·爱因斯坦 305
Eisenhower, Dwight 德怀特·艾森豪威尔 D. 226f., 264, 301, 312f., 334, 337-339, 348f., 353, 360
Eisner, Kurt 库尔特·埃斯纳 27
Elisabeth, Zarin 伊丽莎白, 俄国女沙皇 338
Elser, Georg 格奥尔格·埃尔泽 101, 295
Emerson, Ralph Waldo 拉尔夫·沃尔多·爱默生 265
Engel, Gerhard 格哈德·恩格尔 136f., 224f.
Erzberger, Mathias 马蒂亚斯·埃尔茨贝格尔 16, 112
Fahrner, Rudolf 鲁道夫·法尔纳 291
Faruq I., König von Ägypten und des Sudan 法鲁克一世, 埃及和苏丹国王 148, 206
Feder, Gottfried 戈特弗里德·费德尔 27f.
Fegelein, Hermann 赫尔曼·菲格莱因 176, 342
Felmy, Hellmuth 赫尔穆特·费尔米 149
Fermi, Enrico 恩利克·费米 306
Ford, Henry 亨利·福特 26, 77
Franco, Francisco 弗朗西斯科·佛朗哥 58, 115, 132-135, 180
Freisler, Roland 罗兰·弗莱斯勒 357
Freyberg, Bernard 伯纳德·弗赖伯格 147
Friedeburg, Hans-Georg von 汉斯-格奥尔格·冯·弗里德堡 348f.
Friedrich II. «der Große», König von Preußen 腓特烈大帝, 普鲁士国王 44, 316, 338, 344
Fritsch, Werner von 维尔纳·冯·弗里奇 65
Fromm, friedrich 293f. 弗里德里希·弗洛姆
Galland, Adolf 阿道夫·加兰特 258
Gamelin, Maurice Gustave 莫里斯·居斯塔夫·甘末林 106
Gandhi, Mohandas (genannt Mahatma Gandhi) 莫罕达斯·甘地 203f.
Gehlen, Reinhard 莱茵哈德·盖伦 242

George, David Lloyd 劳合·乔治 21f., 57, 150
Giesler, Paul 保罗·吉斯勒 343
Giraud, Henri 亨利·吉罗 227
Gisevius, Bernd 贝恩德·吉斯维乌斯 290
Goebbels, Joseph 约瑟夫·戈培尔 41, 48, 65, 105, 115, 118, 156f., 174, 177f., 180, 185, 219, 225, 231, 236-239, 243, 247, 255, 263, 272, 295, 302f., 309, 311, 316, 319f., 339-345, 347
Goerdeler, Carl Friedrich 卡尔·弗利德里希·戈尔德勒 240f., 291f.
Gorbatschow, Michail Sergejewitsch 米哈伊·谢尔盖耶维奇·戈尔巴乔夫 151
Göring, Hermann 赫尔曼·戈林 60, 65f., 84, 89, 107, 118, 125f., 144, 199, 228, 231, 258, 273, 314, 340f., 343
Grey, Edward 爱德华·葛雷 8
Groener, Wilhelm 威廉·格勒纳 17
Groves, Leslie R. 莱斯利·理查德·格劳维斯 306
Grynszpan, Herszel 赫舍·格林斯潘 72
Guderian, Heinz 海因茨·古德里安 91, 257, 311, 314
Gyptner, Richard 里夏德·居普特纳 352
Hacha, Emil 埃米尔·哈查 75
Haeften, Hans Bernd von 汉斯·伯恩德·冯·海夫滕 293
Haakon VII., König von Norwegen 哈康七世，挪威国王 102
Halder, Franz 弗兰茨·哈尔德 97, 101, 106f., 124, 137, 146, 158, 163, 168f., 181, 183, 197, 215, 225
Hanke, Karl 卡尔·汉克 343
Harrer, Karl 卡尔·哈勒尔 27
Harriman, Averell 埃夫里尔·哈里曼 299, 330
Harris, Arthur 亚瑟·哈里斯 257, 322
Hassell, Ulrich von 乌尔里希·冯·哈塞尔 289
Haushofer, Albrecht 阿尔布雷希特·豪斯霍费尔 150
Haushofer, Karl 卡尔·豪斯霍费尔 64, 150

Heinrich I., Kaiser 海因里希一世，德意志皇帝 71
Heisenberg, Werner 韦尔纳·海森堡 304f.
Hemingway, Ernest 欧内斯特·海明威 285
Henderson, Nevile 内维尔·汉德逊 84, 87
Henrici, Gothard 哥特哈德·亨利希 86, 93
Heß, Rudolf 鲁道夫·赫斯 149-153
Heusinger, Adolf 阿道夫·豪辛格 292
Heydrich, Reinhard 赖因哈德·海德里希 115, 164, 175f., 178f., 195
Hideki, Tojo 东条英机 188, 266f., 326
Himmler, Heinrich 海因利希·希姆莱 71, 115, 159, 161, 163f., 175-177, 179, 205, 219, 222, 235, 239, 251, 293, 295, 297, 307, 309-311, 318, 320, 333f., 341, 343, 347
Hindenburg, Paul von 鲍尔·冯·兴登堡 15, 35, 43f., 47, 50
Hirohito, Kaiser von Japan 裕仁，日本天皇 367
Hiroshi, Oshima 大岛浩 165f., 188
Hitler, Adolf 阿道夫·希特勒 8-13, 15, 18f., 26-31, 33f., 37, 39-91, 93-99, 101-116, 118-144, 146-151, 153, 155-175, 177-180, 182-188, 191-195, 198, 201-216, 218f., 221-236, 238-243, 248-250, 252, 255-266, 269-272, 274-277, 281f., 284-288, 291-296, 298, 302f., 305, 308-310, 312-322, 331-333, 335, 338-347, 351, 354, 359
Hlond, August Kardinal 奥古斯特·贺龙德，红衣主教 94
Hoare, Samuel 塞缪尔·霍尔 56, 150
Hofacker, Caesar von 凯撒·冯·霍法克尔 288, 291-294, 319
Hopkins, Harry 哈里·霍普金斯 172, 325, 356
Hoeppner, Erich 埃里希·霍普纳 293
Horthy, Miklós 霍尔蒂·米克洛什 144, 221, 275f., 297
Höß, Rudolf 鲁道夫·赫斯 222

Hoßbach, Friedrich 弗利德里希·霍斯巴赫 65f.
Hull, Cordell 科德尔·赫尔 253f., 268f., 301f.
Huntziger, Charles 查尔斯·亨茨盖 112
Isokuro, Yamamoto 山本五十六 189, 203
Jelzin, Boris 鲍里斯·叶利钦 255
Jodl, Alfred 阿尔弗雷德·约德尔 66, 102, 108, 128, 182, 287, 292, 340, 347-349, 353
Jo□e, Adolf 越飞 31
Kaltenbrunner, Ernst 恩斯特·卡尔滕布伦纳 309
Kamenev, Lew Borissowitsch 列夫·波里索维奇·加米涅夫 68
Kammler, Hans 汉斯·卡姆勒 307
Kantarō, Suzuki 铃木贯太郎 365
Kapp, Wolfgang 沃尔夫冈·卡普 26
Keitel, Wilhelm 威廉·凯特尔 66, 88, 95, 111f., 168, 187, 195, 292, 311, 340, 347, 349f., 353
Kempf, Werner 维尔纳·肯普夫 256
Kennedy, Joseph 约瑟夫·肯尼迪 77
Kersten, Fritz 弗里茨·凯斯滕 333f.
Kesselring, Albert 阿尔伯特·凯塞林 211f., 227
Kessler, Harry Graf 哈利·凯斯勒伯爵 20
Keynes, John Maynard 约翰·梅纳德·凯恩斯 24
Kichisaburō, Nomura 野村吉三郎 82, 200
Kiichiro, Hiranuma 平沼骐一郎 82
Kleist, Peter 彼得·克莱斯特 233, 251
Klopper, Hendrik 亨德里克·克洛普 210
Kluge, Günther von 君特·冯·克鲁格 240, 256, 294, 296
Koch, Erich 埃里希·科赫 311
Komorowski, Tadeusz 塔德乌什·科莫罗夫斯基 297
Konoefumimaro 近卫文麿 130, 166
Konew, Iwan 伊万·科涅夫 339
König Emanuel III., Viktor 维克托·埃曼努埃尔三世, 意大利国王 259f.
Krebs, Albert 阿尔伯特·克雷卜斯 40

Küchler, Georg von 格奥尔格·冯·屈希勒尔 216
Kuniaki, Koiso 小矶国昭 326, 363
Kvaternik, Slavko 斯拉夫科·库瓦特尼克 143f.
Kyrill, Prinz von Bulgarien 基里尔亲王，保加利亚摄政 274
Laborde, Jean de 让·拉博德 227
Langsdor□, Hans 汉斯·朗斯多夫 100
Lasch, Otto 奥托·拉施 335
Latre de Tassigny, Jean de 德·拉特尔·德·塔西尼 353
Laval, Pierre 皮埃尔·赖伐尔 132f., 140, 220, 226f.
Leber, Julius 朱力斯·雷贝尔 236, 291
Lenin, Wladimir Iljitsch 弗拉基米尔·伊里奇·列宁 17, 19, 91, 182
Leonhard, Wolfgang 沃尔夫冈·莱昂哈德 352
Leopold III., König von Belgien 列奥波德三世，比利时国王 97
Ley, Robert 罗伯特·莱伊 40
Liebknecht, Karl 卡尔·李卜克内西 17, 20
Lindbergh, Charles 查尔斯·林德伯格 77
Litwinow, Maxim 马克西姆·李维诺夫 162
Ludendor□, Erich 埃里希·鲁登道夫 15
Luther, Hans 汉斯·路德 35
Luxemburg, Rosa 罗莎·卢森堡 17, 20
Mackensen, August von 奥古斯特·冯·马肯森 87
Maiski, Iwan M. 伊万·迈斯基 155
Mann, Tomas 托马斯·曼 20
Mannerheim, Carl Gustaf 卡尔·古斯塔夫·曼纳海姆 97, 122
Manstein, Erich von 埃里希·冯·曼施坦因 104, 228, 240, 247, 256f., 262
Mao Tsetung 毛泽东 63, 364
Maron, Karl 卡尔·马龙 352
Marshall, George C. 乔治·马歇尔 117, 336
McArthur, Douglas 道格拉斯·麦克阿瑟 199,

人名索引 301

McCloy, James 詹姆斯·麦克洛伊 278
Meir, Golda 果尔达·梅厄 73
Mertz von Quirnheim, Albrecht Riter 阿尔布雷希特·里特·默茨 293
Mikołajczyk, Stanisław 斯坦尼斯拉夫·米科莱奇克 299f., 356
Milch, Erhard 艾尔哈德·米尔希 238, 258, 274, 305, 307
Mitsumasa, Yonai 米内光政 326
Molotow, Wjatscheslaw 维亚切斯拉夫·莫洛托夫 79, 94, 131, 135f., 143, 153, 217f., 254, 263, 268, 318, 362, 364f.
Moltke, Helmuth James Graf von 赫尔穆特·詹姆斯·冯·莫尔特克伯爵 236, 288, 293
Monckton, Walter 沃尔特·蒙克顿 290
Montgomery, Bernard 伯纳德·蒙哥马利 226, 312f., 337, 348f., 353
Morgenthau, Henry 亨利·摩根索 300, 302
Mosley, Oswald 奥斯瓦尔德·莫斯利 58, 110
Mountbaten, Louis 路易斯·蒙巴顿 325, 363
Murr, Wilhelm 威廉·穆尔 40
Mussolini, Benito 贝尼托·墨索里尼 51, 58, 62f., 69, 82f., 104, 113-115, 128, 132, 134f., 138f., 141-143, 199, 207, 211, 220, 228, 249, 259-261, 295, 336, 344
Naotake, Sato 佐藤尚武 364
Neurath, Konstantin von 康斯坦丁·冯·纽赖特 65f.
Nikolaus II., Zar des Russischen Reiches 尼古拉二世，俄罗斯沙皇 122
Nobuyuki, Abe 阿部信行 82
Olbricht, friedrich 弗利德里希·奥尔布利希特 292f.
Oppenheimer, Robert 罗伯特·奥本海默 306

Oster, Hans 汉斯·奥斯特 68
Papen, Franz von 弗朗茨·冯·帕彭 43
Pascha, Mustafa an-Nahhas 纳哈斯·帕沙 206
Paton, George S. 乔治·史密斯·巴顿 337
Paul, Prinz von Jugoslawien 保罗，南斯拉夫王子 142
Paulus, Friedrich 弗里德里希·保卢斯 223f., 228, 230f., 252
Pavolini, Alessandro 亚历山德罗·帕沃利尼 261
Petacci, Clara 克拉拉·贝塔西 344
Pétain, Philippe 菲利浦·贝当 111, 114, 133-135, 140, 149, 226f., 317
Peter II., König von Jugoslawien 彼得二世，南斯拉夫国王 142
Philby, Kim 金·菲尔比 153
Pieck, Wilhelm 威廉·皮克 252
Piłsudski, Józef Klemens 约瑟夫·克莱门斯·毕苏斯基 122
Pius XI., Papst 庇护十一世，教皇 62
Pius XII., Papst 庇护十二世，教皇 277f.
Pohl, Oswald 奥斯瓦尔德·波尔 333
Poincaré, Raymond 雷蒙·普恩加莱 32
Pound, Dudley 达德利·庞德 216
Prien, Günther 君特·普里恩 100f.
Quisling, Vidkun 维德孔·吉斯林 101-103
Rademacher, Franz 弗兰茨·拉德马赫 116
Raeder, Erich 埃里希·雷德尔 65, 98, 100-103, 129f., 140, 200f., 208f., 216, 245
Rahn, Rudolf 鲁道夫·拉恩 261
Rath, Ernst vom 恩斯特·冯·拉特 72
Rathenau, Walther 瓦尔特·拉特瑙 31
Reichenau, Walter von 瓦尔特·冯·赖谢瑙 49, 96, 170
Reichwein, Adolf 阿道夫·莱希怀因 236
Renaud, Paul 保罗·雷诺 98

Ribbentrop, Joachim von 约阿希姆·冯·里宾特洛甫 56, 63f., 66, 78f., 87, 115, 130f., 135, 154, 166, 188, 204f., 233, 242, 263, 276, 308, 310

Röhm, Ernst 恩特斯·罗姆 49

Rommel, Erwin 埃尔文·隆美尔 106, 124, 142, 144-146, 148, 198-200, 202, 206f., 210-212, 226, 228, 248f., 260, 272, 282-284, 287f., 294

Roosevelt, franklin D. 富兰克林·罗斯福 57, 76-78, 84, 97, 111, 116f., 135, 152, 167, 171-173, 178, 188, 191f., 195f., 210, 217f., 233, 235, 243f., 244, 250f., 253, 257, 264-270, 278, 280, 298-300, 302, 305, 323-328, 330, 336-339, 360, 362, 364

Rosenberg, Alfred 阿尔弗雷德·罗森堡 96, 157, 160, 185, 347

Rundstedt, Gerd von 格尔德·冯·伦德施泰特 106, 109, 219, 272, 282, 287, 294, 315f.

Rydz-Smidgly, Edward 爱德华·斯密格莱·利兹 88

Sakskoburggotski, Simeon Borissow 西美昂·鲍里索夫·萨克森-科堡-哥达 275

Sauckel, Fritz 弗里茨·绍克尔 307

Saundby, Sir Robert 罗伯特·桑德比勋爵 323

Scheidemann, Philipp 菲利普·谢德曼 16f., 19, 21, 24-26

Schellenberg, Walter 瓦尔特·舒伦堡 309

Schlabrendor□, Fabian von 法比安·冯·施拉布伦多夫 241

Schleicher, Kurt von 库尔特·冯·施莱歇 50, 68

Schmundt, Rudolf 鲁道夫·施蒙特 223

Scholl, Hans 汉斯·绍尔 236

Scholl, Sophie 索菲·绍尔 236

Schukow, Georgi K. 格奥尔吉·康斯坦丁诺维奇·朱可夫 154, 184, 339, 349, 352f.

Schulenburg, Friedrich-Werner Graf von der 弗里德里希·冯·德·舒伦堡伯爵 91, 142

Schwerin von Krosigk, Lutz Graf 鲁茨·什未林·冯·科洛希克伯爵 347

Shigemitsu, Mamoru 重光葵 266, 367

Sikorski, Wladyslaw 瓦迪斯瓦夫·西科尔斯基 89, 254-256

Simović, Dušan 杜桑·西莫维奇 142f.

Sinclair, Laurence 劳伦斯·辛克莱 323

Sinowjev, Grigori Jewsejewitsch 格里哥里·叶夫谢也维奇·季诺维也夫 19, 68

Smuts, Jan C. 扬·克里斯蒂安·史末资 24

Sorge, Richard 理杰德·佐尔格 184

Spaatz, Carl A. 卡尔·斯帕茨 257, 273, 365

Speer, Albert 阿尔伯特·施佩尔 48, 238, 273, 305f., 332, 347

Spengler, Oswald 奥斯瓦尔德·斯宾格勒 291

Stalin, Josef 约瑟夫·斯大林 10f., 13, 33, 36, 42, 47, 52f., 59, 78f., 81f., 89-92, 98, 119-121, 123, 131, 135f., 153-156, 159, 162, 171-173, 178, 182-184, 195, 202, 209, 217f., 232f., 235, 242-244, 246, 250-252, 255f., 264-270, 281, 297-300, 309, 317, 320-325, 327-330, 336-339, 342, 351-358, 360, 362, 364

Stau□enberg, Berthold Schenk Graf von 贝尔托德·申克·冯·施陶芬贝格 291f.

Stau□enberg, Claus Schenk Graf von 克劳斯·申克·冯·施陶芬贝格伯爵 240, 288, 291-293

Stets'ko, Jaríslav 贾里斯拉夫·斯特茨科 161

Stimson, Henry L. 亨利·刘易斯·史汀生 302

Strasser, Gregor 格雷戈·施特拉瑟 40, 49

Strasser, Oto 奥托·施特拉瑟 40

Streckenbach, Bruno 布鲁诺·施特雷肯巴赫 179

Streicher, Julius 尤利乌斯·施特莱歇 40

Stresemann, Gustav 古斯塔夫·施特雷泽曼 35-37

Stroop, Jürgen 尤尔根·斯特鲁普 239

人名索引

Stuckart, Wilhelm 威廉・施图卡特 347
Stülpnagel, Carl-Heinrich von 卡尔—海因里希・冯・斯图普纳格尔 288, 292f.
Stump□, Hans-Jürgen 汉斯－尤尔根・施通普夫 349
Suner, Serrano 塞拉诺・苏涅尔 133
Szálasi, Ferenc 费伦茨・萨拉希 275, 297
Tardini, Domenico 多梅尼科・塔尔迪尼 278
Tedder, Arthur 阿瑟・泰德 350
Timoschenko, Semjon K. 塞米恩・季莫申科 154
Tirpitz, Alfred von 阿尔弗雷德・冯・蒂尔皮茨 12, 98
Tito, Josip Broz 约瑟普・布罗兹・铁托 297
Todt, Fritz 弗里茨・托特 238
Tojo, Hideki 东条英机 191
Tresckow, Henning von 海宁・冯・特莱斯科夫 240f., 292f.
Troeltsch, Ernst 恩斯特・特罗尔奇 20
Trot zu Solz, Adam von 亚当・冯・特罗特・祖索尔茨 97, 290
Truman, Harry S. 哈里・杜鲁门 338, 355-358, 360-365, 367
Tschiang Kai-shek 蒋介石 63, 189, 266f., 326f., 362, 365
Tschitscherin, Georgi 格奥尔基・契切林 31, 36
Tschuikow, Wassili 瓦西里・崔可夫 223f., 229
Udet, Ernst 恩斯特・乌德特 60f.
Ulbricht, Walter 瓦尔特・乌尔布里希特 252f., 352
Umberto II., König von Italien 翁贝托二世, 意大利国王 114
Vansitart, Robert 罗伯特・范西塔特 119
Veesenmayer, Edmund 艾德蒙德・费森迈耶 275f.
Wang Tsching-weis 汪精卫 266
Warlimont, Walter 瓦尔特・瓦尔利蒙特 108f., 285

Wavell, Archibald 阿奇博尔德・韦弗尔 142, 147, 204
Weichs, Maximilian von 马克西米连・冯・魏克斯 215
Weinert, Erich 艾里希・魏纳特 253
Weizsäcker, Carlfriedrich von 卡尔弗里德利希・冯・魏茨泽克 304f.
Welles, Sumner 萨姆纳・韦尔斯 253f.
Wenck, Walther 瓦尔特・温克 341, 349
Weygand, Maxime 马克西姆・魏刚 139
Wilhelm II., Deutscher Kaiser und König von Preußen 威廉二世, 德意志皇帝、普鲁士国王 23f., 44
Wilhelmina, Königin der Niederlande 威廉明娜, 荷兰女王 97
Wilson, Woodrow 伍德罗・威尔逊 20-22, 24, 168, 192, 233
Wirth, Joseph 约瑟夫・维尔特 31
Wirtz, Kurt 库尔特・维尔茨 305
Witzleben, Erwin von 埃尔温・冯・维茨莱本 68, 292f.
Wlassow, Andrej 安德烈・弗拉索夫 A. 242, 310, 331
Wol□, Karl 卡尔・沃尔夫 176, 262, 334-336
Wood, Edward, 1. Earl of Halifax 哈利法克斯伯爵 150
Yorck von Wartenburg, Ludwig Graf 路德维希・约克・冯・瓦滕堡伯爵 253
Yorck von Wartenburg, Peter Graf 彼特・约克・冯・瓦滕堡伯爵 236, 281, 293f.
Yosuke, Matsuoka 松冈洋右 130
Zeitzler, Kurt 库尔特・蔡茨勒 225, 241f., 256, 271, 314

图书在版编目（CIP）数据

第二次世界大战简史：希特勒的欧洲战场／（德）拉尔夫·格奥尔格·罗伊特著；王尔东译. —北京：商务印书馆，2023
ISBN 978-7-100-21531-2

Ⅰ.①第… Ⅱ.①拉… ②王… Ⅲ.①第二次世界大战－战争史－欧洲 Ⅳ.①K152

中国版本图书馆CIP数据核字（2022）第145283号

权利保留，侵权必究。

第二次世界大战简史：希特勒的欧洲战场
〔德〕拉尔夫·格奥尔格·罗伊特　著
王尔东　译

商　务　印　书　馆　出　版
（北京王府井大街36号　邮政编码100710）
商　务　印　书　馆　发　行
三河市尚艺印装有限公司印刷
ISBN 978-7-100-21531-2

2023年1月第1版　　开本 880×1230　1/32
2023年1月第1次印刷　印张 9　7/8

定价：60.00元